携死而生

当离去不可避免

著　【美】史蒂夫·戈登
　　【美】艾琳·卡肯德斯

译　危健

上海交通大学出版社
SHANGHAI JIAO TONG UNIVERSITY PRESS

内容提要

　　史蒂夫·戈登和艾琳·卡肯德斯以电子邮件交流的形式，坦诚地分享了他们两人之间关于死亡和临终问题的讨论。读者可以跟随他们交流的模式，来探讨这一重要但又让人不适的话题。两位作者的邮件交流持续了数年，不设限地探讨了这个话题的方方面面。读者从中可以了解到各种各样关于自身以及与他人相处时的问题，这些问题其实并没有所谓正确的答案。然而，认真地去思考这些极其重要的问题并尝试去领会他人细致的观察体验，很可能会深刻地影响到我们如何看待死亡，选择怎样的离世方式，以及同样重要的，选择怎样的活法。

　　两位作者的开诚布公的对话，既真诚又刨根问底，既敏感又偶尔幽默，能够帮助读者去面对这样一个经常被回避但每个人最终都要面对的话题。

图书在版编目（CIP）数据

携死而生：当离去不可避免/（美）史蒂夫·戈登（Steve Gordon），（美）艾琳·卡肯德斯（Irene Kacandes）著；危健译. —上海：上海交通大学出版社，2019

ISBN 978 - 7 - 313 - 21001 - 2

Ⅰ. ①携…　Ⅱ. ①史…②艾…③危　Ⅲ. ①临终关怀—研究
Ⅳ. ①C913.9

中国版本图书馆 CIP 数据核字（2019）第 041510 号

Let's Talk About Death：*Asking the Questions that Profoundly Change the Way We Live and Die*. Amherst, NY：Prometheus Books，2015. Copyright © 2015 by Steve Gordon and lrene Kacandes. All rights reserved. Authorized translation from the English-language edition published by Prometheus Books.

携死而生——当离去不可避免

著　　者：[美]史蒂夫·戈登　艾琳·卡肯德斯		译　　者：危　健	
出版发行：上海交通大学出版社		地　　址：上海市番禺路 951 号	
邮政编码：200030		电　　话：021 - 64071208	
印　　制：上海天地海设计印刷有限公司		经　　销：全国新华书店	
开　　本：710mm×1000mm　1/16		印　　张：18.75	
字　　数：232 千字			
版　　次：2019 年 4 月第 1 版		印　　次：2019 年 4 月第 1 次印刷	
书　　号：ISBN 978 - 7 - 313 - 21001 - 2/C			
定　　价：54.90 元			

译者的话

读这样一本探讨死亡的书往往是需要一些好奇，还有一些勇气的。面对死亡，面对生活中的苦难，需要有勇气来坚持下去。勇气是否可以遗传或者是习得？比如通过阅读这本书？我不知道答案。不过翻译完这本书，于我而言似乎是经历了一场修炼，心里安定了不少。作者坦诚、细致、深入的讨论，以及"携死而生"的积极态度，让我相信这会是一本能够安抚心灵的书，值得推荐给读者。

"携死而生"？是的，我造了这个词，原文是第一章题目里的"life with death"，就是人在意识到终有一死之后，对待每一天、对待每一件事情，会按照认真思考后的方式去面对，有的人比如作者艾琳就强调自己会用更加积极的态度去面对。"携"这里是携手的意思，就是当作朋友或者当作向导，"携死而生"指代的是能够在接受死亡的必然性的同时又能够全身心地投入到生活中去。

这本书的体例也比较特别，是两位作者通过电子邮件往来的形式，详细阐述了各自照顾亲人或者患者的经历和感受，同时深入探讨了与死亡相关的各种话题。其中艾琳是美国常青藤名校达特茅斯大学的德语和比较文学教授，史蒂夫早先是报社编辑，后来转行为按摩治疗师，并创立了一个公益项目，为临终患者提供关爱。艾琳和史蒂夫在人文社科方面经验丰富，而通过两人之间邮件沟通的方式，读者能够清楚体会到他们思考的脉络。书里很少有医学术语或者医学方面具体的描述，这一点和国内已经出版的《最好的告别》（Being Mortal）、《当呼吸化为空气》（When breath becomes air）有所不同。那两本书的作者都是医生，男性，比普通人可能更坚强一点，思考也更偏理性，书里面相应的医疗专业内容以及案例的具体细节比较丰富。相较而言，本书的两位作者中艾琳是女性，擅长描述各种内心感受以及结合各种文学作品来讨论，而史蒂夫由于工作在护理第一线，和很多临终的人曾经长期近距离地接触，因此他的出发点和视角有自己的独到之处，并且态度也更平和、中庸一些。也就是说，这本书里面关注更多的是人内在的感受和思考，另外两本书更着重于医疗养老模式以及反思。

对谈论死亡，美国和中国有类似的忌讳。两位作者希望，虽然他们的书不会给出具体答案，但是可以给大家一个指引，知道都有什么内容可以去谈论、去思考，并且在附录里面给出了很多后续阅读的参考资料。死亡和衰老的话题在中国可能更加忌讳一些，但是到了人生某个阶段又不得不去面对。特别是近些年来由于经济和社会的快速发展，加上以往的独生子女政策，使得人们会担心社会变得太物质主义而缺乏人文关怀，养老和照顾生病的家人成为需要面对的问题。希望本书可以帮助读者更加从容安心地看待生死，真诚地思考，妥善地处理养老，以及照顾亲人的事务。

其实，除了中老年读者外，年轻读者也能够从本书中得到启发。译者在国内大学任教期间，了解到有不少学生会无法面对选择，无法勇敢地去投入做一件事情，甚至于无法继续学业。设想如果他们能够通过阅读本书或者类似的资料，参悟了"携死而生"的态度，也许就更有勇气全身心地投入到生活中去（live a full life）。这可能是为什么耶鲁大学给新生就开设了"死亡"公开课的原因之一。

这又回到了开头提到的勇气，怎样才会有勇气来面对死亡，面对生活中的苦难。书中提到许多人认为对待死亡的态度是源自于父母和家庭，如果小时候父母对于死亡采取回避态度，孩子一般也是。不过自身的探索也会有很大影响，史蒂夫以自身为例，年少时他和家人一样信仰天主教，但是他后来逐渐对佛教感兴趣，并且逐渐把看待生死的问题转化为哲学方面的思考。由此也可以期待，读者能够经由阅读和思考本书生出一些勇气和智慧，从而更加投入、更加精彩地过好自己的生活。

书里面艾琳提到在面对造成生死的不公平环境时，她没办法心安理得地袖手旁观"I can not let myself off the hook"，这种类似中文语境中"悲天悯人、济世为怀"的心态，是令人钦佩的。不得不说作为旅居海外的中国人，这句话让我很有同感，也是翻译本书的动机之一吧。

感谢我妹妹周丽娟，在知道我有翻译此书的想法后她帮我介绍了出版合作人谷子暄女士，并做了译稿的第一遍修订；感谢其他家人和朋友对我的支持和帮助；感谢原著作者艾琳和史蒂夫不厌其烦地回答我有关翻译的问题并给中文版作序；感谢《最好的告别》译者彭小华女士回答我有关一些词汇的翻译的问题；感谢达特茅斯大学刘婧文同学认真地和我就译文做的探讨；感谢姚氏版权代理的范根定先生、罗静女士、江文英女士的协助，以及译文出版社的周敏女士帮助回答我翻译版权的相关问题；感谢谷子暄女士、上海交通大学出版社王华祖先生和孙晓梦女士为本书出版所做的努力，尤其王华祖先生非常认真地审阅了译稿并作了第二遍修订。由于在翻译本书之前我一直在高校从事理工科研究工作，文字水平有限，译作难免出现错误和不通顺的地方，还请读者谅解。

中文版序

中文版的读者们，你们好！

这本书记录了我们对于生命有限性（mortality）的思考。当得知有人想要把这本书翻译成中文时，我们非常兴奋，同时又感到困惑，因为意识到我们对于中国人当下的生活真的所知甚少，不清楚这样一本书会带来怎样的反响。但是随后我们又想到，从某些方面来看这也可以解释得通。因为，无论是作为个人还是作为新的朋友，在我们两个人最开始写信给对方交流对生命有限性的想法时，也无从设想这样的交流会将我们带向何方。同样，我们也不知道我们自己文化中的读者会对书中的思考有怎样的看法。这本书的主要内容，就是我们充分利用邮件交流这个事件来向对方阐述我们的思考：怎样逐渐老去，怎样照料病重的人，如何面对有一天我们自己需要护理，以及失去我们爱的人。这样的话题不是大多数人会趋之若鹜的，事实上，在美国很多人都会尽量避免触及生命有限这样一个现实。幸运的是我们两人找到了彼此，可以专注地探讨关于临终和死亡的话题。我们觉得通过彻底真诚地面对这些事情，会让我们得到一些启示，从而帮助我们活着的时候能够更好地去投入生活，死的时候也可能更平和从容。

在本书接下来的内容里你们会读到，我们本来非常私密的交流是如何转变成出版这样的公开行为的。在这里，我们也希望利用这个特殊的机会，向大家告知在本书英文版出版之后我们的一些近况。

基于本书中着重于对话的精神，我们之后单独或者一起开展了好几次公开的关于生命有限性的讨论。我们发现别人的经历和我们的类似：能够公开、直接地阅读和谈论这些话题，对很多人来说都会带来一种解脱感。我们也接到过读者的邮件和电话，他们会感谢我们做出的表率，并且经常会分享他们自己照顾亲人或者失去心爱的人的经历。有的时候他们也会提到很具体的事情，比如有一次有人要艾琳去教她如何使用书中提到的用来移动行动不便患者的霍耶升降机，还有一次有人要史蒂夫帮她找一个可以给她开药的医生，她想用药来结束自己的生命以及痛苦。

再谈谈我们自己的生命之旅。艾琳一直在提倡"绿色安葬"（相对于美国现在的安葬方式，在环境生态以及人的精神层面上都更友好一些，参看本书第六章和第八章），并且培训了许多人，他们都愿意参与给心爱的人安葬的准备工作。最近，她教会的信友里面一位男士因为心脏病过世了，他的家属没有联系教会来寻求帮助，于是在没有祈祷的情况下遗体被火化了。这让她感觉很伤感，由此她也决心要投入更多精力去和信友以及亲属们沟通，提前让他们知道教会可以提供的帮助，不必让信友孤单地面对生命的结束。

史蒂夫还在继续他的"心手相连"的公益活动，给癌症患者提供让他们放松的按摩，以及慈悲宽慰的守候。这些癌症患者中，包括一位三十来岁的带着两个年幼孩子的年轻母亲，她可能没法幸存下来，也包括已经过世了的一位七十来岁的男士，以及其他人等等。在工作中史蒂夫依然会找寻激励、意志力，还有幽默感。

至少从表象来看，很难想象有比中美两国差别更大的两种文化。但是表象只是整体的一小部分。而表象之下，我们都是普通人。我们的人生都如朝露般短暂，我们都会面临死亡，也许我们都可以来谈谈死亡这件事。

后记之后后记

艾琳确诊乳腺癌后接受了手术治疗以及放疗。在起草这篇中文版序之际，她的病情已经得到了控制，她自己感觉还不错。

史蒂夫要开心地告诉大家他现在有了三个孙女，还有关于她们越来越多可以聊的故事。

序

　　本书是围绕两位作者之间一份特殊的友谊展开的。这份友谊其实起源于一桩小镇凶杀案件，以及两人的一次春季户外散步。那是在新罕布什尔州坐落在康涅狄格河流域上游（Upper Valley）的一个小镇，在那里他们俩散着步走过了安静的街道，此后这份友谊在两人长期而又真诚的对话中逐渐加深。两位作者一个是大学教授，另一个是转行做公益的按摩治疗师，都是普通人，然而对话的内容却很特别，探讨的是死亡和生命有限性，尽管在这过程中两个人自身并没有面临即将死亡的威胁。

　　艾琳·卡肯迪斯（Irene Kacandes），是达特茅斯学院的一名教授，她的研究方向是比较文学和德语研究。达特茅斯学院所在地是新罕布什尔州的汉诺威（Hanover）。2001 年 1 月下旬，艾琳的同事兼好友詹托普（Zantop）夫妇，苏珊娜（Susanne）和哈夫·詹托普（Half Zantop）被杀死在家中，这个消息很快传遍整个社区。案犯逃掉了，当时没有目击证人，接下来是耗时长久折腾不休的警察调查，这让包括艾琳在内的那些认识并喜爱詹托普夫妇的人们都感到揪心的悲痛。在这煎熬过程中，和报社以及电视台的新闻工作人员打交道时艾琳发现他们大都只关注犯罪事件本身，以及他们对案件的解读，却对詹托普夫妇被杀前所度过的精彩生活没有一点兴趣，这让她感觉很不舒服。

　　2002 年 1 月上旬，在周年纪念即将到来之时，艾琳和詹托普夫妇生前好友们决定，要努力减少大家重新对这起案件嫌犯的关注，因为嫌犯不过是两个当地寻求刺激的小青年，和这对夫妇素昧平生，相反，他们决定要纪念这对夫妇的精彩人生。艾琳和另外一位朋友志愿牵头做这件事情，他们给当地日报《河谷新闻》(Valley News) 的周日版编辑史蒂夫·戈登 (Steve Gordon) 打电话。史蒂夫答应按照艾琳和她朋友的提议刊出纪念詹托普夫妇的故事和照片。在艾琳看来，史蒂夫很友好且配合，与她之前接触过的一些为了得到可以利用的新闻素材不惜侵犯他人的媒体人，对比鲜明。

几年之后，艾琳在这家报纸上看到了一篇关于史蒂夫·戈登的文章：他选择了在中年转换职业，改行做全职按摩治疗师。同时，他还成立了一个名为"心手相连"(The Hand to Heart Project) 的公益组织，免费给晚期癌症病人提供按摩服务，包括那些临终的病人。他的这些做法给艾琳留下了深刻印象，后来她给这个公益组织寄去了一笔捐款。史蒂夫收到她的支票时，并没有想起来两人曾经打过交道，不过他还是觉得有必要打电话向她致谢。电话是艾琳丈夫接的，于是史蒂夫留了一个信息给她，不过这个时候史蒂夫还是没有把艾琳和之前他们关于詹托普夫妇的事件联系起来。

艾琳教的一门课程涵盖了当地社区的内容，她想到了史蒂夫可以提供的资源，于是向史蒂夫提出是否同意让她的两个学生去采访了解他公益组织的情况。史蒂夫接待了学生并且还给了艾琳反馈，认为即使是面对这样一个很不轻松的主题，这两个学生做得还是很出色。

为了表达感谢，艾琳给史蒂夫寄了自己的一本书和一篇文章，其中记录了那次谋杀案件如何改变了她对待生活的态度。她没有让这种突然失去好友的伤悲仅仅是流于经历，而是很用心的记录了下来。由此史蒂夫才把艾琳和之前联系他发表纪念詹托普夫妇文章的人联系起来，并且他也告诉艾琳，希望通过按摩治疗能够给那些受过创伤的人提供帮助。后来，当艾琳知道有一个小型研讨会要在当地的综合健康团体活动场所举行，而她过去的一个学生既是这个场所的负责人之一，同时也是一位创伤方面的专家，她就把这个研讨会的信息告诉了史蒂夫。史蒂夫参加了研讨会，也就此加入到了这个团体活动中去。不过，尽管这个活动场所离达特茅斯校园很近，艾琳和史蒂夫并没有见面，只是偶尔通过电子邮件联系。

到了 2011 年 1 月份，谋杀事件发生 10 周年，此时艾琳有三位家庭成员也接近了生命的终点，这许多悲伤的事情让艾琳感到不堪重负。于是她给史蒂夫发了封电子邮件，叙述了自己的难受心情。史蒂夫提出，可以借给她一套佛教老师琼·哈利法克斯 (Joan Halifax) 的 CD《和临终的人相处》(Being with Dying)。于是在这个寒冷漫长的冬天的后半段，打开车里的 CD 机，哈利法克斯的声音就陪伴着艾琳在上河谷附近往返。作为一个东正教基督徒，艾琳其实并不都认同《和临终的人相处》中处处存在的佛教哲理和形象，但是哈利法克斯的基本观点，就是说把承受苦难作为一种和他人联结的方式，以及对所有生命有限的存在保有一颗恻隐之心，还是深深地感动了她。同时，艾琳也对能够以这样一种方式来讨论而感到放松，就是哈利法克斯体现出来的直接的、深入的、平和的、坦然的谈论临终以及死亡的方式。当艾琳把 CD 寄还给史蒂夫的时候，她提议两个人找一个时间就此聊一聊。

史蒂夫和艾琳最终见面讨论《和临终的人相处》是在 2011 年 4 月 26 日，当时他们已经认识对方超过 9 年的时间了。这让他们的交谈非常顺畅，一个接一个的故事不断地冒出来。他们也暂停了一会来考虑第一次见面就花两个小时讨论死亡是否太古怪了。不过，他们的结论是否定的。散完步后，他们又聚在史蒂夫办公室附近的野餐桌旁，继续讨论了有关生命尽头相关事情的写作。史蒂夫感兴趣的是把他在"心手相连"公益项目中接触到的那些人的生死故事讲述出来，而艾琳一直在考虑的则是，是否要再多写一些关于创伤和突然死亡的主题。经过反复交流，他们发现"也许合作来写是个好主意。"

为了进一步探讨如何合作，赶在艾琳出门旅行之前他们又见了几次面。艾琳要先去纽约看望她的父母，之后再去瑞士的婆婆家。瑞士是一个临终和死亡都可以更公开讨论的地方，可以在杂志上，在图书里，甚至在特殊的死亡咖啡馆（Cafés mortels），那里有以死亡为主题的沙龙。在艾琳旅行的时候，他们就用电子邮件来继续讨论，长时间地交流各自过往的故事、想法以及对死亡和生命有限的感受。他们的交流不带任何评判，也不会试图禁锢自己和对方的想法，同时他们发现，尽管对有些主题有不同的意见，比如当个人行为对他人产生负面影响时候的选择（personal agency 见第四章），最终他们的观念会朝着意想不到的并且是让人满意的方向转变。他们发现，把想法写下来非常有用，甚至当艾琳从欧洲回来之后，他们仍然继续以电子邮件交流。最终他们确信，这样无拘束的交流思考的确有所裨益，并且内容上已经差不多有一本书的雏形了。随着更多的电子邮件往来，他们以系列问题的方式来规整以往已经表达的想法。他们体会到，不断交流新想法并重写的过程，不光能够加深对自己以及对方观念的理解，还能够帮助他们面对各自生活中出现的挑战——亲友或有按摩治疗者身体状况不断恶化或死亡。

当有机会出版并和更多读者分享时，他们决定保持原始邮件交流的形式，这体现了他们的思考交流是如何在过去几年里逐渐展开的。同时，他们还发现这种形式不仅能够反映他们友谊的逐步成长，还能够帮助他们非常自在地探讨死亡和有限的生命：他们可以提出问题，回答问题，分享他们平时读到的东西以及日常的经历；也可以表达不同意见，通过重写来表达一个不同的想法。正是在这样随着时间展开的写作过程中，他们对死亡和生命有限的认识得到不断增长——在这段时间里，他们生活的其他方面也自然在逐渐变化着，并且影响着他们写作的内容——所以史蒂夫·戈登和艾琳·卡肯德斯决定保持这种按照时间顺序的表达方式来描述他们一起走过的心路历程，同时他们也决定做一些修改，重新组织整理思路让读者更容易理解。在邮件交流期间他们查找阅读的相关信息和出版物，整理为"正文中的注释"放在书的结尾。同时，当他们写作的目的从为了使他们自己明白死亡和生命有限，逐渐延伸到试图去激励朋友和其他人开始类似的讨论，他们也把相关的资料信息整理放到了书末的附录当中。

书中收集的电子邮件始于 2011 年 7 月，那时候艾琳刚刚去照顾过她病重的父亲，和史蒂夫也是才见过面，而最后的邮件是在 2015 年 2 月，此时两个人在做书稿最后的修订。

如果谈论死亡和生命有限的最大障碍就是如何能够让这谈话继续下去，那么跟着艾琳和史蒂夫，看看他们是怎么讨论的，或许有所裨益。他们在书中展示了他们共同探索的弯弯曲曲的轨迹，也表达了他们都认同的理念：涉及死亡的问题，并没有所谓正确的答案，尤其可以肯定的是，没有适合所有人的答案。

致谢

艾琳 (Irene) 要感谢迈克尔·马特 (Michael Matt)，丽贝卡·罗斯菲尔德 (Rebecca Rothfeld)，还有彭尔丽（Er Li Peng，音译），他们帮助查寻了相关信息；感谢亚当·Z. 牛顿 (Adam Z. Newton) 和卡尔莲·迪科斯塔 (Karlene Decosta)，他们分别提供了有关犹太人和牙买加人悼念的风俗；感谢加利娜·里科娃 (Galina Rylkova) 和玛丽安·基拉尼-肖赫 (Marianne Kilani-Schoch)，他们提供了所需阅读材料的线索；感谢布鲁斯 (Bruce) 和艾米丽·邓肯 (Emily Duncan)、玛丽安·赫希 (Marianne Hirsch) 和利奥·斯皮策 (Leo Spitzer)、艾格尼丝·罗沙 (Agnes Rochat) 和让-皮埃尔·艾拉曼德 (Jean-Pierre Allamand)、贝基·帕姆斯特罗姆 (Becky Palmstrom)，以及神父执事（Father Deacon，东正教教会的一种职位，译者注）格雷戈里·尤林 (Gregory Uhrin) 和 M. 丽莎·尤林 (M. Lisa Uhrin)，他们聆听并分享了许多故事；感谢凯瑟琳·柯克兰 (Kathryn Kirkland) 博士允许她跟随参观姑息治疗（Palliative Care）病房；感谢德博拉·卡纳雷拉 (Deborah Canarella)、希拉·基南 (Sheila Keenan)、史蒂夫科·斯特洛 (Steve Costello)、克兰西·马丁 (Clancy Martin)、亚历克西斯·杰特 (Alexis Jetter)、乔纳森·佩特罗普洛斯 (Jonathan Petropoulos) 和罗伯特·东宁 (Robert Donin) 给予的专业指导；感谢吉尔·格林伯格

(Jill Greenberg) 看到了这本书的潜力；感谢神父安德鲁·特列古博夫 (Andrew Tregubov) 还有新罕布什尔州克莱蒙特的圣重生正教教堂（Holy Resurrection Orthodox Church）的成员们，他们倾听了此书的早期版本。还要感谢伯纳德·克雷塔兹（Bernard Crettaz）、卢塞特·诺布斯（Lucette Nobs）、艾萨克·庞特（Isaac Ponte），还有芭芭拉 (Barbara) 和维克托·鲁菲（Victor Ruffy），他们都曾帮助了解瑞士人对待生命有限的态度。诺拉·皮尔凯（Nora Pirquet）和杰弗里·泰特 (Jeffrey Title) 一直鼓励着她。艾琳还要向 E. S. 致敬，因为他是一个能够随时找到生活乐趣的人。艾琳的姐姐玛丽亚·C. 凯肯迪斯-卡米尔 (Maria C. Kacandes-Kamil) 在各个方面、长时间地给予了她帮助，以至于没法只列出某件事，只能说是感激不尽。感谢菲利普·卡拉德 (Philippe Carrard) 总是能够想办法让人开怀大笑。最后，感谢姐夫史蒂芬·卡米尔 (Steven Kamil)，他愿意公开他的故事，以期能够帮到别人。

史蒂夫 (Steve) 要感谢他的家人、朋友和客户，当他在准备这本书的时候，这些人都愿意倾听并分享他们的想法。尤其要感谢他的妻子诺拉 (Nora)，还有儿子杰西 (Jesse)，他们都对他给予了不懈的支持和信赖。

艾琳和史蒂夫还要感谢图书经纪人南希·罗森菲尔德（Nancy Rosenfeld）的热情支持；感谢盖尔·M. 帕滕（Gail M. Patten）一丝不苟地准备手稿；感谢院长迈克尔·马斯坦杜诺（Michael Mastanduno) 和达特茅斯学院给予的经济支持；感谢史蒂芬·L. 米切尔 (Steven L. Mitchell) 以及他整个团队的敬业精神和有益的建议。

目录

不可否认，我被她的处境吸引住了。其实，她并不是濒临死亡，但她正被死亡这一问题所困扰，就像她一个人在独舞，而家人们在围观。这算是带着死亡的念头一起生活，或者说"携死而生"（life with death）的一种形式吧。

她的处境这么让我记挂，可能还因为我们的文化是避讳谈论死亡这个话题的。如同你信里面写的，抱着接纳并更好地理解死亡的态度去生活，会比拒绝死亡意识活得更好。更好地活着也更明白地死去（Better for Life and better for Death），在面临死亡时，会有更好的体验。

我想到那些确实可以被认为是遭受了不公正的儿童和成人，他们过早的死亡是由于暴力或者贫穷，但这些都不是无法避免的。从根本上来说，我并不关注给死亡加上公平与否的标签，进一步说我也可以不再关注它的不公正性，但是条件是，当我们听到或者读到这样的情况的时候，我们都要去做一些事情来防止类似的死亡再次发生。我没法袖手旁观（I can't let myself off the hook）。

第三章
如何应对生命末期的痛苦 　　　　　　　　　　　　　　　055

　　病痛是磨难的一种形式，而磨难则是一切众生都会经历的。它把我们所有人都联系在一起，就像地球上的空气和水。我们都憧憬幸福，有的时候我们也得到了，可是幸福却总是稍纵即逝，这也就是我们常常经受折磨的本源。那我们又能怎样呢？

　　对我而言，答案在于把我自己的苦难和伤痛与世上所有的苦难和伤痛联系起来。它们是我的生命的一部分，也是所有生命的一部分。

第四章
关于护理的问题 　　　　　　　　　　　　　　　079

　　好比是带一个婴儿一样，只不过发展的方向是反着的，婴儿可以做的事情越来越多，老人或是临终患者则是越来越少，这就是两者之间的区别。然而，我还是觉得看护人最大的负担之一在于如何在两种方式之间平衡：一种就是掌控型的，操心全部的事情，决定一切事务的安排，坚持事情应该要怎样做等；另一种就是在提供所需要的照料的同时，尽量给予被照料者做他们自己的尊严。第二种做法可能意味着要操心更多的事，意味着你可能要看着你照料的亲人"失败"，甚至遭受比你所预料的还要多的磨难。

第五章
突然死亡又有什么不同   113

不要只注重那些关键时刻，而要每时每刻都尽量真诚地处理各种人际关系，因为有可能你会错过那些时刻，很多事你都无法把控。或者更有帮助的是：把每时每刻都看成关键时刻。让我换个方式再陈述一次：真心对待的每时每刻，都是关键时刻。这也是我对极乐（paradise）的定义之一：把握当下。

子弹、刀、和汽车，来的时候都无法避免，该来就会来，而我们可以决定我们想在死后去什么地方。这是不是也算携死而生，你觉得呢？

第六章
如何处理身后事　　　　　　　　　　　　　　143

　　我觉得昨天下午我们的第二次"死亡咖啡馆"聚会很棒。很多参与者分享了第一次接触死亡的故事，非常感人。因为很明显，这些初次的经历会影响他们今后的生活，以及他们逐渐发展起来的对人的必死属性的态度。这里似乎有一种模式，就是如果父母对于死亡的事实采取一种否定的态度，那么他们的孩子也很难采用其他态度。如果这些父母对于孩子提的问题，或者孩子想知道的解释，选择让孩子闭嘴，那这一现象尤为明显。

第七章
如何缅怀逝者　　　　　　　　　　　　　　181

　　之前的那个想法在我心里愈加明晰：就算理解并接受了死亡，也不能保证在亲人甚至是宠物离世的时候，能够少一些痛苦。虽然我无法准确地说明白，但我觉得，我们仍然会哀伤（grief），只是在明白了人或动物终有一死的必死性后，应该更能忍受死亡。也许这可以用我们之前交流过的想法来解释：当你不再把死亡（不管是自己的死亡还是别人的死亡）当作是只针对你的事，你就可能更容易地把它融入到你的生活，然后像他人劝说的那样去让生活继续。

第八章
人的必死属性到底有什么好呢   **211**

从中我们可以得出什么样的经验教训呢？那就是，积极去接纳人的必死属性，不只会影响我们死亡的方式，还可以影响到我们生活的方式。如果我能够把每个时刻的重要性，都融入我生活中的每一刻，如果能够把关爱怜悯都投入到我经历的每段情感关系中，那我就觉得，承认死亡是生命的一部分给我带来了莫大好处。我不仅可以求得安宁的有意义的死，还可以求得安宁的有价值的生。这就是生命有限、人之必死所带来的馈赠。

第一章

什么是携死而生

不可否认，我被她的处境吸引住了。其实，她并不是濒临死亡，但她正被死亡这一问题所困扰，就像她一个人在独舞，而家人们在围观。这算是带着死亡的念头一起生活，或者说"携死而生"（life with death）的一种形式吧。

她的处境这么让我记挂，可能还因为我们的文化是避讳谈论死亡这个话题的。如同你信里面写的，抱着接纳并更好地理解死亡的态度去生活，会比拒绝死亡意识活得更好。更好地活着也更明白地死去（Better for Life and better for Death），在面临死亡时，会有更好的体验。

认识到生命是一个暂时的过程，从而能够更深入、更一贯地来珍惜生命。

艾琳
拉图尔德佩勒，瑞士
2011年7月4日

亲爱的史蒂夫，

非常欣慰您愿意通过邮件与我交流。今年夏天，我回到我先生的故乡，那是日内瓦湖边的一个美丽港口，是瑞士法语区的一个小镇，我用写作来打发时间。从卧室的小书桌往外看，树冠、房顶、湖一览无遗，还可以看到法国境内阿尔卑斯山的几个小山头，不过看不到那些主峰。我先生在这里有不多的几个亲人，这些年我和他们相处得越来越融洽。通过打网球和去洛桑大学图书馆看书，我也结交了不少朋友。不过，几个星期以来，虽然和亲友们的相聚让我开心，但是我意识到自己仍然很期待和你继续之前关于死亡和生命有限的对话。这是不是因为我总觉得父亲即将离去，而失去亲友的话题已经把我们联结在一起？

我们上次见面是在四月下旬，那时我们聊得很愉快，后来虽杂事缠身，却也联系过几次。在结束了达特茅斯学院这学年的工作之后，我把新罕布什尔州黎巴嫩（Lebanon, NH）的住处租给了别人，然后回到了我的故乡——纽约州的白原（White Plains, NY），看望了我的父母，之后到了这里。瞧，光这一长串经历写出来就快让我累趴下了，不过，担心父亲的状况才更让我心力交瘁。

我此前向你介绍过我父亲的情况，近年来他的身心状况一直不好，现在81岁，虽说按照现在的标准也不算太老，但他有糖尿病、神经症、慢性肾病、严重的膝关节炎，做过一次心脏手术。这些疾病导致他行动受限，其中某些疾病很可能也导致了他越来越严重的失智症。我们尽可能在家里照顾他，母亲承担了大部分的看护工作，另外请了一个兼职家庭护理员来帮忙。我姐姐不时会从纽约过去看望一下，我弟弟因为住在附近，所以经常去看望他们，而我自己，只要学校事情不多，就会从新罕布什尔州赶过去看看。其他的兄弟姐妹都住在几千英里之外，鞭长莫及，并且他们生活中都有自己的挑战需要面对。

今年春天，父亲的状况有所恶化，他得了尿路感染，住院治疗时又感染了其他疾病，因此变得更加虚弱，乃至于卧床不起。我们只能把他送到当地的一家康复疗养中心，直至现在。因为那家康复中心的医护条件不是很好，所以我们一直在医院和康复中心之间穿梭，诸多琐事包括医疗保险等让我母亲和姐弟二人在这一个多月里筋疲力尽。所以我决定在去欧洲之前去陪伴父亲，以便适当减轻我母亲和姐弟的负担。

父亲痛苦、困惑、煎熬的样子让我非常难受。如果护理人员很耐心，动作轻柔，父亲就比较平静；但若护理人员不太耐烦，父亲就会大喊大叫，因为如果护工不够耐心，那在协助他移动及更换睡衣等过程中，会给他造成很多痛苦。我只能尽量提醒护理人员，比如请他们在要做什么事情前告诉父亲一下，还有就是把他肿胀酸痛的膝盖固定住。由于保健机构的规定，大多时候我都只能在走道待着，房间里父亲的喊叫声让我颤栗，心里满是无助。

当父亲可以坐上轮椅或者卧床休息时，我就可以接手了，因为到了这个阶段就容易些，至少我清楚可以做些什么。我的职责就是让他感到舒适一些，稳定他的情绪。虽然有时候我感觉到我的努力没起到太大作用，但是还是觉得有必要多去尝试。我会耐心地跟他聊天，想到什么就说什么；陪坐在他房间的角落里，给他大声读报；或者推着轮椅带他到户外遛弯。六月份的天气已经有点热，但是温度也没有那么高，而且那个地方还有挺不错的花园和树林。我指给他看那些鸟还有兔子，偶尔他也会指给我看。我给他读诗，或者揉背，更多时候就静静地陪在他身边。

那个时候我就经常想起你，会想史蒂夫是怎样和那些面临死亡的人相处的。倒不是在想你做那些事情的原因，而是更想知道你如何给不同的人做不同的按摩。还有，你如何选择，什么时候要主动介入，什么时候只要安静地陪护，就如一个沉默的证人来见证他们的苦难，见证他们的死亡功课。

有件事想必你能够理解，在陪护父亲的那些日子里，我会有兴趣去认识康复中心的其他患者。我会尽量记住他们的名字，这样碰到他们的时候就可以打招呼，我会给他们最灿烂的笑容。对那些身体好一些的，我还会和他们握握手。最后一次离开康复中心时，我和他们中的好几个亲切地吻别，甚至流下了眼泪，我感觉自己已经喜欢上了他们，而这次离开可能就是永别。

我有点奇怪为什么自己轻易地就有了这样变化？小时候参

加童子军时被安排去康复中心的那种厌恶感哪里去了？或者说我怎么就忽然能够和这些上了年纪的、受着折磨的、濒死的人轻松地相处呢？这些都完全出乎我的意料。但我觉得之所以会这样，有一个确切的原因，就是我明白自己在那里最多待几个礼拜，这个念头让我能够尽量地接纳别人，也让我愿意去关注他们的疼痛和不幸，以及去寻找一些开心和美好的事情来和他们分享。可是，我问自己，如果不只是几个礼拜而是几个月呢？如果这样的职责没有尽头呢？如果看不到结束的希望呢？我还能够有这样的动力和积极的心态吗？

我觉得自己可能做不到。尽管如此，这次康复中心的经历总的来说还是平和的。我明白，父亲可能不久就会离世；那些病友们中的大部分也快了；其实我也有可能不久就离开人世。这些考量肯定让人不开心，但并不是让人无法接受，起码我就很坦然。这样一次紧张的照顾患者的经历，浸入式地体验过那种充斥着痛苦、折磨和濒临死亡的环境，让我思考了很多关于生死的问题。

为什么人的死亡方式会有如此多的差异？有这么多不同的死亡原因，有这么多不同种类不同程度的疼痛，那些所宣称的医学进步怎样影响着死亡的过程？为什么很多人的死亡过程被拖得如此漫长？可能最主要的，经过在那个康复中心的观察和互动，我想弄明白为什么人们对待疼痛、折磨和人的生命有限会有不同的态度。

康复中心的有些患者显得很镇定，有些却显得特别压抑。他们中的一些人像我父亲一样，看起来烦躁不安，不知道是不是完全被吓倒了。还有一些人则一直都很愉快的样子。也许是我搞错了，但是我总认为，那些特别镇定和始终愉快的患者，一定是接纳了患病的事实，认同了活着就意味着继续忍受疼痛的折磨，而死亡最终却不可避免。也许是这种对死亡的认知和接纳，让他们无论健康还是患病，都能够以一种更乐观和理性的态度去生活。

你觉得什么样的经历可以让我们产生对死亡的意识？什么样的经历能够让我们相信即使死之将至也能泰然处之？甚至相信带着对死亡的意识活着对人生有益？我并不是提倡专门关注"人终有一死"这个事实，相反，我想表述的是当人有了对于死亡的一些最根本认知之后，就能够帮助自己认识到生命本来的样子，**认识到生命是一个暂时的过程，从而能够更深入、更一贯地来珍惜生命。**这是不是意味着我在评判他人的选择——他人有意识或是无意识的选择——是带着死亡意识还是拒绝带着死亡意识来生活？我想我给你写信，就是希望我们一起来弄清楚这些问题。

哲学家尼采（Friedrich Nietzsche）说过，那些没能把你杀死的东西会让你更强大。这可能可以部分地解释为什么有些人可以靠近那些死之将至的人，甚至当自己濒临死亡的时候，也不会害怕、退缩或者麻木。说到尼采，在康复中心那几个礼拜，我发现自己回想起以前读过的很多文献，但是从来没有在脑袋里面把它们归类为"有关死亡和生命有限的课程"。比如德国著名的诗人莱纳·玛利亚·里尔克（Rainer Maria Rilke）的小说《马尔特·劳里兹·布里格手记》，在第一章里，主人公述说了他爷爷的死亡经过，认为就好像核果的核一样，每个人的死亡都存在于人的内在；各种不同的核果有各种各样的核或者籽，同样，死亡也可以有不同的形式。主人公爷爷过世后的仪式折腾而隆重，城堡里面的每个人都不由自主地受到了影响，而主人公的爷爷所感受到的折磨更是充斥着每个角落[1]。我父亲现在的情况和这本小说中的描述有些相似，或者说至少是和我记忆中小说描述的情形类似。

另外，今天还是我祖父的忌日。这也让我希望有机会跟你交流一下有关突然死亡的看法，因为我祖父就是在 65 岁的时候由于严重的心脏病发作而猝死的。

无论是像我祖父这样的猝死，或者像我的朋友詹托普夫妇那样被谋杀，或者被突发事故夺去生命，是不是就没有时间来害怕死亡，或者做其他形式的任何心理准备？是否有人会在死亡的时候却不自知？当然，通常人们对上述问题的回答是肯定的。如果把人类和其他动物区别开来的是意识，那么在死亡边缘的意识是否存在呢？

我就只写到这里了，期待着你的回复，我会认真"倾听"的。

艾琳

为什么现在我能够比较轻松地去面对死亡呢？也许是我的弱者情结在起作用吧。

史蒂夫
科尼什，新罕布什尔州
2011 年 7 月 7 号

晚上好，艾琳。

你的电子邮件包含了很多重要的、引人深思的乃至有些神秘的话题。我想很难在这次邮件中一一回复。

首先，关于我俩建立的联系：我认为这是我人生中全新的一个重要发展阶段。无论每次我们交流的是什么想法，我都觉得像是在打开一份不期而至的礼物，需要很长时间去领会它的层次和内涵。

你在 7 月 4 号邮件里面问的许多问题，我觉得是没有答案的。其一就是为什么你和我都可以平和地探讨死亡这个概念，以及能与面临死亡的人自在地相处。虽然我并不很了解你的背景情况，但是我读了你写的书《父亲的战争》（Daddy's War)，所以我对你的了解可能比你对我的了解要多一些，我认为我们早期的生活经历是很不一样的。如果说我们现在都是到了思考这些问题的某一个节点，那么我们来到这个节点的历程是不同的。我很清楚自己多年来对死亡一直有很强烈的恐惧，所以后来我也困惑为什么自己能够很坦然地和来日无多的人相处。也许，就像某句格言说的：当你就站在怪兽跟前的时候，它可能反而看不到你了。或者是在潜意识里面觉得，当死神在房间里面已经找到某个人之后，就不会再注意到房间里面的我了。就好比小说《杀死一只知更鸟》 (To Kill a Mockingbird) 里面的布·拉德力 (Boo Radley)，我就站在角落的阴影里[3]。

小时候，我参加过很多吊唁和葬礼，但即使是家族里老人的葬礼，也没有任何一次给我带来了什么影响。那时候的那些仪式都是走走形式，家人们不会讨论死亡本身。小时候我甚至还给牧师做过几年的助手，参与过很多次下葬的仪式以及更多平时的教会集会，而对我来说记忆中两者最大的区别不过是前者会有弥漫的薰香味道，当然，还有棺材。

有一次，还是我特别小的时候，我母亲生病住院了，不是什么大病，然后我就给她做了一张卡片，上面写到："期待你快点康复，如果不行的话我已经给你在天堂订好了一个位置。"你能想象吗？我那时候竟然设想她可能会死，为此我被骂得要死。另外一次是我爷爷遇到车祸，心脏受伤，病得很严重，我也不知道怎么了，在跟他说话的时候就很大声而且语速很慢，好像觉得患者病得严重就会耳背或者变得头脑简单。因为这个我也挨批了。所以，你可以看出来，早年里我对疾病和死亡的所见所闻并没有让我有更好地理解或者能让我感觉更坦然地去面对死亡。

那为什么现在我能够比较轻松地去面对死亡呢？其实我也希望能够想清楚。也许是我的弱者情结在起作用吧。我想，当一个人在小时候性格形成的那段时间里，如果在家总感觉像一个局外人一样，他就会产生对弱者的一种同理心，然后自然而然地就会对其他处在困境的人也产生同理心，包括那些病得很严重的人。一直到现在，我仍然在学习和摸索一个窍门，就是尽量不要站在为别人感到难受的立场上。就像你在邮件里面问的，如何能够在一个来日无多的人身边安静地、让人感到自在地待着，如果你感受到的只是可怜这个人，那就不太可能做到。人们需要的不是被怜悯，而是沟通。如果他们想谈话，他们往往是想坦诚地甚至是有一定深度地来讨论现在发生了什么，以后会怎样。于是当我明确地表达我可以和他们这样谈话时，他们往往会和我谈那些从来没有和最亲近的人谈的内容。这些内容甚至都不能和他们的亲人提起。如果他们需要安静，他们也会让我知道。

安静地陪伴在那些接近生命终点的人身边，是一种美好的时刻。当我用手给他们按摩的时候，哪怕仅仅是亲切的触碰，都能让我感受到这种美好。这些有点难以理解，不过我认为，按摩中的这种亲密接触，以及由此而感受到的灵魂间的沟通，可以让正念（mindfulness）和存在（presence）的感觉更加深入。我通过"心手相连"项目提供给客户的按摩治疗形式，是根据他们的身体状态来决定的。如果他们身体还行，我就让他们躺在我带去的一张按摩床上面做常规的按摩。如果他们身体比较虚弱，甚至即使有我帮忙也很难躺到我带来的按摩床上，那就在沙发或者他们自己的床上来做按摩。如果他们已经体弱到徘徊在死亡边缘，那我就或坐或躺在他们旁边，我的手在他们身体上缓慢而轻柔地移动，其实此时，是否在按摩已经不再重要，重要的是给患者提供一种存在感和情感支撑，以及肌肤触碰的慰藉。我想你在这次去照顾你父亲之前可能就已经了解我说的这些，现在感受肯定更多了。我认为这就是给他人撑起一片自在的天空（hold a space for someone），让他安心地去做，去感受，去经历任何发生的事情，不去评判甚至也不刻意去帮助他。

当我们四月份第一次散步聊天的时候，我跟你提到过一位我的客户，她有很严重的肾病。后来她的处境总是在我的脑海里面出现。由于她肾病的特殊性，做透析治疗或者是移植治疗都不是很合适，但是如果什么也不做，那么她也活不了多久。她有两个家属做了肾源配型检测，发现都不匹配，唯一没做配型检测的是她儿子，主要是因为她儿子平时好冒险，因此受过很多次伤，所以之前没有考虑过让他做供体，因为如果让他捐出一个肾脏而只留一个肾脏的话对他本人来说不是太安全。但现在这个儿子是唯一的移植候选者，他本人表达了捐赠意愿并且配型成功。可这个母亲却觉得虽然儿子嘴上说愿意，但儿子的声音却显露出一丝犹豫，另外，即使移植手术成功了，但她的病情仍有可能导致儿子捐献的这一肾脏坏死，那到头来可能于事无补，但她儿子却只剩下一个肾脏了，如果结果是这样，那她该怎样活下去？她没法去想象这样的境况，因此强烈希望和她的丈夫还有孩子们（都四十多岁了）来讨论所有细节，包括移植手术的各个方面以及手术本身的合理性。然而，她先生只愿考虑如何让她恢复健康，根本不愿意讨论任何怀疑移植手术合理性的议题，哪怕是她本人提出的也不行。孩子们的立场至少在表面上和他们父亲一致。

这就是她的处境——死亡迫在眉睫，这让她反复思考死亡对她意味着什么以及如何去接纳它，但她无法让她的亲人倾听她的想法。她觉得，与其移植儿子的肾脏，不如保持现状去直面死亡。在帮她按摩的过程，我们交流得坦诚而深入，就好像我们俩都各自经历着她正在经历的情况。我真的感到惋惜，甚至有一种感动，希望按摩的疗程能够一直持续，这样就可以继续听她倾诉，从而继续我们的谈话。

不可否认，我被她的处境吸引住了。其实，她并不是马上就要面对生命的终结，但她正被死亡这一问题所困扰，就像她一个人在独舞，而家人们只能围观。这就是带着死亡的念头生活，或者说"携死而生"（life with death）的一种形式。

她的处境这么让我记挂，可能还因为我们的文化是避讳谈论死亡这个话题的。如同你信里面写的，抱着接纳并更好地理解死亡的态度去生活，会比拒绝死亡意识活得更好。更好地活着也更明白地死去（better for life and better for death），在面临死亡时，会有更好的体验。我印象里面，读到过圣雄甘地（Mahatma Gandhi）被暗杀的情形，当子弹射入他的身体时，他的第一反应是轻轻地念出祷语来呼唤印度教的神灵。我认为他之所以会这样下意识地祷告，是因为他早就明白死亡无法避免，也难以预料，而且就如同他一生最开始和最后的呼吸一样，是他生命的一部分。他已经做好了准备。

我和你一样，也会思考那些突然死亡的人是否会在死前有瞬间的知觉，不知道如果事先有心理准备会不会让这个时刻更轻松一些。

你问我什么样的人生经历会让人能够有意识地把死亡看作生命的一部分，我想到的是经受折磨、疾病和亲友故去这样的逆境经历，我觉得这些经历能够给予人生经验和见识，甚至可以说有正面的意义。是否这样的经验，可以让我们意识到和所有其他人共通的感受？我还没有想清楚，需要时间酝酿一下。

顺便告知：我快读完《马尔特·劳里兹·布里格手记》了。的确是挺有意思的书。我在想应该带一支荧光记号笔再读一次，书里面不断看到有些段落讲到了我一直在思考的问题。

史蒂夫

给她装上心脏起搏器是否是一个好的选择？

艾琳
拉图尔德佩勒，瑞士
2011 年 7 月 12 日

亲爱的史蒂夫，

谢谢你 7 月 7 号给我的来信。我认真感受了你在信里面分享的想法，像我设想的一样，这又让我有了一些回应和连带的想法。同时，请允许我赞扬你一下，你这么快就去读了我提到的《马尔特·劳里兹·布里格手记》，这的确让我印象深刻。打个可能不恰当的比方，通常只有我最好的学生会去看我提到的参考文献，当然，我不会把你当作我的学生来看待的。

你说如果我们在认知死亡的路途上是处于同一节点或者差不多的位置，而我们到达这个位置的途径是非常不同的，我完全认同。在我看来，人类的伟大之处之一就是大家可以殊途同归。如你所说，我对你的背景的确了解不多，你说你小时候参加了很多吊唁仪式，你的家庭信仰是不是属于爱尔兰天主教的分支？我在纽约州白原地区长大，我所认识的小朋友们都没有参加过吊唁和葬礼。不过，回想起来，我当时还是有很多爱尔兰天主教的同学的，他们也许有过类似经历但只是没有提起而已。我母亲是一个来自希腊小岛上的村子里的女人，记得有一次，她带着我们四个年幼的子女去参加了邻居的吊唁仪式，结果她被人责骂，说不应该带小孩去那种场合。但对我母亲来说，她认为死亡就是很自然的事情，是生命的一部分，人活过了一辈子死了去道别一下是再正常不过的事情了。

过去我母亲还经常给我们讲她小时候村子里的故事，也会提到小村里家家户户都把老人和患者留在家里面照顾。这些人过世后，大家还会把他们的遗体在家放置一段时间，然后再举办葬礼把遗体埋下去，那时候好像大家觉得刚过世的人和在世时没有什么区别。等到躯体在土里面分解后，人们再把死者的骨头挖出来，以便让墓园有足够的空间留给后面的人。挖出来的骨头会被收集到一个盒子里，存放在墓园专门放遗骨的地方。我们小孩最喜欢听的故事，就是说家属觉得时间到了去收集遗骨，结果却发现还是挖早了一些，所以只能再埋下去。我印象中倒没觉得这个故事恶心，只是觉得诧异。我从来没有见过母亲对死亡这件事表达过恶心，或者是害怕。很久以后，我才有机会亲眼在母亲的村子看到那种存放遗骨的罐子。那时的我，很想念那样一种时代或者地方，能够把濒死以及死亡都看作生命循环理所当然的部分。能带着那样的心态成长应该会有很多益处。

我早年和死亡相关的经历里，也不都是那么平和。在上一封邮件里，我曾提到过我祖父猝死的事，因为7月4号那天正好是他的忌日，也是美国独立日。那时候我12岁，祖父65岁。我们当时正在和母亲那边的亲戚一起过节，是在纽约州北部的亚历克斯舅舅家，父亲那边的亲戚在新泽西通过电话找到了我们。父亲马上把我们几个孩子塞进汽车就出发了，几个孩子在路上想唱个歌放松一下，可却被父亲大声喝止了，于是我们就猜测肯定是发生了什么很不好的事情，因为平时父亲挺喜欢听我们唱歌的，而且还会自豪地跟别人提起。因为不能唱歌，所以我们都觉得挺无聊，在车上待着的时间显得特别漫长。再后面，我能够清楚记得的就是葬礼了，那是传统的希腊东正教的仪式，棺盖是打开的，我的祖母不停地对着祖父的遗体哭诉，希望他能够睁开眼睛。我不记得那时我的希腊语水平怎么样，所以也不太记得她当时都在哭诉什么，但我还是可以肯定，教堂里面的人都感受到了祖母的痛苦；我也有发自肺腑的感受。在我写的书《父亲的战争》里，我陈述了我父亲对祖父过世的反应。你可能还记得，书里提及我父亲很后悔没能消解第二次世界大战期间家人分离时他对祖父一些做法的怨恨。突然间一切都晚了，父亲再没有机会去矫正或者改善他们之间的关系，让他们之间的相处变得融洽，或者告诉祖父他依然爱他。父亲为此抱憾终生[4]。之所以跟你提这些，就是解释一下我小时候与死亡相关的诸多方面，我受到的影响也是好与不好兼而有之。

再说到过往的经历，我认同你的弱者理论——因为你自己曾经经历过折磨，所以就容易理解那些在身体或者精神上正经受痛苦的人。我觉得我家里面就有一些证据可以支持你的理论。我跟你提到过我父亲现在的情况，也隐约提起过另外两个亲戚，都是病了好些年已经快接近生命的终点了。其中一个是我的婆婆蜜瑞儿（Mireille）。她是瑞士人，直到90来岁，她一直过着非常健康独立的生活，然后中风了一次。虽然她的语言功能大部分恢复了，右边身体也可以动，但她没法独立生活了。

她现在 96 岁，仍然住在她自己的公寓里面，我丈夫的姐妹会照顾她。另外一个长期患病的亲戚是我的大姐夫，史蒂芬 **（译者注，原文 Steve，是 Steven 的简称，和本书作者之一史蒂夫同名，为便于区别，译为史蒂芬，下同）**，他和我大姐玛丽亚还有他们的两个十来岁的女儿都住在伦敦。早在 11 年前，史蒂芬就被诊断出罹患了一种很罕见的疾病——脊索瘤，你听说过吗？这是在胎儿期形成的处于头骨底部或者脊椎内部的一种肿瘤。在患者成长的某个阶段，这个肿瘤开始变大，或者是开始加快成长，然后肿瘤的位置大致决定了患者的存活时间。玛丽亚一直不屈不挠地在寻找治疗的方法，而史蒂芬也有强烈的求生欲望。所以，和蜜瑞儿一样，史蒂芬现在还活着，但是已经非常虚弱而且行动不便了，他之前差不多做过 7 次大手术还有很多实验性的治疗。

作为你的弱者理论的一个证据，就是我那几个病得很重的亲人相互之间都很同情对方：我婆婆同情史蒂芬和我父亲；史蒂芬也同情我婆婆和我父亲；我父亲直到最近他的失智症趋于严重之前，也同情史蒂芬和蜜瑞儿并且经常问起他们。蜜瑞儿已经不再给人写信了，但是以前会给史蒂芬写。我不知道现在史蒂芬是否还写些东西，不过不久前他写了信给蜜瑞儿。但是，我不认为他们对长期牺牲自己的生活质量来照顾他们的亲人，会经常有类似的关心。无论如何，他们身体不好但是还能够相互关心，这也挺好的，我相信主要是他们由于自己的疾病更能够感同身受其他人的痛苦，因此彼此认同。那么按照这个思路，下一个问题大概就是，我们是否能够把这种慈悲情怀也给予其他人，那些和我们并没有同样的经历或者感受的人？或者会有一种天赋，就是意识到他人身上的苦难。至少，所有的人都共有死亡这个要素，事实上众生都共有的，不是吗？

说到分享，虽然有点累，但在我完成这封邮件之前，还是要感谢你分享的那个肾病患者的故事。虽然庆幸自己仍然健康，但我也多次见证了家人聚在一起却没法去讨论最紧要的事情，借用你那个跳舞的比喻，就好像大家都在围绕这个问题跳舞却避免去直接面对。相较于聚焦到个人，我想你给我介绍的那户人家的情况，其实可以映射到我经常思索的、我们社会上普遍存在的问题：每到生命的终点，需要做医疗护理上的决定时，我们美国人其实没有很多可以透彻讨论的选项。当然，我也知道有些医院包括我们达特茅斯学院的希区柯克医疗中心（Dartmouth-Hitchcock Medical Center），规定了"共同制订决策（shared decision making）"，确保让患者参与讨论并让患者的想法更好地得到顾及，从而决定后面的治疗措施等。还有很多医院设立了姑息治疗室，配备有训练有素的工作人员，他们熟悉最新的处理疼痛的备选方式以及临终治疗措施等。尽管如此，我觉得以上这些做法并没有被普及开来，并且，临终问题就好像一幅大的拼图中的一小部分，而患者和医院只是这个拼图中的一个部分。

我们没有一个公共论坛来让大家思考医疗技术体系之外的东西，而这个体系的导向基本就只是治愈疾病。当然，我赞成治疗，但我不希望在治愈基本无望的时候，依然没完没了地治疗。我们并不能"治愈"人必然死亡这个结果。你可能也看过类似的统计数字，美国人养老保险的很大一部分支出是花费在临死前的最后几个月里的。难道我们不应该稍微停下来思考下这一现象？把死亡看作失败是否是不通情理？认为医学能够或者说应该解决死亡这个问题是否也是不够理智?

这也是我为什么对"死亡咨询专家组(death panel)"那次事件非常生气的原因。我想你肯定也记得 2009 年 8 月莎拉·佩林(Sarah Palin)为了要反对奥巴马政府的健康保险改革,造了这个词,后来这个词很快就大范围地流行起来。当时她是这么写的:

> 我所爱的、所理解的美国,是不会让我年迈的父母和患了唐氏综合征的儿子站在奥巴马的"死亡咨询专家组"面前,仅仅凭这些官僚主观地来判断他们"对社会的贡献",来决定他们是否值得给予健康保险。这样的机制就是罪恶的[5]。

在我看来,虽然佩林只是为了阻止健康保险体系的改革,但是长远来看,她破坏性地阻止了一个绝好的机会,本来借此可以让整个社会认真思考一下把医疗和技术看作至高无上、无可争议的手段带来的后果。就像你那位患肾病的客户的例子所显示的那样,在面对严重疾病的时候,有很多问题需要思考,仅仅因为肾脏移植手术可行并且也有合适的供体,并不意味着移植就是最佳的选择。我真的很希望能够有更多的讨论让我参与其中,可以讨论医学干预的短期和长期后果,让很多专家,比如不同科室的医生、心理专家、心灵导师,甚至经济方面的专家等,提供他们的观点。

回到我自己的境况,就我的家人来说,我婆婆现在开始用心脏起搏器了。如果每次她的心脏撑不住的时候,起搏器都能够重新启动心脏,最后一刻该以什么方式到来呢?她的身体是越来越弱了。是否有可能她身体里面的其他器官都快不行了,而心脏还在继续搏动?那样她的感觉会怎样?在 96 岁这个年纪，她能够真正感觉舒适的日子越来越少。我因此困惑，**给她装上心脏起搏器是否是一个好的选择？**我这样想是不是有点坏？

我之所以老是念叨这件事，是因为我父亲所在的康复中心总建议我们去给他装一个心脏起搏器。父亲平时的血压和脉搏都很低，而康复中心规定，当患者脉搏在每分钟 40 次以下时（我记得的是这个数字）就必须去医院治疗。父亲已经有两次因为这个原因被送到了医院，但是医院对他的身体情况也无能为力，最后还是把他送回康复中心。这样来回的折腾让父亲的关节雪上加霜，治疗地点的变换也让罹患失智症的父亲更加迷糊。康复中心坚持要他去装一个心脏起搏器，否则就不让他待在那里，于是我们只好去咨询医生。我们找的是曼哈顿的一个知名心脏起搏器专家。谢天谢地，这个专家也认同我们的观点，他也认为给我父亲安装这个东西对提高他的生活质量并没有太多帮助。谁能告诉我，在这种情况下还有什么理由让他去受这个罪呢？有一个礼拜父亲都感觉非常不好，因为他要在韦斯特切斯特（Westchester）的康复中心和曼哈顿的医生办公室之间来回奔波。在我看来，之所以让他遭这个罪就是因为我们没法在家里照顾他，而让他能够留在康复中心的唯一方法就是从曼哈顿的医生那里得到一个证明。你不觉得这里面有些不合理吗？

所有这些都让我期望弄清楚与疾病、医疗干预、临终、死亡等相关的问题。同时我也因此更加渴望把握住生命，庆幸能和我爱的人生活在一起。这两方面的努力在我看来不会互相排斥。我内在的生命力现在非常强大。我不确定我的表述是否确切，但我认为能够接受和了解有关临终、疾患折磨以及潜在的死亡等问题，能够让我有强烈的动力生活下去，而且要好好地活。

好了，现在我文学方面的训练让我又不免要掉书袋了，希望对我们的交流也有所裨益。我心里面出现的场景是托马斯·曼（Thomas Mann）的名著《魔山》（The Magic Mountain）（提醒你这可是本很长的小说）。书里面，主人公汉斯·卡斯托普（Hans Castorp），去了瑞士达沃斯的一家休养院去拜访他的表兄。我觉得这些情境关联起来有点诗意的感觉，不过我可不是故意这么做的。扼要地说，我认为卡斯托普是爱上了生病这个事情；不管怎样，他也成了魔山休养院里面的患者。在某个时间他出去散步，并在风雪中迷路了，晕过去或者是睡着了——不知道哪个情况属实——差点就死掉。他经历了一个非常复杂的梦境，回到清醒状态后，他意识到死亡没能征服他[7]。我对这本小说爱恨交加，其中有很多原因，但有个启示对我毋庸置疑，那就是：死亡就在那里，没有关系，没有必要因此去放弃生命，我们应该去做我们力所能及的一切，哪怕是身患重病或濒临死亡。不知道你是否能够理解我想说的？我想重申一遍，对我来说，如何尽可能通透地表达这个想法非常重要，也许这就是我和你通信的另一个目的。让我自己能够继续表达对这些两难问题的观点，而不必像前面提到的"死亡咨询专家组"那次，本来是可以和了解情况的医疗保健提供者一起，开展一次全国范围的关键决策的辩论，可惜这个机会被扼杀了。

好了，还是回到你上次给我的邮件：是的，是的，是的，携死而生！我觉得这句话非常合适。你的来信激发了我太多的想法，还是先停笔等候你的回复吧。

艾琳

我必须战胜自己的恐惧、悲伤和慌张，来面对周围微笑着的护士和医生……

史蒂夫
科尼什，新罕布什尔州
2011 年 7 月 20 号

亲爱的艾琳，

好啊，那我一定要去读一读《魔山》了。我知道读这本长篇肯定比读短篇的《马尔特·劳里兹·布里格手记》要多花很多时间。这里提一下，我还是很喜欢那本短篇的，里面的很多片段不停地出现在我脑海里。下面的一段话引自书中前面章节里叙述者的观察，这一段和我长期以来所做的，包括思索、阅读、记录有关临终和死亡，是非常契合的："我正学着去看。为什么会这样，我也不知道，但是所有的事情我都有了更深的感触；这些印象没有停止在之前它们所到达的地方。我的内心有一个我过去完全不了解的地方。现在所有的事情都向那里聚集。我不知道那里会发生什么[8]。"

认识到重要和深刻的事情是发生在内心，我为这个想法的那种神秘性所吸引，尽管书里面的布里格先生（Herr Brigge，Herr 是德语里"先生"的意思）并没有理解这点。我现在渐渐意识到，我们经历的最重要和最深刻的事情，确实都是发生在我们内心的，并且我们也不一定需要去完全理解它们。

生命中最神秘的事情莫过于死亡了。尽管在各种宗教传统里，对死亡和死后灵魂的去处都有阐述，但是就算最虔诚的教徒也没法知道那是什么样的感觉。信念可以是非常强大的，强大到被认为是确定无疑的（certainty），但那还是不同于可以掌握的知识（knowledge）。我认为这就是宗教信仰的本质了。而在死亡的时候以及死亡之后究竟发生了什么，是我们都无法掌握的知识，这必定是那么多人觉得死亡是那么让人向往又让人畏惧的理由之一。也必定因此让很多人紧紧抓着生命不愿放弃。如果我们能够确切地知晓死后会怎样，也许我们就可能轻松地直面死亡，哪怕那意味着我们失去所爱的一切。

可惜我们无法明了死后的事情。所以，我们向疾病和衰老宣战，我们"反抗"、"搏斗"、"挣扎"。如果我们相信那些讣告里面所说的，那么在生命最后的日子里，主旋律大都是反抗和搏斗："某某经过与癌症勇敢的搏斗后过世。"在四月份散步的时候我们曾聊到过，这些准军事化的言语，只关注所谓的胜利和失败，让人感觉不是很舒服。我甚至觉得，这种处理方式显得有些浅薄，也是被误导了，它没有用一种积极的、实用的方式来处理苦痛和失去。作为作家和哲学家，约翰·奥多诺休（John O'Donohue）在他生前最后的一本著作《祝福我们的一切》（To Bless the Space between Us）里，就把这一点变成了美好的祝福（补充说明，这本书是作者死后出版的，作者在他 50 来岁的时候死于一次心脏病发作）。作者在"致一位患病的朋友"的开头部分写到，"现在是黑暗来访的时候"[9]。在接下来的几行，他逼真地表述了当一个人被性命攸关的疾病所胁迫的感受，"感觉如同违背了你的意愿，把你的心许配给了一个陌生人一样"。

然而他话锋一转，从绝望的情景转到邀请读者正视这个不幸的事实，去询问为什么疾病会到来，从中学习，并在无计可施的情况下寻求抚慰。

　　祝你在自身找到

　　勇敢的接纳的心

　　去面对那些困难

　　还有痛苦和未知[10]

　　听起来这是非常理智平和的对待疾病和死亡的方式。不过，虽然我欣赏奥多诺休的提法，尤其是那句"勇敢的接纳的心"，但我觉得这句话可能低估了人们那种想要控制发生在他们身上的事件，以及不愿放弃的心理需求，即便是在你姐夫那种患了绝症的情况下。

　　我有一个中年客户患有直肠癌，已经治疗了4年。她自己就是一个心理分析师，花了很多时间来考虑她的境况以及如何处理将要发生的事情。我和她提起我最近在考虑的问题，是不是应该把人们面对癌症和其他疾病时那种类似军事对抗的言辞，改成稍微不那么有斗争性的表达。她脾气好，没有直接说我不对，而是说会把她的想法写下来给我。我收到了她的来信，开头就提到，她自己原来也没有耐心听医院病房里还有住家患者们那些"抗争"之类的说法。接着她写道：

　　　　现在我自己患了癌症，并且在过去4年里面大多数时间都在做化疗。我的想法变化了。我的确觉得好像是经历着一场长期的、残酷的、艰巨的、连续不断的战斗。一场十足的保命的战争。我必须战胜自己才能起床，强迫自己去医院。我必须战胜自己那种拔掉输液管就跑掉的冲动。**我必须战胜自己的恐惧、悲伤和慌张，来面对周围微笑着的护士和医生**……在一次治疗的过程当中，一位患者喊叫了几个小时。那是一种揪心的惨叫声，就好像她在被人上刑一样。在其他场合，我会走开，可是那一次我听得入神了。我下意识地觉得她一定是精神有些不对劲，但是过后我意识到她就是在做我想要做的事情，只不过她可能更诚实地面对她的感受罢了……

> 我也常听到人们在说，要接受得癌症的事实并且认可癌症。接受很重要，如果你一味否定这个事实，那你就肯定会被它打倒。我接受了癌症作为我的敌人，我必须要比它强大。对它我没有爱，我不想接受由它来决定我的命运……我是一个生命战士，这种信念让我活下去[11]。

她的回信就像给我打了一针清醒剂，让我认清了现实，也动摇了我所谓的采用温和的方式面对致命疾病的模糊信念。不过我依然相信，如果一个人能够接受死亡的到来是和死亡之前各个阶段作为自然过程的一部分，那么在他患病和濒临死亡的时候就不会有那么多的焦虑。当然，反抗这个结局，努力坚持活下去，也不是错误的选择。像你提到的，能够在接受死亡同时又能够全身心地投入到生活中去，可能在某种程度上是可以做到的。但具体能做到什么程度，是整个死亡相关秘密的一部分。尽管如此，如果有人坚持认为他们的经历就像打一场战役，那我哪有什么资格去提出异议呢？哪怕时日无多，但也许这种控制局面的幻想能够强大到支撑他们继续活下去。

我最喜欢的一个按摩客户是位 87 岁的女士。她有很多健康方面的问题，但是身体还算硬朗，精神也不错，多数时候每周会去做运动，和女儿去看电影，还有定期地参加当地教会的聚会。这些年来，我们有过不少有意思的谈话，涉及我们俩各自的生活，包括她曾经酗酒后来戒掉了，家庭里的杂事，还有对死亡的看法。有一次，她告诉我她很害怕快要死的过程，而后她重新考虑了又说："不对，其实我不是怕濒死的过程，而是怕死掉了的那种状态。"接着她笑起来并补充到："你想啊，那就是最后的控制问题了！"

就此打住了……

史蒂夫

> 我母亲已经把我父亲领回去了，来回折腾
> 只能让情况更糟。
>
> 　　　　　　　　艾琳
> 　　　　拉图尔德佩勒．瑞士
> 　　　　2011 年 7 月 27 日

亲爱的史蒂夫，

　　有机会和你把这些没法轻易讨论的问题展开来真的是大有裨益，我只想再说一次，谢谢你的分享。今天写这封短信是想告诉你一个消息，**我母亲已经把我父亲领回去了**，总算离开了健保体系，或者更确切地说，离开了这个系统的几个医疗单位。你可能从我之前的邮件里面就可以看出来，那个康复中心对我们来说就是一个灾难。从根上来说，那里的护理人员好像就不想让我父亲待在那里。在我上次给你写信之后，他们又把他送到医院过一次。好在这次在医院有一名头脑清楚的社工（social worker，社会福利工作者），看出来这样把我父亲**来回折腾只能让情况更糟**，于是帮助我母亲取得了把他接回家照顾的许可。据我了解，只有具备这样的许可，养老保险（Medicare，美国政府给老人提供的医疗保险）才会支付家庭护理的一些费用。也就是说，我家需要保证雇人进行家庭护理才能让我父亲出院，因为父亲无法自理也不能有效配合，加上他

体重较重，我们需要两个人才能移动他。于是，我们拆了家里的餐厅，改造成一个卧室供夜间护理的护士使用。我们还布置了一张医院的病床。虽然养老保险会支付一部分开销，但我母亲依然担心无力承受相应支出，因为这个阶段父亲需要的很多东西都在保险范围外。另外，我母亲也对要和看护父亲的护士共处一室有些焦虑，因为她总觉得让一个陌生的护士待在家里（还是晚上）有点别扭。不过一想到总算把父亲接回家了，她就感到轻松很多，暂时也管不了那么多了。那个拆了的餐厅有我们过往家庭聚会的记忆，即使我现在远在他乡，每每思及，不觉黯然。我现在比较牵挂的是不知道在家里母亲是否能够得到足够的帮助来照顾父亲。但不管怎么样，我还是为父亲能够离开那些不愿意照顾他而且做事也比较毛糙的人而感到松了一口气，谢天谢地！

艾琳

第二章

死亡意味着不公正吗

　　我想到那些确实可以被认为是遭受了不公正的儿童和成人，他们过早的死亡是由于暴力或者贫穷，但这些都不是无法避免的。从根本上来说，我并不关注给死亡加上公平与否的标签，进一步说我也可以不再关注它的不公正性，但是条件是，当我们听到或者读到这样的情况的时候，我们都要去做一些事情来防止类似的死亡再次发生。我没法袖手旁观（I can't let myself off the hook）。

亲爱的艾琳，

这几个月我经常去佛蒙特州一位女士那里，她是"心手相连"项目的关怀客户。和她第一次聊天的时候，她就明确告诉我她的卵巢癌肯定在某一天会要了她的命。她还不到 50 岁，结了婚但是没有孩子，自己做生意，深爱着自己的丈夫还有家里的金毛猎犬。

她接受治疗已经超过三年了，最近，她令人难以置信地经历了一个痛苦的精神转变，就是不再寄希望于能够通过治疗康复。现在她的重心是如何在临死之前与癌症和平共处。她平时不怎么爱出门，所以也只有和她关系很近的亲友才知道她的情况。不过，这些人大都不希望她就这么放弃治疗。

她的名字叫贝丝（Beth），是一个乐天派，有一双明亮的眼睛，头发已经提前变成灰色，笑起来生动而亲切。刚开始被确诊的时候，她告诉丈夫自己一定会尽全力把病治好，不过要按照她的方式来治疗。如果必须手术和化疗，她也可以接受，但是她认为最重要的，是要用灿烂的笑容来面对疾病。在我看来，多数情况下她真做到了。很多时候，我和她都是开心地笑着谈她的家庭、她的那条名字叫布林克利（Brinkley）的狗、她的疾病，还有她开的那家美发店的老顾客们。她好久没有见那些人了，还挺想念的。其他一些时候，当健康恶化从而导致疼痛超过了她的承受能力时，她看见我来也只能挤出一丝微笑，这种情况下我们只能聊一会儿。

她告诉过我，在她小时候母亲就患有多发性硬化症（multiple sclerosis），在轮椅上度过了很多年。这也是为什么贝丝和她丈夫决定不要孩子的原因：她不想在孩子还小的时候让他们看到自己患上这个病，不想把这个病传给下一代，她不愿冒这个风险[1]。她有两个姐妹，虽然她非常爱她们，但有时也嫌她们管得太多，以至于让她有点被操控的感觉。我第一次去她家给她按摩时，她的一个姐妹也在，看到我来后就主动去了地下室，以便我和贝丝单独相处。后来我获悉，当时她并没有下到地下室，而是停留在去地下室的楼梯那里，我们看不见她但是她却可以听到我们的动静，她想确保贝丝的安全。还有一次，当贝丝的另外一个姐妹无视贝丝的意愿跟她唠叨患病后的事项时，被贝丝不耐烦地打断了："等一下，咱们俩到底是谁得病了啊？"

最近的一个早晨，我去给她按摩，发现她精神特别不好，身体也很虚弱，以致没法躺到我带来的按摩床上，所以我就让她靠在沙发上接受按摩。按摩之前我照例先和她聊了一会儿，她告诉我给她用的轮椅和其他医疗器械送到了，这些东西让她回想起她母亲当年的情况，更具象地让她认识到患病的程度，这让她感到抑郁。

我问她对于死亡觉得最困恼的是什么。她旋即回答说："**就是突然被宣布从生活里出局，但对此却没有一点发言权。**"

这没有道理。这是一种不公正（injustice）。

她的这个回答一直萦绕在我脑海里，据我所知，这涉及人们所关注的事关死亡的最重要的问题之一——尤其对于那些不是因为衰老致死的人。死亡是否不公平（unfair）？小孩死于疾病，年轻人死在战场上，癌症或心脏病导致的青年丧偶或幼年丧父，这些是否是不公正？还有在车祸、空难、暴力案件中丧生的可能是各个年龄段的人，这些又公正吗？

我认为这类问题的答案是否定的。不过这样说太简单化了，我觉得可以用两种方式来细分这个问题，然后答案对于各个方式可以不同。死亡对于那个处于临终状态或者已经死亡的人是否公正？死亡对那些死者身后的亲属是否公正？

要回答这两个问题，我觉得首先要清楚没有谁生下来就能够确保长命百岁。统计结果显示，时下北美出生的婴儿的预期寿命是 80 岁左右，这比之前几代人大概长了一倍。当然，这并不是说所有的婴儿长大后都可以活到 80 岁或者更长。这个数字的统计人群包括了那些出生不到一年就夭折的婴儿，在 20 来岁死亡的年轻人，在 50 来岁甚至 90 来岁死亡的老人。生命其实很脆弱，可能会因为各种各样的原因在上面所述的各个年龄段内结束。既然这样，死得太"年轻"怎么能够算不公正？我认为这既谈不上是公正，也谈不上是不公正，只是凡人的命运而已。

明白了这一点，不管在什么年龄，可能就更容易直面生命的终结；更重要的是，认识到了生命短暂的本质，就会更容易甚至是必然地用一种珍惜的姿态来度过生命的每一天或每一年。

对于问题的另一面，如果你不是要离世的那个人呢？如果你是一个失去父亲的孩子，或者一个失去孩子的母亲，又或者是一个失去丈夫的年轻女子，这是不是不公正？

我还是会说，没有什么不公正。痛苦，和不公正或者说不应该承受的痛苦（unjustly painful），是有区别的。虽然这看起来好像只有字面上的微小差异，但是你是一个文学教授，你肯定能理解它们在语义上的微细差别。痛苦肯定让人难受，如果痛苦是被迫赋予的，是命运或者其他可以埋怨的人造成的，那么的确可以说自己是受害者。如果我们始终囿于受害者的态度，生活中就难有积极性和成长的空间。但是，如果我们认为痛苦仅是纯粹意义上的痛苦——虽然让人难受，但并不特殊，只是一种芸芸众生共有的体验，那么我们就不算是受害者，我们只是感到痛苦的人，而痛苦不会比欢乐或者生命本身更持久。

你知道我有太太，一个儿子和儿媳妇，两个孙女。他们对我来说都很重要，失去他们中的任何一个对我来说都会痛彻心扉。尽管这样，我还是考虑了一个看上去很奇怪的假定问题，就是假定这些亲人中的某一个过世了。这里不考虑亲人死亡的过程，就只考虑失去亲人的影响。想象如果某个突发事件夺走了他们中的一个或者几个，我会有怎样的感受，我还能挺过去吗？失去我最珍惜的人对我意味着什么？

我想我的痛苦会难以言表。然而，这和意外发生在自己身上还是不一样。我不会因为这件事而让自己觉得是一个受害者，并且不管这个死去了的亲人的人生是长还是短，最终我都希望把自己看作亲人曾经活着的受益者。我会继续过好自己的生活，保留那些与他们相关的生动、多彩、美好的回忆。反过来说，如果是我先过世的话（这个可能性至少是一样大的），我认为他们也会这样继续他们的生活。

你觉得我说的有道理吗？

史蒂夫

> 对于那些由于生存环境而导致死亡的人，
> 我认为他们的死亡是不公正的。

艾琳
拉图尔德佩勒，瑞士
2011 年 8 月 22 日

亲爱的史蒂夫，

　　谢谢来信，我都没意识到，从上次给你写信后已经过了这么久了。对我来说 8 月份一般都比较忙，因为我小姑子的生日在这个月，于是每次在先生家就像过圣诞节一样组织家庭聚会，就好像 8 月份又过了一次圣诞节。另外，也因为我总是在 8 月份开始为新学期备课。开学后，我要么是在新罕布什尔州的学校里上课，要么是到德国柏林负责我们的一个交流学生的项目，今年我会去柏林。

　　你知道我非常乐意和你讨论关于死亡的事情，因为很少有人能够坦然地和我直接聊这个话题，所以每次总忍不住要谢谢你。本来这次不准备写什么感谢的话了，但是你上一封信分享的内容，尤其是和贝丝有关的故事，还是让我觉得应该对你表示由衷的感谢。从你的描述中我觉得贝丝是一个非同凡响的人！她的那个说法，"被宣布从生活中出局"，恰如其分地表达了那种伤感的情绪，描述得很好很清楚。真的很遗憾她即将离开这个世界。

回到你信最后问的那个问题：你认为死亡就是生命的一部分，所以没有什么公正或者不公正，问我是否认同。大部分情况下，我是同意的。毫无疑问，我觉得有些人的言论很怪诞，比如据说伍迪·艾伦（Woody Allen）曾说过，死亡并没有什么，只是不要发生在他们自己身上就好。事实上真有一个朋友跟我说过类似的话，我当时都不知道怎么回答，只好尴尬地笑一笑，真的很吃惊一个思想成熟的成年人会有这样的想法。

说到底，如果你的家人和朋友都去世了，你待着的地方虽然可能没有什么变化，可是周围的人都变了，你一个人活着还有意思吗？当然你还可以继续结交新朋友，但是他们和你没有共同经历，而那些经历才是让我们联结在一起的纽带，是我们感觉到熟悉和被理解的源泉。

你信中也提到了那些病痛，失去亲人、死亡等，这些都是我们和芸芸众生同样要去体验的生命维度（dimensions of life）。如果企望和众生的命运都不一样，那就是把自己孤立开来。如果你认识的每一个人都会经历或者已经经历了这些事情，而你自己却不经历这些，你难道不会感到困惑吗？尽管如此，我还是有些疑问，就是虽然我们所有人都不免一死，但是每个人的死法却可能非常不同，有的年纪轻轻就死了，有的却能够寿终正寝，死亡的原因也各种各样，至少从现世的角度来看痛苦程度也很不一样。这些在你的信里面也曾提及，所以你也清楚。我就是没法认同把被狙击手杀死的孩子和五十岁得癌症死掉的人等同。

我们可以从另一个侧面来讨论这个问题。今年夏天的早些时候，我读了法国一位精神科医生戴维·塞尔万-施雷伯（David

Servan-Schreiber）的遗作。作者的大部分时间是在美国工作，他因提出了"抗癌"的饮食和锻炼方式而著名，为此他出了专著并到世界各地演讲。然而他自己却在三十来岁就被确诊为脑癌，2010年癌细胞发生转移，他于今年7月份去世。我读的这本书就是他记录自己癌症复发、最后的治疗，以及意识到自己即将死去的过程。他有很多值得敬佩之处，包括他的工作，还有记录自己的生命历程等。对我来说，特别引起注意的一点就是他写到了"公正（justice）"这个主题。当他知道治疗没法起死回生后，他记录了他的想法，"我提醒自己，毕竟有充分的证据表明我不是唯一一个会死的[2]。"他的这句话让我笑了，我觉得他这种看法比那种盼望能够逃过死亡的要好得多。他接着写道：

> 这也不是某个人在不公正地处罚我，比如把我关到地牢里面只给些干面包和水。不是这样的，每个人都会经历这个。我的死亡来得有些早了，这的确让人悲哀，但是算不上是骇人的不公正。其实我还是蛮幸运的，有过不寻常的遭遇，认识了什么是爱，有了孩子，有兄弟还有好朋友，我在世上留下了我的印记。我的一生经历很丰富，当然包括得癌症这件事。我并没有觉得我的生命是徒然挥霍掉的[3]。

我喜欢塞尔万-施雷伯注重表达死亡是所有生命的一部分，所有人都会走到那一步。同样我也欣赏他能够领悟到他自己曾有过很充实的生活。

我自己过去曾经有一个特殊时刻——大概是在刚到达特茅斯学院开始现在这份工作的时间，我觉得自己真的是得到了太多的福报：我有非常好的教育经历，学习了语言，去旅游了，和世界上很多地方的人都有联系，在亲密关系中感受到了幸福，有和睦的大家庭和朋友圈等。然后那时候我就觉得，就算我第二天死于突发事故或者由于生病很快死去，我的一生也不算太悲惨，就是暴死也值了。我会希望大家不要记着我是如何死的，而是记住我把握住了机会，全身心投入地活过了。我还想过要在遗嘱里面跟朋友们交代清楚这一点，尤其是我是如何看待这件事的，当然，如果我死了的话，就是"曾经"是如何看待的。我没法要求那些熟悉我的人不要感到难过，但是给他们留下下面这样的结束语也不错："我不介意这样离开。我活着的时候过得很尽兴。"就像塞尔万-施雷伯谈到他的癌症一样，我也会把遇到过的最悲惨的事情当作我丰收而多彩的人生的一部分。

你可以相信我，我理解其中悲伤的那部分。因为我爱的人里面有很多也过世了，我也经常想到他们，也常常会难过。如果不是非死不可的话，我也不会自告奋勇去死的。因此我也能够理解贝丝说的"从生活中出局"的话，在这一点上贝丝的诚实是她这么打动我的原因。她热爱生活，并不想就这么离开。

沿着这条思路似乎已经是逻辑完整的了，然而就在我写这些句子的时候，一个问题闯入了我的意识当中：这世界上有很多儿童、穷人、平民等（包括在我们自己国家里面的），他们没有选择，他们出生和成长的地方缺乏基本的健康条件以及和平的环境，从而导致了他们的死亡，这是公平的吗？很明显，这是我们这个地球上生活的一部分，但这公平吗？我认为不。

对于你说的自怨自艾以及受害者心态会造成负面的影响，我非常同意。就这个话题我读过一篇很棒的文章"挺过受害者心态"，作者玛莎·米诺（Martha Minow）是一位女性法学专家[4]。她的说法里面最让我走心的是，什么人被认为是受害者，反映了我们有怎样的社会现实。在这个话题上，我觉得我最终的态度是，相对于宣称没有不公正的死亡，我更同意说大多数的死亡算不上悲剧。我希望我认识的人在宣称别人的死亡是悲剧的时候要尽量慎重一些。同时**对于那些由于生存环境而导致死亡的人，我认为他们的死亡是不公正的**，为此我们应该反思自我以及我们的优先事项，并且尽量做些什么来改善这个状况。

现在轮到我来问，你觉得我说的有道理吗？

艾琳

如果能意识到或者承认死亡与公正与否无关，也许会让幸存者过得好一些。

史蒂夫
科尼什，新罕布什尔州
2011 年 9 月 12 号

亲爱的艾琳，

看来你特别关注儿童的死亡，这有点特别。另外，虽然我不认为我会改变关于这样的死亡是否公平或公正的看法，但你的观点还是让我无论在认识上还是情感上，都产生了触动。

春天的时候，《纽约客》杂志登载了一篇亚历山大·赫蒙（Aleksandar Hemon）写的文章，里面描述了他年幼的女儿因为一种罕见的脑部肿瘤而死亡的令人心碎的细节[5]。这种疾病的发展导致了一系列不良反应的发生，赫蒙夫妇只能眼睁睁看着孩子每况愈下。他们和孩子一起经历着每一次的痛苦，直到最后告诉医生不要再给孩子做按压复苏，无奈地接受她死亡的事实。这位父亲那么详细的记叙让我觉得难受，但最让我不满的是他在文章结尾处做的描述：

> 最可鄙的宗教谎言之一，就是宣称承受痛苦会彰显崇高（suffering is ennobling），说这是通往某种顿悟或者救赎的必经之路。我女儿伊莎贝尔（Isabel）的受苦受累还有死亡，对她、对我们或是对这个世界而言，都没有什么意义。我们从中

没有得到任何有价值的经验教训，或者是可以用来帮助别人的经历。伊莎贝尔肯定没能去到更好的地方，因为对她来说没有一个地方比在家里和家人待在一起更好。伊莎贝尔走了，只剩下泰莉（Teri）和我，还有我们无处可去的无尽的爱；过去我们经常陪她，现在我们觉得时间太多；我们陷入只有伊莎贝尔才能填充的空虚当中。她的永久离去，化作我们身体的一个器官，唯一的功能就是持续地释放悲伤[6]。

这是非常沉痛的告白。但，我不能认同里面的说法。对作者的反应我不觉得奇怪，只是感到很痛心，他们经历了这次创伤之后只得到了痛苦和愤怒。这样的感受在孩子刚过世的时候是可以理解的，但我还是期望为作者自己以及读者着想，在撰写和完善这篇文章的时间里，会淡化那些痛苦和愤怒的部分，或者等这些情绪淡化之后再来写这篇文章。写作的过程本身对他应该也有所帮助。

事实上，我是支持痛苦会彰显崇高的说法，只要这里"彰显崇高"意味着带给我们一些顿悟（enlightenment），让我们更清楚活在世界上的目的，让我们和芸芸众生的联系更深更广。经过这件事后，我想当作者看到别的孩子在承受病痛时，或看到别的父母在经受类似的噩梦时，他的想法和行动会与以往有所不同。另外，在照顾他的女儿的时候，他很可能和医护人员也建立了某种意义的联系，而没有经历这件事这些联系就不会存在，这些在今后的生活里面也会对他有所启迪。可以说，他的整个余生都要建立在女儿过世的基础上，但如果这个基础里面只有痛苦和愤怒，那么这些感受只会不断被放大。

也许，我们之前提出的这个死亡是否公正的问题是个伪命题。可以说都不是，也可以说都是。对于一个生病的孩子，在面对死亡的时候，她没法理解相关的哲学意义上或者精神层面上的那些微妙之处。她可以坦然地面对所要经历的一切，以至于很多成年人认为那是一种勇气，但实际上也可能只是因为孩子单纯而已。对于旁观者来说，自然地会认为小孩子的死亡是不公平的，但实际上这不过是人类寿命统计中的一个普通事例。算不上公正与否，但确实比较残酷，让人不忍目睹。

短期来看，不管认为是否公正或者两者都不是，对所造成的痛苦本身没有什么影响。但我认为，**如果能意识到或者承认死亡与公正与否无关，也许会让幸存者在哀伤淡去的长远时间里过得好一些**。

现在回过头谈谈我的客户贝丝吧。刚开始的时候，她还是坚信自己有可能通过精神的力量、亲人的支持还有现代医学的帮助，来获得治愈。当然，她也清楚能否治愈是未知数，而到后来我和她见面的时候，她已经明白她的情况不太好了。虽然她还在做化疗，但是已不再期待好转，只是希望能和她丈夫、狗还有其他亲人多待一些时间。除了那天她和我说的，觉得"被不公正地宣布从生活中出局"之外，更多时候她让我了解她明白自己会死于癌症，也接受了这个事实，毕竟没有什么规定说她就不能得癌症。

贝丝已经完全接受了她的死亡无可避免这一点。她的丈夫也明白，不过由于人之常情，他还是希望她继续治疗，万一奇迹发生了呢。而她的姐妹们，虽然在一些方面和她很亲密，但是毕竟没有体会到治疗日复一日、疼痛日渐加重、希望日渐渺茫等痛苦，所以她们坚决反对贝丝放弃治疗。尽管如此，贝丝还是在最近做出了停止治疗的决定，她明白这意味着离死亡就只有几个星期了。

在她做出这个决定后不久，她和她的一个姐妹一起经历了一个分水岭的时刻。当时，这个姐妹带贝丝去看医生，他们在候诊室等着，这个候诊室就是贝丝以往来做化疗时等待的地方。看着周围等着做化疗的人们，贝丝转过头跟她姐妹说："真高兴我终于不用再做那些了!"

贝丝的姐妹目瞪口呆地看着她。但仔细品味贝丝的口吻,我明白,她已彻底想通了。

是时候了,是该结束的时候了!艰难是肯定的,但终将过去!

史蒂夫

我们都要去做一些事情来防止类似的死亡再次发生，我没法袖手旁观。

艾琳

柏林，德国（不是新罕布什尔州的柏林哦）
2011 年 9 月 18 日

亲爱的史蒂夫，

　　我们讨论的这些，对我来说不仅仅是抽象的话题——我想你肯定也不会那样认为。现在我是在柏林给你写信，上封信里曾跟你提及，这学期达特茅斯学院让我负责德国的一个项目。到柏林之前我和我先生先去了伦敦，看望我的姐夫史蒂芬、姐姐玛丽亚还有侄女弗朗西丝卡（另外那个大一些的侄女回大学上课去了）。史蒂芬现在头脑仍然非常清楚，语言能力和思维能力也很好，还能讲段子呢，和我多年来熟悉的他没什么差别。但是他的身体情况却很不好，就算有人帮忙也不怎么能动。玛丽亚告诉我肿瘤已经全身转移，虽然他并没有抱怨罹患这种罕见病症是不公正的，但是有时痛得太厉害他也会喊叫。他的喊叫声和受折磨的样子带给我的震惊让我记忆犹新。一方面，姐姐和姐夫开始郑重地安排后事。（在那里，作为受托人，我签署了一系列文件，包括姐姐过世后未成年女儿的监护权事宜，以及相关的法务和财务事宜。）另一方面，史蒂芬还在说要想办法多吃东西让身体恢复体能以便重新走路，此外，尽管使用医院那种病床可以从英国国民医疗服务体系获得很多便利，但他还是拒绝了玛丽亚帮他申请一张的提议。我们离开时非常尴尬，因为史蒂芬不想让这次告别看上去像是我们之间的最后一次会面，所以我们自然也不好按永别的方式跟他告别。

我没有读过你上一封信提到的《纽约客》的那篇文章，等我回到美国后我会很乐意从你那里借来看看。不过你的转述已经非常清楚，从你的描述还有我读过的其他材料当中，我能够理解是什么让你对那个作者的态度有所不满。当你陈述儿童的死亡（以及更普遍的死亡）不应当用公正与否来考量，认为质询死亡是否公平可能是一个伪命题的时候，我就突然想到了《新约》中的我很喜欢的与此相关的一段经文。这里我是采用了类比（用天生眼瞎比喻儿童死亡），这段经文是关于耶稣让一个生来就是瞎子的人重见了光明（约翰福音第九章 1 - 41 小节）。这是福音经课里面比较长的一段，我们东正教基督徒会在逾越节（Pasha，大多数其他教派称为 Easter，就是复活节）之后的第六个周日来读它，这个时候我们还有一些过节的快乐氛围，而这个经文提醒我们耶稣给予了生命的神迹。

在经过一个生来就是瞎子的人身旁时，使徒向耶稣请教瞎子苦难的源头："老师，是谁犯了罪？是这个瞎子本人还是他的父母？才让他生下来就瞎了？"耶稣回答："这无关是他本人有罪或是他父母有罪，只是为了让神能够在他那里彰显出作为。"然后故事就接着说耶稣如何治好了他，众人如何的吃惊，因为"从世界开端以来没有人听说过有谁，能够让一个生来就是瞎子的人重见光明。"可见，问这瞎子受苦的源头不是一个正确的问题。耶稣并不会去指责是谁的过错，或者认定谁是受害者。相反，耶稣希望他的弟子专注于失明这件事的目的，那就是创造了可能性，让好的事情可以发生，从而可以彰显神的力和爱。《新约》中其他部分也提到这个让瞎子重见光明的事例，的确给那些看见或者是听说过的人留下了深刻的印象。当然，也给我们带来了那首特别美的圣歌《奇异恩典》（"Amazing Grace"）中的一句歌词："瞎眼今得看见。"

我知道你我对于基督教的看法不一致，不过我相信，这个故事及其推崇的去发现好的一面而不是去指责的原则，诠释了你对于《纽约客》的那篇文章以及对于那位父亲如何面对女儿的折磨和死亡的看法。在女儿患癌症这件事上，孩子的父亲无法找到任何意义，因此在他身上体现出来的就是生气、痛苦和愤怒。与此相反，你信里面认为，由于他女儿的遭遇导致的结果里面，肯定应该有一些是对生活有积极意义的经历：与他人建立联系、感受到同情心、能够更深刻地去爱等。我不由在想，尽管有父爱和关怀，但是他的这种悲观态度是否让他女儿在活着时就更加痛苦？作为从事临终和死亡研究的开创者，伊丽莎白·库布勒-罗斯（Elisabeth Kubler-Ross）和其他一些学者都指出，对于那些将要离世的孩子，如果他们担心父母在自己死后能否面对生活，那么他们就很难安心地面对死亡。库布勒-罗斯在几本书里面论及这方面的内容，比如《和死亡以及濒死共处的生活》（Living with Death and Dying），还有《关于儿童和死亡》（On Children and Death）[7]。我从库布勒-罗斯那里学到的是，如果孩子的父母能够从发生的事情当中找到一些积极的方面并与孩子分享，比如当孩子的年龄和谈话场合都适宜时，可以告诉孩子在他离世之后，他们以及孩子的兄弟姐妹（如果有的话）都会好好地活下去，这样也许能让孩子在面对死亡的恐惧时可以轻松一些。当然，这也不是一定会奏效。

另一个资料里面也提到了"和平红利（peace dividend，译者注：把本来用于战争的经费用于造福其他方面，这里寓意不以对抗的心态来面对死亡从而能够更轻松一些）"的证据。谢谢你的建议，我阅读了史蒂芬·莱文（Stephen Levine）和安德拉·莱文（Ondrea Levine）合著的《谁会死？关于清醒地生活和清醒地死亡的调查》（Who Dies? An Investigation of Conscious Living and Conscious Dying）[8]。虽然我不认同书里的佛教倾向，但比较欣赏作者对其他宗教信仰的开放态度。很显然，他们在做有关濒死的调查时，肯定碰到了很多和他们的思维方式或价值观相冲突的情况。这本书给了我很多启迪，其中之一就是如何从痛苦中看到好的方面。我对书中关于史蒂芬·莱文和纽约市长老会医学中心儿童医院（Presbyterian Medical Center's Children's Hospital）的一些濒死儿童互动的描述印象深刻。我特别喜欢其中一段，涉及一个12岁左右的因白血病而濒死的小女孩。莱文问她怎么看待未来，女孩回答："嗯，我想我会死，然后去天堂，我会和耶稣在一起。"莱文继续追问："那意味着什么呢？"她说："在天堂里，耶稣对大家是公平的，但是在人世间却不是[9]。"莱文最初的反应是猜测这孩子的想法应该是来自她的父母，接着他的反应是觉得这孩子会害怕把生死托付给一个看起来独断专横的人。于是他接着问小女孩为什么她觉得耶稣在一个地方可以是公平的却在另外一个地方不是。她马上回答："我没有做任何错事却病得要死了。为什么要我生病？为什么我会死？[10]"

他们继续谈到她上学的情况，女孩说有些时候她会去，但如果身体太虚弱就不去。莱文问她和同学们处得怎么样，女孩提到她有一个比较特别的朋友，有一边的胳膊萎缩了，其他同学都笑话他。于是莱文说："你看，你比你那些同学更富有同情心，更包容，也更关心他人，这难道不是患病这件事所带来的改变吗？你说耶稣让你得病了，但是你有这种开放的心态，疾病也带给了你善良和对周围人们的爱，这能说是悲剧吗？是不是可以从某种角度来说，也可以称为是一种爱、一种同情心的赐予，让你比其他人更加敏感呢？"[11] 莱文看起来好像忘了去顾及孩子可能本身就是比较敏感的情况，但无论如何，他在书中写道，女孩在听了他的分析之后心情明显好转，她答道："耶稣在世间是公平的。他在天堂也是公平的。"在书里这一章结尾处，莱文记录了几个星期之后，小女孩在生日那一天安详地离去。遗憾的是，莱文没有在书里提及女孩父母的心路历程，不知道他们是否也经历了一个类似的心态转变，淡化或缓解了恐惧和愤怒。我又在想，如果女孩的父母能够有更平和的心态，那是否能够更多更早地帮到孩子？

请不要误解，我不会去指责这些孩子的父母，或是类似的任何一个失去亲人的人。我的生活中也曾经历过许多悲伤时刻，包括詹托普夫妇的死，还有我曾经期待却没能怀上孩子。从我们的邮件来往中，你也知道我可能要失去三位亲人，包括我父亲、婆婆和大姐夫。我多数时候是让这些不幸来激发我对他人苦难的敏感和同情，所以以上叙述并不是在批评那些父母或者失去亲人的人。只是沿着你之前的思路，我有些担心有关公平的讨论会不会让我们在思考死亡的过程中偏离了方向。我不认为耶稣把癌症"给予"了那个小孩、我姐夫或是其他人；疾病和死亡从来不在神的计划当中，至少我是这样理解的。我觉得应该考虑的是：当重疾和死亡将要来临时，我们采取什么态度来面对它们？它们来临之后我们又该如何行事？回到耶稣赐予瞎子光明的故事，我们之前想问的问题其实是：从目前的情况来看，可以发现哪些积极意义的方面？自己在实现这个积极意义的方面又能扮演什么样的角色？在这种情况下能从我自己或者其他人身上彰显出什么？和莱文告诉那个濒死的女孩类似，我是否能够把死亡看作一种赐予？

这又让我想到那些确实可以被认为是遭受了不公正的儿童和成人，他们过早的死亡是由于暴力或者贫穷，但这些都不是无法避免的。从根本上来说，我并不关注给死亡加上公平与否的标签，进一步说我也可以不再关注它的不公正性，但条件是，当我们听到或者读到这样情况的时候，**我们都要去做一些事情来防止类似的死亡再次发生。我没法袖手旁观**（I can't let myself off the hook），不管在世界上什么地方，就算我没有办法帮到某个人或者某些人，我还是会觉得需要去做一些事情来缓解饥荒和侵略，来宣扬健康与和平。就如同南非祖鲁族的防治艾滋病宣传积极分子胡拉尼·恩科西·约翰逊（Xolani Nkosi Johnson）（胡拉尼死的时候只有 12 岁，体重只有 20 磅）所做的那样，他告诉美国广播公司的吉姆·伍德（Jim Wooten）以及所有他有机会接触到的人："请在你所在的地方，你能支配的世间里，做任何力所能及的事情。"[13]

回到你最开始的讨论框架，我们是不是可以把有关死亡公正的话题变为就事论事的"就是死亡"（译注：这里 just death 里面的 just 译为"就是"，不再有 justice"公正"的涵义了），类似于句子里面的"这就是接近生命的终点了"？是不是可以把问题"为什么现在快要死的是我？"改成"我要选择怎样去面对死亡？"或者"我爱的人就要死了，我该如何与之相处？"

　　我认为，如果能够真心地接受死亡无可避免这个事实，我们就有可能去做一些非常重要的事情。碰到类似情形时就可以坦诚地说：我很难过，我希望这件事没有发生过，我会非常想念你，谢谢你，我爱你，再见了，等等。如果我们不去接受而是假装自己或者是亲人并不会马上死，就有可能错过去大声地表达这些情感的机会。我怀疑每个家庭里面都有类似的情况，当奶奶（爷爷、母亲、父亲、表哥、叔叔等）患癌症快要死了，家里面却因为担心吓倒她，就让所有人都瞒着她。我相信由于你的工作性质，你肯定很了解人在接近死亡时的那种身体感觉。那应该是和之前健康的时候甚至病得轻一些的时候相比都很不一样吧。所以，我在想当所有最亲近的家人都瞒着这个快要死的患者，欺骗他说这个状况很快就会好转，那这个人会不会感到很难受、很困惑，就像前面提到的那个得了白血病的小女孩，她就对耶稣为什么在有的地方公平而在其他地方不公平而感到困惑一样。

　　关于我们对于濒死的应对，我还经历过一件事情，这件事情可以说是从另外的角度阐述了这个问题。有一天我看见我教会的一些好朋友显得很不开心，我问他们怎么了，他们说刚刚才知道一个很熟的朋友死于黑色素瘤了。本来他们觉得生命结束也是可以接受的，但是让他们特别伤感的是，这个朋友居然没有跟他们中的任何一个人提到过他自己的病，而是选择孤独地去承受折磨然后孤独地死去。他们跟我说："如果他能够告诉我们他的情况，我们会很愿意来照顾他的。他拒绝了让自己得到照顾的机会，也让我们没能表现出我们是多么爱他。"谁也不知道这位先生当时是怎么想的，为什么只字不提，但是从我朋友们的感受来看，这本来是一个彰显人性里面关怀和爱的机会，却被错过了。更令人叹息的是，一个让他们能够说出对他的爱也让他能够听见的机会，就这么错过了。能够有机会做最后的告别可以帮助亲友们更好地缅怀他，而且还有一些例子表明，这样做也可以让死亡的过程轻松一些。

你在信件里面多次谈到你的临终关怀客户贝丝，她已经完全意识到了并且也能够接受自己将不久于人世。这样是不是她就可以向她的亲友做最后的告别？也会接受亲友来和她告别？你是在什么时间点跟你的客户做最后的告别呢？

艾琳

她一定是很想找人倾诉这方面的事情。

史蒂夫

科尼什，新罕布什尔州

2011年10月8号

亲爱的艾琳，

贝丝几天前过世了。在她最后的几个礼拜我经常去看她，直到大概是她死前那一天。那段时间她服用了止疼镇静剂，所以偶尔会不清醒，不过只有最后那一次去看她的时候，我不确定她是否感觉到我在那里。她丈夫告诉我虽然她有时比较焦虑，但是并没有很多痛苦，直到接近临终的时候都能够认出自己的家和家人。就是她过世前几天，在我倒数第二次去看她的时候，她还可以对我微笑甚至讲了一点笑话。

在她还清醒的时候，我没有和她做最后的告别。因为最后那几次去看她，每次都可能是最后一次，这一点我和她都明白，也讨论过。那几次离开她家的时候，我和她的眼神里面都有这种默契。事实上，最后一次去看她是因为她丈夫打电话告诉我她快要走了，那次我平躺在她身边给她轻轻地按摩。这次没有了笑声，我记得她还有一点点微笑，但是眼神看上去有些混沌，她的心神不知道在哪里，可能是在死亡的过程中吧。当我要离开的时候，我做了在这种场合我习惯做的，亲吻了她的额头并跟她说"一路平安"，然后就悄悄地离开了房间。

在和贝丝相识期间，我从来没有听到过她抱怨自己运气不好，也没有听到她抱怨为什么她这样一个对生活充满热爱的人会得绝症。之前我和你提到的她的那句话，"从生活中出局"，是她在回答我的一个特定的问题时说的，那个时候她情绪正处在低潮，这句话可能反映了她想法转变中某个时期的思考。那不算是抱怨。

谈了贝丝的事情又让我想到另外一个我提供临终关怀服务的客户安（Ann），我在她最后的 8 个月里和她有很多联系。安曾经在大学做资金募捐的工作，她五十来岁得了直肠癌，因为化疗只有不良反应却没有什么效果，所以在 2010 年的时候决定放弃治疗。开始她的家人不赞成，但是她自己很坚决，她常和我说她相信身体只是生命的一种承载方式，肉身湮灭后生命仍然会以其他某种方式延续下去。她母亲曾经到各个国家演讲，讲述生命的终点和来世，甚至曾经和库布勒-罗斯一起工作过，所以安对于考虑死亡没有什么顾忌。

尽管她有信仰及相关的知识，病痛仍然让她备受折磨。在我去看她的时候，因为想到自己死后就离开了丈夫、两个还处于青少年时期的孩子、其他家人以及很多朋友，同时这些人也失去了她，这让她顾虑重重，所以她经常哭。有时候她会问我其他客户里与她得类似癌症的人后来的发展过程是什么样的，希望对自己将要发生的过程有所了解。安让我学到了很多，甚至帮我明白了如何能给我的"心手相连"公益项目做募捐。我学到的最重要的一点，在此后也被不断印证，那就是即使对死亡做好了充分准备并且也已接纳了这个事实，也不一定会让死亡的过程更轻松。

安从来没有从公平或者公正的角度来看待她要面对的癌症和死亡。她说，当死亡来临时，就意味着要到下一个阶段去了。和我服务过的大多数患者不一样，她愿意和我讨论她身体的情况并且分享她的感受。事实上我最遗憾的事情之一就和这有关。那天我去的时候她身体状态不太好，不能躺到按摩床上，于是我就在客厅的床上帮她按摩。不过她那时头脑还算清醒，精神也不错。我们聊了很多，直到按摩结束时还意犹未尽。在我和她商量下次按摩时间的时候，她告诉我说下次要和我讨论"对光的感知的变化"。我对这个主题很感兴趣，告诉她我也有一些问题下次和她交流，我们因此都很期待下一次的会面。

只是没想到，我在两三天后去看她的时候，虽然她还能认出我并对我微笑，但已经陷入一种昏睡状态，没法交谈了。我记得我当时觉得这有点不太公平。

你信中提出来，对于一个濒死的人，当他身边的亲友都能够接受甚至豁达地面对他的死亡时，可能对他来说是有帮助的。我觉得这应该在研究中已经得到了证实，另外就我对"心手相连"项目中遇到的那些家庭的了解，也支持这一结论。好些客户向我坦陈，由于家里面丈夫、妻子或是父母等不愿意去谈论死亡这个话题，导致他们更加焦虑。你最近去看过你的姐夫，相信你对这个场景非常熟悉。

我还想起一件事，那是在我创立"心手相连"项目几年之前。有一天，我去杂货店买东西，碰到了一位不是特别熟悉的女士，她和我住同一个区，我知道她患乳腺癌已经好几年了。那天看到她的时候，她人很消瘦，戴着围巾，走得很慢。我本来只打算简单打个招呼客套几句就离开，结果在我问了"最近怎么样"之后，她详细地回答了近况并滔滔不绝地和我讲了大半天的话。我们站着在杂货店的货架旁足足聊了四十五分钟，讨论了癌症、治疗、医疗保险还有死亡等。后来我意识到她一定是很想找人倾诉这方面的事情，而从她的话里面，我也知道了她因为担心她丈夫受不了所以没和他讨论这些话题。

这位女士的父亲曾经是联合基督教会（United Church of Christ）的牧师，可后来在她死后我了解到的有关她父亲的情况让我困惑：他从佛罗里达到新罕布什尔州来探望他女儿，很明显她快要死了，可是她父亲却也不愿意正视这一事实。当他临别时，很显然他应该也知道这将是和女儿的最后一次见面，可是他还是像平常告别时一样，对她微笑着挥手说"下次再见。"

谢天谢地，她的丈夫和几个密友在她最后的日子里一直陪伴在她左右。不过我仍然觉得由于她父亲不能接受她的死亡，这让她在最后的日子更难过。所以，尽管我对于她去世的时候才四十来岁这一事实不认为是不公正，但我觉得她父亲的这种做法对她来说还是有些不公正的。

我觉得死亡是否公平或者公正的问题并没有答案，只能是具体情况具体分析。我们都说过，就算是在痛苦和折磨中，也可以有机会寻找到好的回报和成长的机会。尽管如此，我不会指责任何一个问这个问题的人。在佛教老师琼·哈利法克斯（去年我借给你的CD 就是她录的）的书《和临终的人相处》（Being With the Dying）里，讲到古印度教历史上有个相关的故事："有人问德高望重的国王坚战（Yudhistara，死神阎摩 Yama 的儿子），'什么是世间最奇妙的事情？'他回答到：'最奇妙的就是我们周围的人都可能会死，而我们却相信那不会发生在我们身上。'"[14]

考虑到世人的这种本性，那就一点都不奇怪，为什么这么多人对于死亡这一无可避免的结局，都觉得遭受了不公平对待。

史蒂夫

就算自己写的内容可能不很贴心，但是我
希望通过写信来表达关心。

艾琳
柏林
2011 年 11 月 3 日

亲爱的史蒂夫，

对贝丝的过世我深感遗憾。请原谅我没有尽快回复。我出
差了 6 天刚回来，带学生去了德累斯顿和维也纳，这样的出行
需要做很多计划和安排，所以我没有太多时间来梳理自己的
想法。

我也一直在想贝丝怎么样了，从你之前给我的信里我知道
她可能时日无多。我也认识到这一点，就是对你来说，为了更
好地完成这种公益性的临终关怀，你需要避免让你的情感失
控。然而基于同样的目的，为了陪伴那些遭受折磨的、面对生
命中最大秘密的患者，你又必须有给予他们情感支持的能力。
因此，虽然你上一封信读起来是镇定并且字斟句酌的，我还是
从字里行间读到一种恍然若失的伤感。希望你多想想给予贝
丝、安还有其他人的那么多切实的帮助，相信你会感到欣慰。
你的那些帮助不仅仅是指你提供的按摩服务，而且包括你的倾
听、思考以及用心和他们沟通。

我平时写起来信马由缰，有些唠叨，你已经见识过了。但是我得承认，对于一个刚刚失去亲友的人，我往往不知道该怎么去表达安慰。虽然我平时打字、写信都很快，但这个时候我却不知道怎么写了。不过，自从詹托普夫妇过世后，我就坚持要给失去了亲友的人说点什么或者写点什么。我回忆起在詹托普夫妇被谋杀后，有些朋友和熟人对我什么都没有说，这让我非常痛苦，甚至有时候我会觉得他们的沉默好像在生理上伤害着我。那时候我很快认识到，就算是他们说的不中听，但哪怕跟我说点什么也会让我感到安心一点，总比装作什么也没有发生要强太多。于是，此后每当我知道了有人过世，我就会要求自己给伤心的家属写点什么。**就算自己写的内容可能不很贴心，但是我希望通过写信来表达关心**的这个态度会对他们有点帮助。

我去的教会会保留一些记录了人名的名单，我们、牧师和整个教会相继为他们祷告。其中一份名单是需要治愈和安慰的，另外一份名单则是那些沉睡了的人，也就是那些刚过世的人，我们相信这些人会在基督再临（Second Coming）的日子里醒来。我会把你的名字列入第一份名单，把贝丝的名字列入第二份名单。

保重，朋友。等忙过这阵子再给你写信。

艾琳

第三章

如何应对生命末期的痛苦

病痛是磨难的一种形式，而磨难则是一切众生都会经历的。它把我们所有人都联系在一起，就像地球上的空气和水。我们都憧憬幸福，有的时候我们也得到了，可是幸福却总是稍纵即逝，这也就是我们常常经受折磨的本源。那我们又能怎样呢？

对我而言，答案在于把我自己的苦难和伤痛与世上所有的苦难和伤痛联系起来。它们是我的生命的一部分，也是所有生命的一部分。

很难理解史蒂芬的这种选择，他为什么宁可痛成那样也不服用止痛药？

艾琳
柏林
2011 年 12 月 5 号

亲爱的史蒂夫，

我在柏林负责的这个学生交流项目，最后几个礼拜的事情一般比平时多很多。众所周知，学期结束时，要面临各种作业、期末考核，还要给学生答疑以及进行试卷批改等。除了这些常规工作外，到了感恩节的时候，我们这里的传统做法是组织学生和他们的寄宿家庭一起庆祝一下，而我一般都会负责协调工作，还有一起给参加庆祝活动的五十多个人做吃的。今年由于日程的安排，我们还在基督降临节（Advent）组织了相关的活动，这是德国的一个传统节日，一般会举办临时的户外小商品市场，做些特殊的具有节日气氛的饮食，还有探亲访友等。总之，到今天上午 9 点，这个学期的任务算是正式结束了。虽然我喜欢教学以及和学生互动，而且今年这批学生尤其好相处也很合作，但现在我还是期待着学期结束。盯着钟，终于到 9 点了，谢天谢地！我们都毫发无损地度过了这个学期，我如释重负地松了一大口气，终于不用再为这些学生的安全操心了。

　　和以往相比，今年对我来说尤其不易，很多事情历历在目，需要慢慢消化。上周，大姐玛丽亚让我和她一起去伦敦参加电影《雨果》（Hugo）的首映式，因为这部电影的制片人是我们的妹妹乔治娅（Georgia）。我毫不犹豫就答应了，因为近一年来，在姐夫史蒂芬好几次被医生下了病危通知的情况下，玛丽亚和她的女儿们都在不离不弃地照顾着他，身心俱疲。我重新安排了上课的时间，订了从柏林到伦敦的飞机票，准备在那里好好待两天，所有一切都比较顺利（比起在美国，欧洲的各个地方还是近多了！）。首映式那天我们精心打扮了一番，过得很开心，而且我们坐的位置还和那些名人很近，我看到了查尔斯（Charles）王子和他的女友卡米拉（Camilla），以及这部电影的导演马丁·斯科塞斯（Martin Scorsese），还有罗德·斯图尔特（Rod Stewart）等人。其实我对追星并不热衷，不过看到玛丽亚还有小外甥女（大外甥女回大学了）能够暂时离开家，沉浸到欢乐的氛围里，哪怕只有短短几个小时，我都觉得很开心。电影本身也很动人。看到妹妹乔治娅的名字作为制作人出现在大屏幕时，我们都很激动，而且这次还是和家人一起，所以格外开心。

　　电影里的那种光鲜奇幻和姐姐家里的场景形成了强烈的对比。为了能够安心地去看电影，玛丽亚找了史蒂芬最信赖的护士来陪护他。还好，那天晚上我们外出期间，史蒂芬都没有出现什么大的情况，也没有像前一天晚上那样痛苦地喊叫。前一天晚上有大半夜的时间我满耳都是他的嘶喊声，直到很晚我才睡着。我猜你应该也有过类似经历吧。之前在康复中心，每当需要移动的时候，我也听到过父亲类似的嘶喊，他嗓门也很大。我跟你提到过夏天结束的时候我去过姐姐家，那时也听到过姐夫的喊叫声，但这次他的声音不一样，我们总打比方说他像在被上刑一样，甚至这都不足以描述他叫声之惨烈。我想他正承受着比之前更多的痛苦，真可怜。作为一个不懂医护知识的人，我认为当患者癌细胞全身转移时，应该得到足够的止疼药剂。后来才知道我姐夫家里面到处都是那些止痛药，他可以随时服用，但问题是他是否愿意服用。

我们都无法知道别人内心的真实想法，但就我从史蒂芬平时的言语来看，我认为他还有那么一些想要痊愈的念头。在我到达的那天下午，我和他在他们的卧室聊天，他还提到需要多吃一点以便恢复体力从床上起来。他的床已经换成了医院那种床，是在我夏末去他家那次之后换的，这间卧室也已经改造成了一个病房，还有相应的医疗配备。在某种程度上，可能大多数人都觉得他这种求生的愿望是积极正面的。不过我很难理解他会把恢复正常生活和服用足够的止痛药对立起来。实际情况是，他的身体里面已经有太多的肿瘤，已经累及大部分器官，他不仅不能再站起来走路，而且已经非常接近死亡了。你比我清楚肿瘤能够造成多厉害的疼痛。当姐夫的疼痛超过一定程度时他就开始喊叫，这时往往只能让国民医疗保健系统（National Health Service）的专职人员来给他注射一针吗啡，才能让他感觉舒服一些并停止喊叫。虽然这样能够暂时解决问题，但这几个小时的过程还是让他非常痛苦，而且对他周围的人也是一种折磨。（这又让我记起几个月前我们讨论过的里尔克小说里的情况，马尔特·劳里兹·布里吉的爷爷过世时，他身边的所有人都受到了影响。）

上述场景是我上周去伦敦参加电影首映式的前一天晚上发生的。我不清楚史蒂芬和玛丽亚是具体怎么决定的，总之最后史蒂芬同意让玛丽亚打电话找国民医疗保健系统的人过来帮忙。那些人是第二天早上到的，当时我待在厨房里，给自己泡了一杯茶，不想给他们添乱。国民医疗保健系统来的护士和护工是 4 个女性医护人员，她们和我姐姐玛丽亚一起对姐夫进行了护理。我姐夫不仅和你同名，个子也同样很高，虽然现在瘦了很多，但在扶他坐起或协助他翻身时还是很吃力，在他自己没法配合时尤其困难。她们给姐夫洗了澡，换了睡衣和长袍，其中一个护工给他注射了吗啡。几小时后，家里面终于恢复了平静，然后我们才出门去看了前面提到的电影首映式。但就算坐在电影院里，史蒂芬的痛苦呼喊声还是会不时萦绕在我耳边，估计姐姐和外甥女也有这种感觉。

我想任何人听到这种痛苦的喊叫声都会难受。我直到现在仍然感到很悲哀并困惑，我**很难理解史蒂芬的这种选择，他为什么宁可痛成那样也不服用止痛药？**此前我和你讨论过死亡的公正性（justice）问题，相应的，我现在质疑史蒂芬这样做的公正性：一方面他为了能够激励自己活下去，有权利做他想要做的事情，但另一方面，他是否考虑过给别人尤其是和他住一起的我姐姐和小外甥女造成的负担？另外，因为医生好几次都给我姐夫下了病危通知，所以大外甥女也多次从大学里面请假回来。我也知道这样的想法会显得我不近人情，但这的确是我真实的想法。

如果史蒂芬能够接受他自己即将死亡的事实，情况会不会不一样？你可能已经领会到，我是在深入思索携死而生（假如史蒂芬能够接纳自己的死亡）所能带来的不同。姐姐玛丽亚一直在催着史蒂芬给两个女儿写一些给她们将来看的信，比如当她们大学毕业、结婚以及其他场合等，这样她们以后就会想起他，就好像他也出席了那些场合一样。但是玛丽亚告诉我，史蒂芬不愿意写这些信，因为在他看来这样做等于放弃了生的希望。从史蒂芬的这一个例，我感觉到这类问题的关键是：对于个人甚至对于一种文化来说，怎样才不会把死亡这样一个事实等同于失败，或者是等同于放弃生命？如何表述才能把承认人都会死当作拥抱生命本身呢？接受自己即将死亡的事实，可以让人全身心去做那些积极地体现生命价值的事情，比如向配偶和孩子们表达他的爱。就我姐夫这个情况，我觉得他可以清醒地为爱做出选择，比如多服用一些止痛药，给孩子们写些将来看的信。我迫切地想把这个想法比较有条理地表达出来。你觉得我讲清楚了吗？你是否认同，清醒地承认我们的生命有限，可以有助于拥抱生命本身呢？

艾琳

亲爱的艾琳

　　我认同你的看法。你在信里面写的情况是比较常见的，并且也合乎情理——包括你姐夫所做的那些决定，当然我也期望他没有那样做。尽管我有这个期望，但是我并不知道他究竟是怎么考虑的。就如同你说的，没有人可以知道其他人究竟是怎么想的，这也让我想起约翰·奥多诺休在他的那本《灵魂之友》中写的："当你穿越一片荒凉、浓重又可怕的黑暗时，那就是经受磨难时的孤独。文字已经无法表达你的痛苦，别人能够从你的语言所了解的，和你真实经历的相差太多太远[1]。"

　　圣诞节的时候考虑这些，是不是挺有意思的想法？其实对于过圣诞节，好多年来我一直不太积极，不过现在有了两个孙女，感觉就有点不一样，有点过节的乐子了。每次考虑完这些沉重的、有时候很有挑战性的关于死亡的问题之后，想到孙女莫莉（Molly）和索亚（Sawyer）的可爱，总能够让我的思绪轻松一些。

　　在最近的一二十年里，人们在应对患者的疼痛方面取得了长足进展。其实就在没多久之前，医学院里还不怎么教授如何处理患者的疼痛。那时，很多医生认为疼痛是疾病的自然过程，哪怕是非常强烈的疼痛，病人也应该承受。但现在，止疼方面的药已经很多了，而且医护人员也广泛认为疼痛是应该进行治疗的。在史蒂芬决定是否用药效强的止痛药的时候，他可能不知道一个关于疼痛治疗的事实：如果一开始就用药控制的话，疼痛很容易避免，但一旦疼痛开始之后，要想控制住就要困难得多。

不过对于非常严重的疼痛，比如那些长期疼痛患者受到的"爆发性（breakthrough）"疼痛，有时候的确需要使用一些让人感到昏昏欲睡或是迷迷糊糊的强力镇痛药。现在的情况比以前要好很多，对于很多处于临终状态的患者，不需要采用那些药就可以控制住疼痛。当然，特殊情况除外。有时在处理疼痛时，依然需要使用那些可能让人陷入不清醒状态的强效镇静剂。这时如果决定采用镇静剂，就可能被一些患者看作是自我放弃。我比较理解他们。因为那些危重或濒死的患者，会持续地并被迫地接受很多他们不希望的转变（transitions）。比如放弃工作，放弃开车，适应新的体形，放弃曾经在各种人际关系里面的角色，等等。其中最大的转变之一就是允许自己服药进入一种混沌状态。而这和做手术的时候使用麻醉剂又不一样，因为手术麻醉药效过后还可以重新清醒。所以，如果**决定服用这些镇静剂，就如同是要放弃对生命的把控，放弃自我的身份标识。**

尽管我很同情濒死状态的患者，不过也能够理解你说的这种情况对于周围的人，尤其是家人的影响。听到丈夫或者父亲痛苦地喘息有多么痛苦？让这个患者接受服用药物从而使得所爱的人免于受到影响，难道不是很简单的一个选择吗？在"尊严死（death with dignity）"或者"死亡的权利（right to die）"潮流的支持者中，很多人都希望在得了不治之症后，能够自己安排死亡的时间，就是因为他们不仅想避免自己经历死前的病痛折磨，也不想让自己家人像史蒂芬家人那样，被动地接受那种影响。

记得多年前，我曾经和姑息治疗医生兼作家艾拉·比奥克（Ira Byock）聊过这个话题[2]。那时我还在做报纸编辑，为写一篇有关佛蒙特州的"尊严死"运动的文章而去采访他。他对争取死亡权利的立法不以为然，不是因为他认为快死的人就应该受折磨，而是他认为这个法规只是一个避重就轻的解决方法（这是我理解的他的看法）。他告诉我临终关怀需要很多改进，如果只关注是否允许患者通过医学方式来结束自己的生命，那么就会漏掉真正需要关注的方方面面：康复中心是否有足够的人手、康复中心的患者是否都有吃的、是否干净、是否给药了等；能否给予那些照料临终亲人的家庭更多的支持；能否给医护人员提供更多了解和处理病痛方面的培训。我不知道除了难以忍受的病痛之外，还有什么会让一个临终的患者想要早一点结束生命。所以如果能够很好地处理病痛的问题，临终这段经历对于很多人来说肯定会好过许多。

我有一个按摩治疗的客户，她患了癌症并且她自己预计可能将不久于人世。对于临终的病痛她考虑了很多。她有几个成年的孩子——虽然她没这么说，但是从她和我提起的一些事情可以知道——他们对于她的情况不是很清楚。因此，对于她自己对后事的安排，孩子们一无所知。她担心自己的死亡会让孩子们很难接受。她不想经受太多疼痛，也不想家人看见她受很多苦，因此疼痛成了她最害怕的事情，甚至超过了死亡本身。

这是一年多以前她按约来我这里治疗时的背景情况。当时她跟我透露了她的计划："我终于找到一种自我了结的方法，可以不给其他人留下一大堆麻烦了。"

"真的吗？"我问她。

她讲了她的计划：她住在一大片林子边上，经常在林子里面遛狗。她说当她觉得时候到了（就是可以按照自己的方式自我了断的时候），她打算在散步的路旁边挖一个大坑，在坑上方的树上挂上绳子和滑轮，绳子的一头绑上几大袋泥土，另一头绑上更大更重的冰块。然后她就躺到坑里，或者更完美一点，弄一个大塑料袋钻进去，然后就服用之前准备好的药来结束生命。慢慢地等冰块融化了，装泥土的袋子就会落下来并把土倒在她身上。死了又埋了，毕其功于一役，简直可以和鲁比·高堡命名的比赛项目（Rube Goldberg，译者注：著名漫画家，设计复杂的机械来做简单的事情，类似多米诺骨牌效应）相媲美了。

当然，我从她的计划里面还是看到了好几个破绽。我差点就要跟她挑明了说，如果在冬天冰块不融化怎么办？还有，她怎么能够把那些装泥土的大袋子正好弄到坑的上方？填满那个坑可是需要很多泥土的。不过这些我都忍住没跟她说，只是跟她提了一下，也许等到她想要做这么一件大事的时候，她的身体状况可能不允许她再去树林里挖坑了。

"你说得对，"她若有所思，"那我最好现在就开始挖吧。"

先不提这个计划有多么不现实，她的确是在考虑她要如何死去，以及这个过程对她和她的家人会有什么影响。避免疼痛是她考虑的要点，她希望避免疼痛，既是为了自己，也是为了不想别人看到她经历疼痛而难受。几个月后，我们又进行了一次交流，但没上次那么夸张。她在按摩治疗之后告诉我，她准备去做个 MRI 检查，看一下癌细胞有没有扩散到她的脑子。我让她知道结果后告诉我，她回答说如果我没有听到消息，那就表明没有什么问题，如果检查出来有问题，她就会来跟我告别。

"啊，天哪，"我回答到。"应该不会发展得那么快吧！"

她说如果要做更多的放疗和化疗来减缓癌细胞扩散到脑部的速度，那么她就打算跟大家告别然后服药，为此她已经存了足够的药了。她还准备找几个关系密切的朋友陪着她做这件事，她相信这些朋友会帮忙的。不过我还是找到了这个计划的一个纰漏。最近她搬家搬到另外一个小一点的公寓去了,所有的东西都还装在箱子里面,而她已经不记得她的药放在哪个箱子里面了。

上面的陈述听起来有些调侃,但我不是刻意要看轻痛苦,尤其是临终时的那种强烈痛苦。失去生命大概是我们凡夫俗子所要做的最大转变,尽管我们不知道在这个转变之后会是什么情况,大多数人都觉得这个转变是令人生畏的,会有或多或少的恐惧。在这样的恐慌之外,还伴随强烈的疼痛,这两者叠加在一起,是不是产生了更坏的后果?它们叠加的后果其实比两者单独的后果之和还要严重。同样程度的疼痛,比如说带状疱疹或者严重的骨折导致的疼痛,因为没有危及生命,是不是比临终时的疼痛更容易忍受呢?

如果真是这样,那就促使我们反思:调整我们和死亡的关系会有什么益处?如果面临死亡时,这种焦虑会让疼痛比原本的更难忍受,那么改变这种面对死亡的方式是否就会让疼痛变得容易忍受一些?如果能够更轻松地、从容优雅地面对死亡,是否就会感到疼痛也减轻了一些呢?

史蒂夫

附:我这有一本两位医生写的书《凡人手册》(Handbook for Mortals);里面关于疼痛的内容挺值得一看的,还有很多其他的内容也都不错。[3] 实际上这本书是采用工作簿的格式,列出了很多信息和建议,可以帮助读者揭开关于死亡和濒死的神秘面纱,同时书里面还给出了很多有用的提示,教你如何安排自己最后的日子,或者是和亲人朋友相处的最后日子。如果你想看的话我可以借给你。

如果真到了那个时候，我可以模仿他们对待死亡的方式去面对。

艾琳
黎巴嫩，新罕布什尔州
星期六，2011 年 12 月 17 号

亲爱的史蒂夫，

我们现在又只有 20 英里左右的距离了。这样我们见面聊天就容易多了。不过我周四晚上才回到美国，现在还在忙着打开行李收拾整理，再加上即将来临的节日，估计见面也没有那么快。我们就先继续用电子邮件的方式交流吧，何况我们都已经很熟悉这种方式了，不是吗？

我打心底里感谢你 12 月 12 号给我的信。你写的那些对我真的很有帮助，尤其是让我明白了服用强效镇痛剂这样的选择对患者来说意味着什么。我现在能够更清楚地理解你所说的，那些不断衰弱或者是病入膏肓的患者所经受的痛苦的转变，以及为什么每次转变都让他们感到失去很多。想想我有三位亲人（唉，还有几位朋友也是）正在经受的病痛以及即将面对的死亡，我需要深入一些去了解他们的感受以及如何安慰他们。对于他们的行为表现、所做的决定和所说的话，我都应该多考虑一下其背后的原因。另外，也要谢谢你愿意把那本书借给我

看。《凡人手册》这个书名听起来就很有意思，等我们最后决定了什么时候见面，我会提醒你带过来。

最近我才知道大姐夫史蒂芬身上植入了一个静脉留置针（埋管）。对于这方面你肯定比我知道的多。我姐姐告诉我，植入埋管是为了让止疼镇静药物能够更快、更有效地输送到他的体内。这样我姐姐就可以直接给姐夫加止痛药，而不用等医护人员来给他打针了。联系到你上封信里面提到的，预防疼痛比到后来疼痛控制不住了再处理要好得多，我觉得这是很大的进展。史蒂芬能够同意用这个埋管，应该是他的疼痛已经到了更难忍受的地步。想到这个就让我感到伤心，这是否意味着他已经接受了他就要死亡的事实？我不确定。

你客户的"自我掩埋"计划让我不禁笑起来了，谢谢你，近来我们家里能够让人开心地笑的机会不多。你客户在我们新英格兰地区肯定会有麻烦，因为这里全年有 6 个月的寒冷日子，她要挖洞还要让冰块融化，这些都非常困难。不过，尽管她这个计划很不切实际，同时我对于这样的自我了结方式也很遗憾，我还是很佩服她能够认真地思考如何面对自己的死亡，以及这对于她爱的人所造成的影响。

对于你提出的，对广义上的死亡或者是对自身的濒死采取接受的态度，是否影响到对疼痛的感受程度，我觉得是很有意思的问题。你的思路也让我回想起我们新英格兰当地一些人的故事。如果我来日无多，他们的故事会让我比较清楚如何去面对。这些人对我来说就如同你的客户，虽然我并不认识他们，但是我觉得**如果真到了那个时候，我可以模仿他们对待死亡的方式去面对。**第一个是麦克，达特茅斯大学一个行政老师的丈夫，年纪很大了。我记不得他具体是哪一年过世的，肯定是 10

年前了，那时候苏珊·詹托普还活着。我是从苏珊那里听到的，麦克决定终止所有的治疗，回到家里，然后就不再吃东西了。我所知道的就是他和孩子们还有朋友们都作了告别，然后太太陪着他，在他需要的时候给他润润嘴唇或者喝点水，他的身体就越来越虚弱，直到最后去世。

另外一个人的故事是从当地的公共电台听到的。一位女儿回忆了她母亲过世前的情况。她母亲先是中了一次风，于是被送到医院接受治疗，但是这位母亲觉得这个治疗是痛苦而且不必要的。具体为什么她会有这样的看法我也记不太清了，但我清楚地记得当她回到家里后，她向家里所有人声明如果下次她又中风了，或者有其他的严重问题，她不希望接受抢救治疗或者是送到医院，而且她把这个请求做成标识贴到家里各个地方，包括电话边上。具体是贴的"不要做复苏抢救（Do Not Resuscitate， DNR）"还是用另外的语句我已经记不得了，不过标识清楚地说明了她不想进医院，只想死在家里。在那之后有几个礼拜她状况都还不错，可以和亲友告别，然后不久就第二次中风了。中风发作后她已经不能说话，不过神志还很清醒。她看着女儿的眼睛，用眼神表明坚持要按照她之前说的做，要留在家里让中风继续。如她所愿，后来她就在家里面过世了。

相信你还有包括医生在内的其他很多人，都可以告知人们每个个体死亡的不确定性。然而从你的那个故事，还有我提到的这两个故事里，我看到的关键是三个人都清楚地知道自己不久将要离世并且就此进行了深入考虑，包括临终时候他们的状态对家人的影响。在上述每个事例当中，这种想法都促使他们认真地制订了行动计划，而这样的深思熟虑似乎也营造了一种平和的感觉。至少，麦克还有那位母亲在临终时据说是这样的。你的那位客户如果像你所说的，能够轻松、具体地来考虑她自己的死亡，我觉得这对她也有一种镇静的作用。我不知道这样一种平静的心态是否能够相应地减少身体上疼痛的感受，不过在上面我提到的两个故事里面，根据他们亲友的描述，死者应该没有经受剧烈的疼痛。实际上他们亲友都没有提及临死前疼痛的事，他们强调的主要是安宁的感觉。

相信很快我姐姐就会告诉我，那个静脉留置针，抑或他已经接受自己即将死亡的事实，是否会对史蒂芬安驻在平静祥和中有所帮助。我真希望会是这样的，既为了他自己，也为了他的家人。

艾琳

> 在这样的疼痛情况下，是否还可能过好每一天并且做点事情？还能保存善良的本心或者微笑吗？
>
> 史蒂夫
> 科尼什，新罕布什尔州
> 2011 年 12 月 22 号

亲爱的艾琳，

　　我很难想象那种处于极端疼痛中的感受。我曾有过多次受伤的经历：在一次摩托车事故中，一侧肩胛骨摔裂并脱臼了；后来做手术时曾取出了我的一部分锁骨；每个脚踝都扭伤过好多次，有几次特别严重；左边膝盖发生过髌骨肌腱撕裂，造成膝盖骨脱出到大腿半截的位置上了；手腕折过一次；还有过其他几次中小手术；在很小的时候被我哥哥揍过很多次（这大概是出生顺序注定的吧）。尽管如此，我仍然不知道那种剧烈而又持续的疼痛是怎样的感觉。

　　我曾有一个按摩治疗的客户，她不光患有多发性硬化症（multiple sclerosis），还患有狼疮（lupus），这个会造成严重的肌肉和关节疼痛，此外还有肌纤维疼（fibromyalgia），这是一种尚未搞清楚的疾病，但也会造成严重的疼痛。如果把疼痛的程度按照从零到十来标度的话，她日常的疼痛程度在六到七左右，短暂的疼痛会到标度的顶点。其实六到七的程度已经是比较高的了。我相信如果没有经常疼痛的经历，是难以想象疼痛到这个程度是什么样的感受。**在这样的疼痛情况下，是否还可能过好每一天并且做点事情？**

还能保存善良的本心或者微笑吗？

答案是肯定的，因为我见到了这样的人，就是我的这位客户，她一直都在这样做。在上述慢性病之外，她还经历过很多次手术、摔跤以及其他一些事故。然而每次在给她按摩的时候，她都会讲一些故事，关于她的儿子、她的父母、侄子、外甥等，一般都是积极正面的故事。

我还想起通过"心手相连"项目认识的另外两个客户，她们都是面对严重疼痛的人。一位是接近 40 岁的女士，罹患一种罕见的基因异常疾病，这让她容易患上肿瘤，其中有些恶性的肿瘤会导致癌症，尤其是乳腺癌，她就中招了。她和女儿生活在一起，虽然每天都有严重的头痛，但是你没法想象她保持了怎样的积极态度。每次我和她打电话约定按摩时间的时候，她的声音听起来都很开心。只有当我仔细询问，她才会透露给我她痛苦的程度。之后她就把它放到一边，并且说那还是可以忍受的，而她需要关注的是抚养她的女儿，而不是自己的感觉。这种向外的关注——希望或者需要去照顾别人，应该是她能够撑下来的部分原因吧。很明显，她不希望自己的病痛对女儿的生活造成过多的影响。

另外一个客户是一个六十来岁的女士，一直受到卵巢癌的折磨。每次她感到稍微好一点的时候，疼痛又会不期而至，腹部的剧烈疼痛常常需要住院才能缓解。但是对于为了什么而活下去这个话题，她给了我们一个很好的演绎。在她这种情形下，不是为了要活多长久（她也知道自己的时间很有限），而是为了什么而活在当下。她很珍惜和丈夫还有孩子们在一起的时间，而且还有一个孙辈就要来到人世。我几乎可以想象她反问我：看着身边这一切，疼痛又算得了什么呢？

作为上述问题的一种回复——也调整一下我们的思路吧，病痛是磨难的一种形式，而磨难则是一切众生都会经历的。它把我们所有人都联系在一起，就像地球上的空气和水。我们都憧憬幸福，有的时候我们也得到了，可是幸福却总是稍纵即逝，这也就是我们常常经受折磨的本源。那我们又能怎样呢？

对我而言，答案在于把我自己的苦难和伤痛与世上所有的苦难和伤痛联系起来。它们是我生命的一部分，也是所有生命的一部分。当我膝盖受伤感受到强烈疼痛的时候，我并不是独自在承受，我觉得是和其他所有人在共同分担。而当我面临死亡的痛苦时，我也不是一个人在承受。或许，我甚至可以认为，我受的磨难可以减轻其他人所受的磨难，这样的意愿和怜悯心可以适用于任何人，就像祈祷一样。

也许有这种可能吧。这种面对疼痛尤其是面对死亡的方式是非常忘我的。当我自己真正面对死亡的时候，不知道是否能够真的做到如此无私。但是我们无须怀疑这样做**可能**带来的效果，对不对？就看我的客户吧，那位年轻的母亲尽力排除病痛的影响，让女儿能够在她的照料下成长，而那位准姥姥，尽管面对着剧烈的疼痛以及生命的终结，仍然给予她怀孕的女儿还有女婿积极正面的力量。我们可以猜测，如果你的姐夫能够用这样的方式来看待他的生命、经受的疼痛以及面临的死亡，那么在他最后的岁月里，他的妻子和女儿所受到的折磨就会轻很多。当然我不是在批评你姐夫所选择的方式，只是觉得对于他周围的亲友还有听过他的故事的人来说，这可以是从他的经历中有所领悟以及转变自己想法的一个机会。

不管怎样，欢迎回到新罕布什尔。这漫长的冬天你基本上没错过几天呢。相信很快我们就会找个时间见面的，不过我同意你说的，考虑到马上到来的节假日以及我们各自紧凑的日程安排，见面的时间可以往后拖一些。在见面之前我们就继续邮件交流吧，这对我来说也很有帮助，能够让我理清楚我的想法，关于生命、死亡以及携死而生。总之，保持联系。

史蒂夫

姐姐说他过世的时候看上去很平静。

艾琳

白原，纽约州

2011 年 12 月 27 号

亲爱的史蒂夫，

　　特别希望能够找你当面聊聊，不过我想你应该也是愿意现在就知道这个消息：我的大姐夫史蒂芬在圣诞节当天过世了。他的这个病程真的拖得太长太长。在他过世的时候，我大姐玛丽亚和他们的两个女儿都在他身边，**姐姐说他过世的时候看上去很平静。**

　　虽然在圣诞节这一天过世看上去不吉利，但是在我看来，他是为了他的小女儿才努力多撑了一天，因为 12 月 24 号是小女儿的生日，不在这一天去世是他还能够给予这个家的唯一礼物了。我希望他是在清醒的状态下做出这样的努力、给予这份礼物的。这像是他的所作所为。尽管我之前邮件里面提到了他拒绝服用止痛药的问题，但姐夫此前一直是一个非常慷慨并乐于付出的人。

　　在我知道这个消息之前，我本来打算写信告诉你一些姐夫的近况。姐姐说尽管他的意识越来越模糊，但至少看上去不再痛苦了。我真的为他感到欣慰，而且他的家人也可以在失去他之前，和处于"无痛"状态的他在一起好好相处，度过一段平静的时光。凑巧的是，就在离开柏林之前，我看了一部电影《停在道上》（Stopped on Track，德文 Halt auf freier Strecke），里面的故事和我在伦敦的姐姐一家很相似，只是电影里面的男主更年轻一点，得的是末期的脑癌[4]。在某个时间点上，作为妻子和母亲的女主感觉她再也承受不了这样的负担了，无法再把他留在家里面照顾。来帮忙的社工劝慰她说，如果孩子们没有机会经历和父亲最后在一起的时光，这对他们会是很大的遗憾，而最后这段日子通过给药可以让他处于"无痛"的状态。最后男主是在家里离世的，妻子和孩子们得以平静地跟他告别，然后继续各自的生活。

最后在一起的时光……嗯……也许有时候这样的经历不要也罢……

不过，在你分享的两个客户的故事里面，年轻的母亲还有准姥姥对待生死的态度让我由衷地高兴，也给我了希望。原来，追求一个平静祥和的生命终点也不是天上掉馅饼那么困难。你所描述的故事，也让我回想起我亲爱的朋友朱蒂，她罹患多发性硬化症，在我认识她的时候就已经四肢瘫痪了，可是她也一样总是很欢乐。有机会我会跟你详细说一下她的情况。

至于把个人经受的痛苦和折磨作为对这个世界的供奉，我想起了法国作曲家弗朗西斯·普朗克（Francis Poulenc）的歌剧《圣衣会修女对话录》（Dialogue of the Carmelites，法文 Dialogues des Carmélites）[5]，情节是有关法国大革命年代被处死的修女。里面有令人叫绝的一幕，当女院长躺在床上处在临终的恐惧和疼痛之中时，另外一个修女把这解释为院长这么痛苦地死亡是在代替另外一个人受难，以便让那个人可以平静地离世。这是很精妙的想法，但并不是不言而喻的。也许以后我们可以再来讨论。

祝你和太太诺拉一切都好，和你们的孙女们过一个有意义的圣诞节。

艾琳

认真思考我们的死亡，这样即使没有减弱一些死亡的神秘性，也带走了一些我们的恐惧，从而也减轻了一些抗拒和挣扎。

史蒂夫
科尼什，新罕布什尔州
2011年12月28号

艾琳，

谢谢你让我知道你大姐夫过世的消息，请节哀顺变。知道了他在最后的时刻有家人的陪伴，并且他看上去还比较轻松，这让我感到宽慰。而你在最近几个月能去看望他几次，也让我很欣慰。关于你提到的和临终患者在一起的个人经历，我也同意，有时候这些经历对个人的影响真的一点不美好。

我想到我岳母，她是一位蜡染艺术家，是我认识的人里面最有活力、最富创造力、最能拥抱生命的人之一，也是最好的祖母。但是她比丈夫多活了很多年，为此她颇不开心。随着她的健康状况越来越差，她的脾气有时候变得非常糟糕，这和我对她之前的印象反差很大。有时她看上去似乎想从自己的生活中解脱出去。有几次，朋友们发现她在家里地板上躺着，估计是服药有点多，而又没有吃足够的食物所致。弄得我也不清楚她是否是真的想结束自己的生命。不过我记得曾经跟她提过，如果到了她真正要面对死亡的时候，我支持她按照自己的意愿来结束生命。只不过我觉得她还没到那个时候。

我提起这个是因为有一次和朋友们在一起，就我丈母娘的这种情况进行了一次讨论。那是一个很冷的冬天晚上，我们和童书艺术家翠娜·沙阿特·海曼（Trina Schart Hyman）以及她的伴侣琼·奥尔（Jean Aull）一起，在她们家吃晚饭。然后就谈到了我太太诺拉的母亲，诺拉正为了她母亲的情况伤脑筋。我还记得的一段就是翠娜跟诺拉说，我们都在向上一辈学习怎么面对死亡，但是诺拉母亲这个例子不是太好。我岳母这种情形让人看着难受（后面她临终前的状态更不好），不过这对于诺拉和诺拉的姐妹，还有我们这些关注这件事的人，也是一个机会，让大家思考我们自己该如何面对。

认真思考我们的死亡，这样即使没有减弱一些死亡的神秘性，也带走了一些我们的恐惧，从而也减轻了一些抗拒和挣扎。在 16 世纪哲学家蒙田（Michel de Montaigne）经常被引用的文章里面，有这么一段探讨的是如何窃取死神的力量：

> 为了开始剥夺死神对我们的巨大优势，让我们采取一种与常规方法截然不同的模式；让我们去除死神的那种陌生感；让我们面对它，适应它…… 让我们在欢乐的时候永远不要忘乎所以，而是要保持警惕，时时提醒我们自己，有多少种方式会让我们因取乐而受到死神的惩罚，有多少种模式死神会威胁着夺走我们的生命……我们不知道死神在什么地方等着我们：所以，就让我们在所有的地方等它吧。面对死亡的训练就是获得自由的训练[6]。

这些句子可能显得华丽了一些，不过反映了 16 世纪那些随笔作家的文采。不管怎样，祝我们大家都新年快乐幸福，业有所成。

史蒂夫

第四章

关于护理的问题

　　好比是带一个婴儿一样，只不过发展的方向是反着的，婴儿可以做的事情越来越多，老人或是临终患者则是越来越少，这就是两者之间的区别。然而，我还是觉得看护人最大的负担之一在于如何在两种方式之间平衡：一种就是掌控型的，操心全部的事情，决定一切事务的安排，坚持事情应该要怎样做等；另一种就是在提供所需要的照料的同时，尽量给予被照料者做他们自己的尊严。第二种做法可能意味着要操心更多的事，意味着你可能要看着你照料的亲人"失败"，甚至遭受比你所预料的还要多的磨难。

很多人都不希望成为他们所爱的人的负担。

史蒂夫
科尼什，新罕布什尔州
2012 年 1 月 12 日

亲爱的艾琳，

你大姐夫史蒂芬过世前最后几个月，以及他过世时，都涉及生命终结的另一个方面：护理（caregiving）。看护人（caregivers）往往需要面对他们从没设想过的挑战。虽然年轻人在举办婚礼时会说"直到死亡把我们分开"，但是他们一般都不会想到，真的有一天他们中的一方需要给另一方喂食、擦洗、给药以及到了某个时候替另一方做各种决定。我们被父母从小养大，但也并不清楚我们可能需要为父母中的一位甚至两位来做这些事情，至少在我们的文化里没有提到这方面的内容。

然而，事实上我们经常陷入这样的困境，为了照料时日无多但需求甚多的家人，我们的生活被搅得天翻地覆。上个礼拜我去拜访了一位罹患晚期癌症的年迈客户。他的妻子是一位退休的护士，在孩子们的帮助下照料着他。在拜访期间，他告诉我，他的母亲和岳母在过世前都和他们一起住了很长时间。这种情况对于那些几十年前结婚的老夫妻们来说，可能还比较常见，但是近些年，这种承担照顾家庭责任的情况比较少见了，你说是不是？

不难理解为什么很多人都不希望成为他们所爱的人的负担。谁又会想那样呢？谁会想要求他人牺牲那么多时间、精力甚至金钱来护理自己，承受那看起来几乎是难以忍受的煎熬？不管他们是否愿意，如果有其他选择的话，他们还会亲自来做护理吗？我认为尝试问一下自己这些问题非常重要，哪怕只是悄悄地问。成年后，我们往往和幼时的家还有原生家庭成员已经离得很远了，再回去照顾即将离世的亲人，就意味着要回答一个艰难的问题：自己真的能够做到吗？要知道这意味着做出很多困难的选择和牺牲，注定会影响到自己的职业发展和经济情况，甚至影响到自己现有的家庭。

正因为回答这个问题很困难，所以许多人在临终前会做出决定以避免让亲人来照料自己。他们会搬到一些养老院之类的机构，在那些地方可以得到照料直至过世，或者选择在医院过世。如果一切顺利的话，就不用他们的亲友接他们到自己的住所，或者搬去照顾他们，也不用亲友离开自己的工作以及家庭来看护他们。

这让我想起来一个朋友，之前我信里面提到过——她设计了一个错综复杂的方案，好在选定的时间结束自己的生命，同时还能掩埋自己。计划听起来简直是滴水不漏。她之所以想出这个奇葩的方案，部分原因就是想避免成为儿子的负担。因为她知道如果她的死亡过程拖得太久，遭受的折磨越多，她儿子难受的日子就越长。另外，还有部分原因是因为她不想孤单地离世，也不想死在医院那种洁净但没有生气的环境里。她理想中离世的方式是能够自己选好时间，吃一些药片，然后在几个她事先选定的、心理上可以承受的朋友的看顾下离世。

我觉得她想法的大方向是对的，但不太可行。我这里有另外一个可能是理想的离世方式的例子。多年前，我通过"心手相连"项目接触到的最早一批客户里，有一位中年女人，她离群索居，独自住在佛蒙特山上一个不通电的小木屋里。在她因为癌症离世前几个月，有一大群朋友一起来照顾她。其中一个很好的朋友，当时没在上班，所以就搬过去和她住在一起并成为她主要的护理人。其他一些朋友每天也会过来帮着做一些家务事，她们或过来做饭或直接带些吃的过来，亲昵而随意，无微不至地照料着这位濒死的朋友。在我去拜访她的那几次，通过他们的谈话，我了解到他们都认为能够照料她是一种荣耀。

我之前提到过的艾拉·比奥克医学博士，是改变临终体验运动的主要代言人之一，在他的第一本书《Dying Well》里，提供了很多例子来讲述亲戚朋友聚在一起来帮助他们所爱的人度过最后的日子。比奥克提出了一个很好的理由：为什么应允让别人来照顾我们最后的时光？因为照顾你所爱的人是一份礼物，也是一份荣耀[1]。

2005 年我曾经拜访一位 90 多岁的女士并做了访谈，她当时已濒临死亡，也不忌讳谈论死亡。我们达成了一个协议，在她离世前的这几个月做几次访谈，然后当她离世后我会在当地报纸上写一篇相关的文章。她的名字是安·奥格登（Ann Ogden）（注意是另外一个安，不是之前我邮件里面提到的那个安）。她是位生性活泼的女士，在一生中大部分时间是独自生活，但在许多圈子里有很多朋友。其中一个圈子是佛蒙特州"尊严死"运动的积极参与者，她是里面很知名的一个。另外，她有一个说法语的社交圈子，她同时也是一个艺术家，所以还有一个圈子里面有非常多元且极具创造力的朋友圈。我相信像她这样的人，会有很多朋友只知道她生活的一部分，但相互间却彼此不认识。她亲人很少，在她住的地方附近就没有。不过在充血性心脏衰竭（congestive heart failure）消耗掉她生命力的最后几个月里面，她应该不缺朋友来照顾她。

可是她偏偏不想要朋友来照顾。她绝不要别人扶她去上厕所，也绝不要别人来给她穿衣服或者喂食。当她不再能够蹒跚地、拖着长长的氧气管去厨房做她的水煮蛋时，她就知道她的时候到了。她会自己制订结束生命的计划，并且独自去面对死亡。

我知道安认识艾拉·比奥克，他们曾经就佛蒙特州关于安乐死权利的立法过程有过一些争论[2]。我也知道安欣赏艾拉。于是有一次我提醒她艾拉的那个观点，就是允许亲近的人来照顾自己的最后时刻，可以算是授予他们的一个很大的荣耀。但是老太太面色冷硬地回复我说，"那他们要去找别人来授予这个荣耀了"。

在安这个方案里，没有人要面对或者回答谁来做临终护理这个艰难的问题。我真的很喜欢安，而且我尊重她的选择。不过，我还是希望当我自己的最终时刻来临时，我会和她有不一样的看法。我不奢望很多人到家里来帮忙，比如那种朋友们进进出出，有的帮忙做家务，有的唱歌，有的逗我开心，以免我过于关注自身的不适以及焦虑等。事实上，如果真的那样，反而可能会让我感觉不舒服及焦虑。不过我还是觉得，当无法自理的时候，如果有那么几个人能够帮忙照料，将会是度过最后时光的一个不错的活法，也会是种不错的死法。

你觉得这作为"新年快乐"的祝福怎么样？

史蒂夫

一个大家没有明说的协定，就是当她开始大小便失禁的时候，她就需要去养老院了。

艾琳
黎巴嫩，新罕布什尔州
星期一，2012年1月16日

亲爱的史蒂夫，

我现在没有心情来回应你"新年快乐"这个玩笑。说实话，我依然处于姐夫过世的阴影之下。此外，每年的这个时候，工作上的事情都挺忙——要去参加我们专业最重要、最大的会议，同时准备新学期的课程，这些都让我觉得自己没有足够的时间去静一静，并从缅怀逝者中走出来。我曾经想飞到伦敦去和玛丽亚还有外甥女们待在一起，但是玛丽亚很确定地说她自己可以搞定，而且妹妹乔治娅已经安排了这个月底去她那里。其实玛丽亚应该没什么事儿，倒是我开始怀疑自己，是不是要通过和玛丽亚在一起才能够让自己走出悲伤。

把"新年快乐"改一下吧？改成"祝福过一个有意义的马丁·路德·金日（每年1月份第三个周一，译者注）"。我猜马丁家里面应该有人希望能够照料他的晚年。马丁·路德·金和我父亲是同一年出生的，如果活着的话，昨天就83岁了。如果他真活着的话，也说不定身体很好，到现在还不需要别人来护理呢！提到这样一位我所尊敬的人物，我不想听起来显得轻率。但是谈到护理（caretaking），就触及了一个多年来萦绕在我心头的问题。你知道我的姐姐和她的女儿们一直在照顾姐夫史蒂芬，从确诊直到他过世，足足有12年了。在这段时间里，他经历了7次大的手术，几次小的手术，以及几乎是不间断的治疗——包括传统疗法，还有实验性的治疗，去了两块大陆上的3个不同的国家。所有这些，还有每次后续的康复治疗，都有大量的杂事和护理需要人来操劳，这些都得到了解决。这样安排的良好结果就是史蒂芬在生病头几年恢复得很好，身体活动能力没有受到什么影响，能够正常行走。可是再往后，他的情况却在持续恶化，到去世前4个月，他基本上卧床不起了，现实就是这么残酷。史蒂芬的情况严重影响了好几个家庭的生活，包括他自己的家庭、他父亲的家庭，以及我所在的也就是他结婚后加入的大家庭。我也在问自己为什么会这样？我猜部分原因是因为他得病时还年轻，部分原因是因为这个疾病以及它的进程很特殊，还有部分原因是因为我们家庭的一个突出特点就是喜欢替别人操心。

不过，史蒂芬的病并不是这些年我们经历的唯一与护理相关的事情。我曾跟你提过，我婆婆在2004年中风过一次，自那之后她就再也没有恢复到中风之前那种能够独立生活的状态。而我父母在几个月后的2005年1月底，也经历了一场车祸，此后我父亲的情况就先缓慢后迅猛地恶化了。所以，我家庭里面很多人在长期地照护着亲人。他们中有些是主要的看护人（primary caregivers），比如我姐姐和我母亲照顾着她们的丈夫，还有我的一个小姑子照顾她的母亲。其他人则是辅助性的看护人（secondary caregivers），有空的时候可以帮忙照看几个小时、几天甚至几个星期，或者过来做一些杂务比如洗衣服、打扫房间、做饭，还有一点不可小觑的，就是即便不在患者身边或者没有轮到接替做护理的时候，还可以通过电话、电子邮件或者是当面聊天的形式，为那些正在和病痛斗争的家人，提供让他们倾诉以及一些娱乐和转移注意力的机会。

我的家人遇到的情形应该不是一个特例。即使存在你说的文化上的差异，但由于人口老龄化的客观存在，我的朋友中，越来越多的人正在考虑如何才能获得他们所需的护理服务，或者为他们所熟识的人寻求或提供这样的护理服务。

我还没来得及去读你提到的那本艾拉·比奥克写的书，但是我能够理解"护理他人是一种荣耀"的观点。我认为人们有这种感悟是非常幸运的，否则还有谁愿意去医院还有康复中心工作，更不用说那些在家里面照顾亲人的不为人知的群体了。从辅助看护人的角度来看，我觉得对于主要看护人来说，最严峻的考验是如何恢复精力以及坚持承诺，当预期的几个月演变为长年累月时尤为严峻。就像我母亲，作为一个接受传统教育长大的希腊女人，她明白照顾自己生病的丈夫是自己的责任。但即使如此，我记得当我父亲逐渐失智，尤其后来大小便失禁后，对我母亲来说仍然是一种苦难或者是煎熬。因为她意识到，她和那个曾经能干的、工作努力的、风趣喜欢说笑的丈夫之间的关系，已经变得像她和自己的孩子们之间的关系，而且是婴儿期的孩子。不同的是，婴儿要小得多，更容易抱起来，而且婴儿每天会学得新东西从而变得独立，但生病的丈夫只会越来越衰老。

对衰老的人还有那些接近临终的患者，依赖性通常是逐渐增加的。在我婆婆家，有**一个大家没有明说的协定，就是当她**

开始大小便失禁的时候，她就需要去养老院了。我不知道小姑子是不是真会这样安排，但就像谚语所说的"房间里面的大象"（译者注，the elephant in the room，谚语，一个像大象这么明显的事物却被有意忽视掉了，往往指不好解决的事情），大家都知道但是却避免去提及，我婆婆本人也很清楚，因为这恰恰也是她把自己母亲送到养老院的原因。对此我非常理解。提到护理，大家也许更容易联想到的是电影里面的镜头：你为他们拭去额头上的汗；你温柔地把精心准备好的食物用汤匙喂到他们嘴里；你和他们谈论爱、感谢和倾慕。可是你是否有印象在哪部影片里面看到过给一个成年人换尿布的镜头？不过这么一问，我倒是想起来一个，之前跟你提到过的那部德国电影里面就有展示这些脏乱的一面。那么我稍微改一下这个问句吧，在好莱坞电影的护理场景里面有吗[3]？

我记得第一次看到我父亲的隐私部位从他的病号服里面滑出来，以及第一次负责给他洗澡。我的确想要帮助他，也很欣慰自己能够做到，但是和自己的父亲处在那样的境况仍然让我觉得尴尬。而在那个时候，同样甚至可以说更难以让我接受的是，他真的无法自理了——无论是象征还是现实的层面来看。当然，我现在能够站在一个非常不同的角度来考虑当时那些感受和境况，因为我现在明白，父亲当时已经没法为自己做什么了。他之前健康时愿意为我付出很多，我也可以不夸张地说，能够有机会帮到父亲真的是我的荣幸。尽管如此，我仍然无法想象，如果除了护理父亲外我什么都做不成，甚至无法休息，我不知道对于照顾父亲这件事我会有怎样的感受。

在 20 世纪早期，有一个经典的案例，是关于那个时候被称为歇斯底里症的研究（我们现在称之为创伤后应激综合征

posttraumatic stress syndrome），里面涉及一位年轻的女士艾丽（Irène，是作者名字 Irene 的法文版本，为了区别艾琳，译作艾丽），因连续 60 天照顾她的母亲而没有休息。当母亲过世之后，这个女儿受到了严重的创伤并且没法正常的应对。她甚至在葬礼上发出笑声，坚称她母亲没有死，因为她一直精心照顾她母亲而且就没有离开过，而她并没有亲眼看到她母亲过世。在此后的几个星期以致几个月里面，艾丽还在无意识地反复回忆她母亲去世那天晚上的经过。后来她入院治疗了。皮埃尔·让内（Pierre Janet）是她的医生，最终通过催眠还有讲故事的方法帮助她走出来[4]。我从这个案例里认识到一点，就是护理工作本身可能像其他任何疾病一样会带来创伤。

这些思考让我又回想起了读大学和研究生时候交往的一个朋友。我之前也有一次和你提到过朱迪，她是我一个朋友的朋友，差不多比我大 30 岁。她在快要完成大学学业的时候被诊断出来罹患了多发性硬化症，这个病持续地恶化，到 30 岁的时候她就坐轮椅了， 40 岁的时候不再能够用胳膊。好在她家里面给她留了一些钱，所以她在马萨诸塞州的剑桥镇购置了一个温馨的家（离我的宿舍不远）。在房子的第一层她配备了医院那种样式的床和洗浴间，还在房子外头修了一个便于轮椅进出的坡道。平时她雇了人来照顾自己，包括把她抬上一辆厢式车并带她去想去的地方。

那个时候有一群年轻的韩国女生到波士顿地区来学习，她们担负起很大一部分照顾朱迪的责任。她们就住在朱迪家的二楼，晚上以及周末照顾朱迪，以换取免费的住宿。当她们用一个升降设备帮助朱迪用厕所或者洗澡的时候，我从来没有看到过她们有尴尬的表情。正好相反，她们总是很欢乐，朱迪本人也是。她过着非常积极的生活，掌握了一个能够在家里面辅导有阅读障碍的孩子的专长，她还到波士顿大学去旁听文学课程。我和其他很多人都愿意读给她听：有时候是她的课程阅读任务，但是一般朱迪都会让我读我自己研究生课程需要读的内容。无论什么时候我打电话给她，约时间去拜访并问她最近怎么样，她都会充满生气地回答："很好啊！"当我提议一个见面的时间时，她就会回答："没问题，太好了！"那是我过去生活中受益最多的也最鼓舞人的经历之一。喔！仅仅是写信给你提起朱迪都让我振作了起来。还有很多关于她的事情，以及有关护理的事情可以和你分享，但是想到开学很多要做的事情，我还是赶紧准备要教的课吧。

艾琳

他们会不耐烦并且很沮丧，觉得老人很固执或者是懒惰。而实际上，这些老人就是累了。

史蒂夫
科尼什，新罕布什尔州
2012年1月23日

亲爱的艾琳，

我们之前讨论疼痛的时候，提到了日常所遭受的大大小小的疼痛，可以看作是为了临死前所受疼痛而准备的练习。从更宽泛的角度来看，我们经历的所有事情，都可以看作是在为日后所要经历的更具挑战性的事情做准备。我有这个想法是因为最近做了一个小手术，治疗腹部疝气（abdominal hernia）。虽然我不得不在沙发上待很长时间，而且疼痛也比我自己和医生预计的都要严重，但这不是什么威胁生命的病，总的来说不算什么事情。

虽不严重，但是我太太诺拉就需要承担比以往多一些的事情，比如做所有的饭，还有，她在出门上班或者办事前必须确定我需要的东西都在我够得着的地方，确认我能够拿到需要的药并按时服药等。某种意义上来说，我们俩都得到了练习，只是照料人和被照料人互换了一个位置，只是我并不太喜欢这种状况（除了在脑子里某个犄角旮旯，可能还有那么一点社会习俗潜移默化的影响，会认为男人受到照料是顺理成章的。我可没有承认什么，但这里我可能还是应该注意一点，别扯得太远了）。

回到前面的话题，关于我们现在讨论的对临终亲人的护理，我这几天考虑了两个不同但是相互关联的思路。第一个思路是，如果在面对这样一个困难情况的时候，这个临终的人和照顾他的人之间，对很多事情没有统一认识，包括当时的具体情况、预后情况，还有大致离世的时间等，那这个情况有可能变得更糟糕。

假设一下，如果你是患者，已经很老了或者病得很严重，觉得死亡就是数日子的事儿了。你已经接受即将死亡的事实，甚至有可能由于此前经历的事情而对死亡持欢迎的态度。再假设你的主要看护人是你的配偶，或者成年的子女，而他们不明白或者不能接受你所认同的事情，他们不认为你就要过世了，希望你继续坚持。这种时刻，你没法和你的看护人交流你对于生命以及生命终点的想法，因为他们不会理解你。我完全能够想象，这样的情况下别说深入交流，就是日常的一些沟通，可能都会变得困难和紧张。

再假设反过来的情况，如果你是看护人，并且从你自己的观察还有和医生护士的沟通中你清楚地知道，你的丈夫没有多少时间了。但是他自己似乎并不这样认为，即使他了解到了同样的信息，他还在说要战胜癌症，或者是说中风以后要重新站起来等。其实你想和他聊聊关于他的生命和死亡的事情，想听听他自己怎么看待这些，又或者想问他一些你长久以来想问的问题，但是他却不想聊那些，所以你们的交谈没有办法继续。这会把事情变得多糟糕啊？

我妻子诺拉在养老院做社工，她告诉我这两种情况都经常见到。就她的经验来说，更多的情形是养老院的老人比他们成年的子女更清晰地知道自己将不久于人世，更清楚当时的情况。诺拉还告诉我，大多数情况下是这些小辈完全不能接受老人的说法，**他们会不耐烦并且很沮丧，觉得老人很固执或者是懒惰，而实际上，这些老人就是累了。老了、累了，这就是我们都会在今后的某个时刻感**受到的。

　　第二个思路是最近想到的，对于看护人员来说是一个非常有挑战的境况。我们这样设想一下，如果你已经在医院或者是养老院待了一段日子，从患病或者是一次摔跤后的糟糕状况中逐渐恢复了。但你的医生还有孩子都希望你能够搬到养老公寓或者某个养老院去。他们确信你已经不合适再单独待在家里了，可是对你来说，就只想住回自己家里面。谁能够说服对方呢？

　　我认为对于照顾亲人的人来说，最困难的挑战就是要接受这一点：你照顾的那个人有权利失败。实际上，我怀疑很多看护人都没有真正接受这一点。比如说，要回家住的要求，就算不太现实或者回去也不能够住很久，那也应该是由这个被照顾的人来做决定，除非由于一些医学上的顾虑导致待在家里是完全没法实现的（不过，怎样界定这一点才是关键）。当我提到他有权利去失败，其实失败上面应该加上引号，因为就算他没过几天就被送回了康复中心或者医院或者养老院，那也不一定意味着他就失败了。也许这样一次经历正是他所需要的，由此他能够更清楚地接受自己的状况，从而和照顾他的人相处得更和谐。又或许他对那个家有着不同寻常的感情纽带，如果没有回去一次的话，就会让他感觉还有很重要的事情没有完成。

　　当我们说到作为一个看护人的负担，通常我们指的是满足被照料人的种种需求而导致人精疲力竭的这个方面。就如同你的上一封邮件里所写的，好比是带一个婴儿一样，只不过发展的方向是反着的，婴儿可以做的事情越来越多，老人或是临终患者则是越来越少，这就是两者之间的区别。然而，我还是觉得看护人最大的负担之一在于如何在两种方式之间平衡：一种就是掌控型的，操心全部的事情，决定一切事务的安排，坚持事情应该要怎样做等；另一种就是在提供所需要的照料的同时，尽量给予被照料者他们自己的尊严。第二种做法可能意味着要操心更多的事，意味着你可能要看着你照料的亲人"失败"，甚至遭受比你所预料的还要多的磨难。这还意味着，作为看护人在考虑他人对如何度过行将结束的生命所做的决定时，即使这些决定可能会给自己造成很多麻烦，也不可只从这些决定对自己的影响来做出选择和判断。

　　我和我妻子都到一定年纪了，发生点什么事情的可能性越来越大。要是真的发生了，我们中的一位就需要护理另外一位。平时我们很少讨论这方面的事情，除非是说笑话讲到将来变成老糊涂等。如果发生比这次疝气手术还要严重的事情，不论是作为护理人还是被护理的患者，我都不知道我会做得怎么样。我有点改不了的臭脾气，可能做不了一个听话、感恩的患者，或者被照料人（caregivee，史蒂夫造的一个词，译者注）。不过我和妻子诺拉已经说好了，不管我俩谁成了看护人，被护理的那个在可能的情况下，可以一直享有足够的自主权利。当然，说不定诺拉只是在应付我说些我想听的，到时候就会按她的想法来了。应该不会吧。

史蒂夫

亲爱的史蒂夫，

　　虽然 11 年前我们还不认识，但是我总感觉今天给你写邮件是件理所应当的事情。你可能不会想到昨天是我的朋友苏珊娜和哈夫·詹托普被杀的 11 周年忌日。那一年的 27 号是一个星期六，从那时候开始，每到一月份的最后一个星期六，我的心情就比较低落。今天又是星期六了。当时在他们的事情发生后，我们这些朋友和家人经历了从警察问询到法庭审判以及中间的种种事情，由此我们知道了那一天具体都发生了什么，并且会在我们脑海里面一遍一遍地重现。从 2002 年开始，每个一月份的最后一个星期六我都是一个小时一个小时挨过去的，我总会想：这个时候他们应该是在书桌那里工作；然后苏珊娜收到了帕特发的传真；现在是苏珊娜开始做午餐的时候；门铃响了；哈夫起身去开门。我无法继续描述下去了，我现在也不想继续描述下去了。况且现在我这里还没到中午。也许不久后的某一天，我想我会和你交流一下有关突然死亡的事情。关于这个我想过很多，也许有点过多了。不管怎样，和前面我们写信交流的长期照料的情况相比，我觉得在这种情况下要面对一些很不一样的挑战，不只是对于死者留下的亲友，就是对死者本人，在我想象中所要面对的应该也是很不一样的。

我想接着讨论你提到的，看护人和被照料人对于当前情况不同的评估。比如对于是否能够恢复健康，以及住在哪里进行康复有不同的看法，或者是对于离死亡还有多久有不同的估计。他们的这些分歧可能就造成他们没法去讨论一些话题，不管是某些回忆、请求或者给予谅解，还是葬礼计划等。从实际的角度，你提出了"从医院出院后该让患者去什么地方"的问题。从实际的以及哲学意义的两个层面，你对于患者的失败有了正面的解读，更明确地说，让患者经受失败的打击是因为只有这样才能让他们对自己所处的境况有正确的了解。又或者因为在某些情况下，哪怕对我们可能产生负面影响，我们仍需要尽可能地让那些人"做他们自己（be who they are）"。对于你的这些提议，我很想表达我的看法。

一方面，这看起来完全符合美国精神：人的个性很重要，即使他们可能会"失败"，或遭受比预料多得多的磨难，我们都应该尽可能地让他们决定自己的生活。另外我觉得你还想表达的是，就算他们提前离世了，也比让别人决定他们的生活而苟活久一点要好。但是另一方面，我有些抵触你所建议的，**难道应该听任某人做出自己的选择，而完全无视这些选择可能会给别人带来负面的影响？**这不符合我为人处事的原则，我认为不伤害其他人至关重要。

此前我已经和你讲过我大姐夫拒绝采用止疼镇静剂的决定和一些后果，以及这给他的家人带来的压力和困扰。我还经历过一件类似的事情，和你前面提议中设想的场景很接近。那是关于我父母的事情，当时他们发生了车祸，两人都受伤住院了，然后我父亲坚持要和母亲同一时间出院。那个时候他已经非常依赖母亲照料他的日常起居了，于是我跟他解释说母亲没法照顾他，因为胸骨骨折了，她给自己穿衣服都非常勉强，而唯一能够帮她恢复的就是好好休息。父亲言之凿凿地说他自己可以穿衣服，于是我反问，那为什么你近来一直都要母亲帮你呢？他回答说："那更方便啊。"我心里气不打一处来，冲他喊道："到底是对谁更方便？"他没话说了。明显只是对他自己更方便而已。我跟医院里的人商量让他晚一点出院，也只是给母亲争取了几天在家休整的时间。我接父亲回家的当天，他进了家门第一件事情就是让母亲帮他脱下外套。我对他吼了一句，"她不能碰你。"他被吓了一大跳，就没再坚持了，于是我帮他脱了外套，然后那几天都盯着他，让他自己穿衣服。

一周内我就必须回到新罕布什尔，我丈夫还有我的工作都等着我回去。而我也可以肯定，很快父母又会恢复到他们的老样子。看吧，我对你也是对我自己说：不管怎样，他们"挺过了那件事情"，母亲身体恢复了，又变得健康了，而且从那时候开始，这么多年也都是她在照顾着父亲。我不知道她哪来的毅力，她真挺得住啊。现在父亲的老年痴呆已经很严重，基本上任何简单的事情都要听指令来做了："约翰，要站起来了""把你的脚并拢""用你的胳膊往下压"，等等。如同我在之前信里面告诉你的，现在我对于照顾父亲是站在一个和以往不同的角度来考虑了，现在我总觉得应该尽可能地去照顾他。而我和你分享这个早先的故事，是因为这里很好地诠释了当你允许被照料人"做他们自己"时，就很可能会给周围的人带来严重

的后果。在某种意义上，我们大家都在赴死的路上，谁的自主
权利会比别人的更重要一些呢？

还有我婆婆的情况。家人都看到随着年纪增长，她的身体
愈发虚弱，虽然她没有患老年痴呆，但她开始口无遮拦。她说
的话经常会伤害那些牺牲了自己的时间来帮助她的人，比如一
顿饭如果不是她爱吃的，她就会对我小姑子抱怨，小姑子就要
保证每天都要有她母亲喜欢吃的菜还有零食。我就觉得，像她
这把年纪的人这样随意埋怨，难道就没有一点良心不安？我尽
量保持沉默。当她埋怨我时，我也不说什么，但内心还是挺受
伤。在她针对自己的女儿也就是我的小姑子的时候，我经常感
到愤怒。处于这样的两难境地，我不知道有什么解决办法，而
当看到你上次的来信后，马上就想到了我婆婆这个情况。

很快还想到另外一件事，就是我一直称之为主要看护人和
辅助看护人之间的关系。我和我大姐玛丽亚曾经讨论过这个问
题，从中我领悟到的是，作为辅助看护人，一定不要猜疑正在
负责的主要看护人，因为主要看护人要做很多事情，对具体情
况心里有数，比如帮助病患漱洗、用厕所、吃饭穿衣；安排并
执行和医生见面就诊；购买、整理、监督用药等。这里可以接
上你的思路，你也建议对那些偶尔飞来——不管比喻性的还是
真的买机票赶过来的——参与护理的人来说，重要的是向主要
看护人问清楚，他们认为病患的状况怎样、离死亡还有多久，
并且要问清楚看护人和患者的想法是否类似。不管什么情况
下，最忌讳的就是辅助看护人一到，就按照他们自己对情况的
评估和假设来说话和行动，这时候他们应该做的是尽快搞清楚
已经发生的情况。我自己也经常参与到护理当中，从我的角度
出发觉得还可以加上一条，就是如果主要看护人能够给辅助看

护人提供这些信息并给他们分派具体任务，会让事情简单有效得多。我可以作证，从根本上来说我们这些辅助护理的人都是想要来帮忙的，不是来瞎指挥的，只是可能需要一些指导来实现我们的初衷。

给你写信让我转移了注意力，不再考虑往事，这是积极正面的，谢谢你！我也盼望你能够尽快地、完全地恢复。等你感觉好一些能够见面的时候，我们再约时间谈吧。

艾琳

亲爱的艾琳，

　　虽然没有和你一样把詹托普夫妇遇害事件和某一天联系起来，
但是我对那件事同样记忆犹新。我当时在报社编辑部的桌子边，正
在忙周日的报纸，这时候有一个在汉诺威的朋友打电话来问我知不
知道在她家附近出了什么事。她说一位女士到他们门前，跟他们说
隔壁的詹托普家好像发生了很严重的事情，于是我朋友的丈夫和女
儿跟着那位女士（后来知道是你的一位好朋友）过去查看，亲眼见
到了那两个少年杀人犯留下的惨烈现场。你说每年这个时候都会感
到伤感，我也的确可以理解。

　　关于看护人和护理，你对于我看法的回应正是我所预料的。我
们两个人的看法虽然说到底差别不是太大，但各自强调的重点反映
了我俩的不同背景和倾向性。关于自主的权利，我觉得我们的两种
看法并不是互相排斥的，上次我写的只是部分表述了我的想法。比
如说如果没有老年痴呆，那我认为受照顾的人有责任表现得有涵养
一些，并表达谢意。我不认可，一个人，不论这个人是不是快要过
世，就可以口无遮拦地想到什么就说什么，还美其名曰"实话实

说（just being honest）"。我也不认可，被照料人做出一些重要决定的时候，比如关于自身的治疗或者是接下来到哪里去住等，其做决定的态度和他们的自主权利有什么关联。这些只是不良的行为而已。

就说你父亲那个例子。在那次车祸住院后，你假定你父亲由于之前养成的生活习惯，会继续让你母亲伺候，所以你担心母亲太累，就不同意父亲和母亲同时出院回家。看这个问题的时候我的出发点是，无论别人是否认可，任何人在你父亲的处境都应该有权利回家。但是这只是一种简单化了的情况。如果他回去会对你母亲造成过重的负担，那么我们就要重新考虑，也许建议他留在医院是更好的选择。医生、护士和社工都可以来帮助评估，来提供建议。从另外一个方面来说，如果你母亲能够自己做决定，那是不是最后就应该由她来处理？就算家里的其他人都反对，他们老两口在一起这么长时间，不管是一起做决定还是分别做决定，他们应该可以自己来选择。如果你母亲确定了她自己没办法照料她丈夫，她可以清楚地提出来她不能够做看护人，然后让你父亲和其他家人来想办法，也许付钱请人来护理。我也知道在你家这种方式不太可行，但是这仍然是她可选的、可以负责任的一个选项。

你婆婆家的那个例子情况又不一样。不管是什么原因，她选择了有的时候以让人不高兴的方式来对待最亲近的人。就像你看到的，这对于看护人造成了很大的压力和负担。但是这和自主决定没有什么关系，只和涵养与感恩心有关，虽然这两样美德往往会被恐惧和疼痛所压制。对于看护人来说，需要非常有耐心和同情心才能和这样的人相处，而且有时候还是要把问题指出来。我和一些看护人聊过，他们就曾经跟濒死的患者平静地说明，他们不会接受不合理的对待，如果情况持续他们就选择离开。

几年前，我去参加过一个培训项目"和濒死者相处（Being

with Dying)"，是佛教老师琼·哈利法克斯在新墨西哥州的圣达菲举办的（去年我借给你的 CD 就是她录的）。在几天的培训课程当中，贯穿其中的是一个简单的讯息：所有人都在经受苦难，你是，我是，我们爱着的人也是，那个在商店柜台对你很粗鲁的人或者在高速公路的车上对你竖中指恶心你的人，他们都是。从这个角度来看，你婆婆那种让人不高兴的举止，就是她经受苦难的结果。也许她害怕死亡，也许她有后悔的事情，也许有些事情她想说却不能说。如果你想到她经历的苦难，那么对于她的粗鲁举止就会有不同的看法。

这就是我认为的理想方式了，不管是对待一个难相处的人、躺在床上濒死的人，还是商店里柜台后面那个讨厌的人。在我的日常生活里面，经历过多次这样的"练习场景"，不过我的应对也有好有坏。其实，多年前我决定了不再简单地对商店或者饭馆里的粗鲁服务视而不见。我希望能够文明地提出我的意见，不过最近有一次去家得宝连锁店（Home Depot）的时候，有一个店员的粗鲁行为真的让我气得爆发了。他们后来给我找了另外一个服务态度好一些的店员，不过对于前面那个店员我大概没法给他积极正面的影响。

我的想法在写信的时候也在逐渐转变。我想起我的外婆，她经常发牢骚，不容易满足，在她最后的日子里表现得尤为明显。很多年来，她都在不断地积累和强化她的不快乐，但即使这样她还是活到了九十多，所以我过去说"满腹苦水就是防腐剂"（bile is a preservative，双关语，史蒂夫用来揶揄外婆，译者注），她就是一个活生生的例子。我没有参与对她日常的护理，但是经常会和她接触并感受到她那种为人处世的方式，所以就算她已经是暮年，我还是会直接向她指出来——不带着愤怒，只是要求她不要用那样的方式说话做事。不过说了情况也往往没有什么变化。有一次我去医院看望她，看到她很不舒服，我就提出给她做一个简单的足部按摩，我以往的经验是这种按摩对于安抚患者通常很有效果。她同意了，不过声音里面透露出一丝戒备。我取出按摩油，拿了椅子到床脚，开始给她的一只脚做按摩。结果还不到 90 秒，她就喊道："这只脚已经被按摩死掉了，可以开始另外那一只了。"呃，好吧。

想法逐渐转变，现在我是这样考虑的：**自主权**（self determination）**仍然还是很重要，但是这个权利不是只属于这个濒死的或者是病着的人**。如果没有医疗方面特定的理由，当患者想要做一些决定，比如不顾他人的意见要回家去住，他应该有这个自主的权利。但同时，他身边的所有人也都有自主的权利。他的妻子和孩子，完全有理由告诉他：如果他想回家也可以，但是他们没法提供他所需要的护理，所以需要去找额外的帮助。这可能就会让他改变想法，或者是让他这次回家待的时间短一些。

同样，你的小姑子也有权利去和你婆婆讲清楚，她能够接受什么样的相处方式。我记得好像是专栏作家安·兰德斯（Ann Landers）曾经说过，没有经过你的同意，没人能够占你的便宜。虽然这有些简单化了，但是也有道理在里面。

我明白每个事例都会考验我这些理想假设，并且在真实生活中的生死和我预想的形式还是会有区别的。尽管如此，当我看着那些经历这些事情的家庭，还有考虑到自己的生活中可能发生的事情，就觉得好好想清楚这些是有帮助的。我可以设想我身边有些人，如果让我和他们处于护理和被护理的关系中，大概是会让我那些理想的处理方式一败涂地的。

你说的关于你父母的故事让我想起几年前在新罕布什尔州服务过的一对夫妇。客户是一个很传统的八十多岁的波兰裔男士，快要过世了，基本上是靠他的妻子照顾他，所以妻子很劳累。但他认为让妻子照顾是应该的，妻子好像也没有觉得不满。我在做"心手相连"项目时，偶尔也为看护人提供短时间的按摩服务。有一天我就跟这位妻子说，在给她丈夫提供服务之前，可以先给她按摩一小会儿。她把丈夫在床上安顿好之后，刚躺到按摩台上还没到 5 分钟，就听到她丈夫用拐杖敲地的声音。"我最好去看看怎么回事，"她说着下了按摩台。几分钟后她带着丈夫一起过来了，脸上满是苦笑。原来她过去之后，她丈夫问的是："还没轮到我吗?"

史蒂夫

> 我们不仅有自由去选择活在当下，而且应该是有意识地、有怜悯心地活在当下。
>
> 艾琳
> 黎巴嫩，新罕布什尔州
> 2012年2月10日

亲爱的史蒂夫，

平时我一般都没有办法即刻回复你的邮件，但是今天我们学校有一个室外活动——"冬季狂欢节（Winter Carnival）"，于是我就趁着这个机会来给你写回信，这样我读你来信时产生的新鲜想法还大部分能记得。

今天也是东正教纪念圣徒哈拉兰博斯（Haralambos，译注，亦作Charalambos）的日子。那些以他的名字命名的人也在2月10日这一天庆祝他们的命名日。在希腊，命名日比生日还要重要得多，并且是由过命名日的这个人来招待他的亲友，而不是反过来。哈拉兰博斯是我父亲家族这边很重要的一个名字。我的曾祖父，也就是我奶奶的父亲，就是以这个名字为名；然后为了纪念祖辈，我父亲的一个兄弟也用了这个名字；然后他的孙子，一个活泼的蹒跚学步的小男孩，沿用了这个名字。我说这些是想提及我的哈里（Harry）叔叔，他从我父亲的家族那边遗传了一颗不健康的心脏，还不到40岁就做了心脏的大手术，那个时候还是心脏搭桥手术（bypass surgery）技术发展的初期阶段。他成年后经历了很多次医治，最后在七十岁的时候，因住院感染肺炎而过世。我并不是直接照顾他的人，但是哈里叔叔的情况让我关注到有不同个性的人是如何与疾病相处，以及年龄的增长和患病如何改变一个人的个性。我认为，疾病，特别是心脏疾病，可以改变人的个性和行事标准。记得有一次，当哈里叔叔的大儿子带着年龄还很小的孩子们从希腊过来看望他时，我恭喜他有那么漂亮的孙女，但哈里叔叔却告诉我说他不喜欢孩子们的吵闹声，也没觉得孙女的陪伴会让他真正开心。我当时非常吃惊，也为他感到难过。我想起我小的时候，家里有一大群小孩子，叽叽喳喳的，爷爷辈的家人似乎都很喜欢我们在旁边，尽管我们会吵闹；而叔叔婶婶辈的家人也大都会关心和爱护我们，其中就包括哈里叔叔。那是大概30多年前的事情了。我叔叔这个例子表明：当患者接触不同人的时候，比如主要看护人、直系亲属、远亲或者以前不认识的人，他可能会有不同的行为举止。对于我们这些成年了的侄女外甥女一辈的，哈里叔叔仍然表现得很幽默、风趣并且充满爱意，这种状况一直维持到他过世。

很感谢你关于我婆婆对她女儿的一些不合适的举止的分析。你认为我婆婆那样不好的态度，可能更多的是源于受到的磨难或者是对死亡的恐惧，我们可以把恐惧也算作一种磨难。这个分析很有帮助，我会全身心地去考虑接受这个想法。我还想到另外一个关于患者的态度问题：如果患者对主要看护人和家人经常发牢骚也不感恩，而当有外人甚至是才第一次见面的人在场的时候，却表现得很得体和有涵养，这无疑对看护人和家人来说是一种伤害。到现在为止我婆婆都经常是这样：看到我时就表现得精神一点，行为也较正常，甚至能够精力充沛地对话；当有男护士或者护工到她的公寓时，她就展现出魅力的一面；但与此同时，正如我前面所说，她在面对她女儿时，却总是闷闷不乐，满是抱怨。

还有一个相关的问题，通过我们的交流我现在更加清楚了，就是那些患者并不是每次显示出"同等"的健康程度，或是纯粹线性地逐渐变差。还是以我父母那一次的情况为例，在车祸后的处理阶段，社会工作者还有护士确实来评估了我父亲是否严重到需要去康复中心。你猜怎么着，在他们在场的情况下——我们其他家人那个时候都不在场，所以只能是相信他们说的——我父亲自己走了 40 步。所以他被评估为身体还没有差到必须进康复中心的程度。我都不知道怎么向他们解释，在这次车祸事故前好几个月，我们都没有看见过他能走超过 10 步！先不说这个情况有多荒谬，这对尽心尽力的看护人来说肯定很难接受，之前他在看护人那里还在抱怨不能做这个做那个，之后在医生那里就说自己什么都行而且也可以按照要求做动作。就我父亲来说，他在陌生人面前一直是个"表演者"。如果说我明白了临终还有重病的特性，那就是这样一个让人难受的真相：这些患者可能在某个日子需要别人帮助来完成某些任务，但是在其他的日子却可能自己就可以完成相同的任务。此外，有时候他们想要更独立一些，而有时候他们又不想。

你信中提到的另外一个重要的观点，我也接着说一下我的看法。你提议说那个脾气暴躁的老人或者那个在路上骂你的人，可能是他们自己也在经受磨难，如果我们考虑到或者提醒自己有这种可能性，那么我们可能就会更有涵养、更有耐心地去对待他们。如果你还不知道，我强烈推荐你一本非常短的书，名字是《这就是水》（This Is Water）。实际上，这本书是一位作家兼哲学家大卫·福斯特·华莱士（David Foster Wallace）于 2005 年在肯尼恩学院（Kenyon College）的毕业典礼致辞的文本。在 2008 年作者自杀以后，这个文本被"重新发现"并出版了。我认为那是我有幸读到过的最美最激励人心的文本之一[5]。他的论述和你上一封信里面概述的比较接近。比如在排队结账的队伍中，排在我们前面的一个人一直磨磨蹭蹭，耽误大家时间也耽误我的时间，而我已经很累了很想回家。在这种时候，如果我们能假定那个慢慢腾腾的人可能有一个生病的丈夫，为了生活下去需要节约，所以就要花时间兑换那些折扣券，这样是不是我们就好接受一点？再比如，在回家路上突然快速插到我们车道的那辆车里面，假定是一个着急送孩子去医院的父亲，那我们是不是就会好接受一点？我们是否能够向外界散发出善意的共鸣而不是愤怒或者厌烦的情绪？我们是否能够在此时此刻就在我们附近感受到美好的事物？这就是《这就是水》中的部分内容。这本书的名字来源于一个有趣的小故事。一条老年的鱼问小鱼们："今天水怎么样？"小鱼们被问得不知所措，因为他们甚至不知道他们是在水里面游着。长话短说，这本小书的要点就是**我们不仅有自由去选择活在当下，而且应该是有意识地、有怜悯心地活在当下。**虽然我深深地佩服华莱士描述出来的这样一种生活态度，但当我看到周围的人用一种互相伤害的方式来对待别人，我还是很容易会变得愤怒或者是压抑。你和华莱士都提到了，我们也可以选择用不同的方式来解读发生的事情：比如那些受照料的人的不良行为都是有原因的，他们被吓到了，或者正遭受伤痛，而不是因为他们自己刻薄或者自私。

　　我知道，最终我们只能是试图去控制自己的行为举止和生活态度。这也是为什么我特别喜欢那本书，以及喜欢和你就这些困难的问题交流想法。

艾琳

大家都知道这个过程是多么让人疲倦、沮丧和恐慌，但同时也经常让人拥有成就感。

史蒂夫
科尼什，新罕布什尔州
2012 年 2 月 17 日

亲爱的艾琳，

我们写这些电子邮件，就好像是逐渐展开的谈话一样，对吧？不像以前手写信作为交流的主要方式时那么慢，但是有时候——就算是电子邮件——我还是会觉得赶不上我的思考所希望的速度。往往在读你邮件的当时，我就在对有些地方组织明确的反馈，甚至希望能够实时回复。下面就是我最近的想法和对于你邮件的回复，肯定不是实时的了。

你提到在照顾将要过世的亲人时，看护人不只是面对最后无可挽回的恶化，还要去适应患者每天都在变化的健康状况，这是很难的事情。你说的很对，在很多情况下，死亡都不是一个简单的线性过程，就是说没有单一的方向和清楚可预见的变化。某一天，甚至某个小时，都可能会比上一刻更好，也可能更差。这里面有太多的变数了，比如用药的变化、舒适或疼痛的程度变化、情绪状态等，还有身体在失去那些有意识或无意识的能力的时候，都没有什么规律。对看护人来说，如果有一套规范程序能跟着做就好了：知道下一步会遇到什么，然后知道可以用什么样的既定操作来应付。可是，在对下一步完全无法预测的时候，怎么可能建立规范程序呢？

你写到的被照料人在有陌生人在场，和只有自己亲人和看护人在场时，表现很不一样的情况，也让我想到类似的事情。前面我提到过，我的外婆就明显有这种特点。在她生命的最后几年，她住在养老院。她的朋友还有护士义工等都觉得她很有魅力，而把她的尖酸刻薄当作是独特的幽默。但我们家里接近过她的人，都不认为那是幽默，尤其是在她过世前的好几年里面。她其实过得并不快乐，而我们是能够清楚看到这一点的人。当然，这主要是她自己在经历磨难，不过也经常会让我们没法和她进行愉快的谈话。

你父亲在医护人员那里可以走 40 步，但是在家人面前却连走10 步也很勉强。这让我回想起一段轻松的往事，虽然我这个例子没有那么夸张。那是几年前我的一个客户，年纪比较大但很有亲和力。他的腿越来越虚弱并且一直疼痛，所以我常到他家里为他提供按摩治疗。那段时间基本上每周一次。每次我到他家后，他就扶着助步车缓慢地走向卧室，到卧室后，我总是帮他脱掉鞋子、裤子还有衬衫，然后把他安顿到床上。按摩完成后，我再帮他穿上衬衫、裤子还有鞋子。我也记不清楚是怎么形成这种习惯的，但我知道他很高兴接受这样的帮助甚至还鼓励我这么做。但有一天，当我做完按摩治疗离开他的卧室走向大门的时候，他妻子拦住我说："你知道吗，他每天都是自己穿衣服脱衣服的。"原来我被这家伙骗了！

我和你交流了太多有关护理的负面因素和挑战，这似乎会让护理做起来非常困难，甚至想到都会头痛。我也知道这些都是真实的，但是我还是想想一下在几封信之前涉及的一个想法：被允许去照料一个人是一种恩赐。接近死亡是一个困难、混乱也肯定是深刻的体验。因此，是不是陪伴你的亲人走过这段历程也同样困难、深刻，甚至能够改变你的人生？我曾经和很多人聊过，他们说不管这么多么具有挑战性，他们也不会拿任何东西来交换和临终的父母、兄弟姐妹或者配偶待在一起的经历。

我还想到了一个情节发生逆转的例子。多年前，我曾给一个在医院的患者提供按摩治疗服务，他大概 60 岁，得了癌症，发展得非常迅速。他有两个二十来岁的女儿，他妻子几乎一直在旁边照料他。有几次我也给他妻子提供按摩治疗，就在同一楼层的其他房间。有一次她告诉了我她家里的一些故事，是我从来没想到去问的。她说在他们婚姻的大部分时间里，她丈夫都对她进行了情感虐待，以至于最终她决定要离开他。她已经和自己的牧师还有女儿都谈过了，甚至联系了一个律师来启动离婚程序。而正当她要告诉丈夫的时候，他却被诊断为癌症末期。于是她放弃了离婚并成了他的看护人。

我从和她的谈话可以感觉到，她认为这是她必须做的。和那些照顾自己真心爱着的人比起来，我觉得她并没有感受到同样的成就感，但是也不认为她这样做就是完全无私的行为。在她看来，她所得到的报偿来自于做了正确的事情，来自于真诚地面对她的内心和她的信仰。为此我一直都很敬佩她。

感谢"心手相连"这个项目，我拜访过很多的家庭。人们在照料临终的家人或者是亲近的朋友时，每个人走过的历程都不一样，**但大家都知道这个过程是多么让人疲倦、沮丧和恐慌，但同时也经常让人拥有成就感。**每次和他们聊的时候，我都会不由自主地重复一句话："你们在做的事情很了不起。"他们的确是很了不起。

史蒂夫

第五章

突然死亡又有什么不同

　　不要只注重那些关键时刻，而要每时每刻都尽量真诚地处理各种人际关系，因为有可能你会错过那些时刻，很多事你都无法把控。或者更有帮助的是：把每时每刻都看成是关键时刻。让我换个方式再陈述一次：真心对待的每时每刻，都是关键时刻。这也是我对极乐（paradise）的定义之一：把握当下。

　　子弹、刀、和汽车，来的时候都无法避免，该来就会来，而我们可以决定我们想在死后去什么地方。这是不是也算携死而生，你觉得呢？

苏珊娜和哈夫并没有幸存下来。他们当时有没有时间去思考究竟发生了什么？

艾琳
黎巴嫩，新罕布什尔州
2012年2月23日

亲爱的史蒂夫，

我脑子里有很多事。首先，就是特别高兴我们能够见面，并且尝试了另外一种写作形式——像我们现在邮件交流一样都让我喜欢。我们一起准备的有关"携死而生"的演讲内容进展不错，这次演讲是在叙事性写作协会（Narrative Society conference）三月份的会议上，将要面对的是我学术界的同行，希望你也同样乐观地看待这件事。我很开心你愿意在一个学术场合把我们的想法讲出来，也很想知道到时候那些听众会是什么反应。但同时我也很喜欢继续我们这种私下的邮件交流的形式。在这个邮件交流的空间里，我觉得没有什么禁忌，虽然不一定都是积极正面的，但让我可以针对一些最困难的议题来尝试表达想法以及情感。这样做不说是改变了我的生活，但至少是帮助我厘清了自己的头绪。

接着就是另外一件事情和你分享。今天我在学校参加了一个小组讨论，题目是"宣讲我们内心最深的信念（Professing

Our Deepest Convictions）"。我同意去参加是因为想挑战一下自己，看看是不是能够很好地表述出自己最深的信念。这个任务挺难的。跟你提起来是因为当我在准备发言的时候，我比以前任何时候更清晰地意识到，多年前我的朋友苏珊娜和哈夫的暴死，对于我来说打上了多么深的印记，甚至可以说是重新塑造了我。他们的死亡也是你我联系的一个隐匿线索。之前我也和你承诺过要分享我关于詹托普一家被谋杀的想法，今天就是一个好时机，让我们来讨论下这件事。

你对于这件谋杀案的情况肯定已经有所了解，毕竟发生这件事情的社区也不大，而且你也读过我的书《父亲的战争》，里面也讲述了我经历这件事后，主动地去对家里过往的创伤做更深入的了解。还有一点，我写这件事是在 2001 年 911 惨案的背景下。[1]

通过这些写作来梳理自己的体验，对我还有我的精神健康来说是很关键的。在准备今天的小组讨论题目时，我能想到的最重要的品行就是善良（kindness）。我首先承认，我自己也不是在所有情况下都做到了善良。尽管如此，我在学校里公开地宣讲了我内心最深的信念之一，就是努力做到善良。在我们最近邮件有关护理的讨论中，之所以有时候我表达出烦躁困恼的情绪，背后的原因就是我的这个信念。比如我提到认识的人对他们的看护人不是很有涵养，又或者是我自己对待他们的评判态度也不是很和善。

你可能会问我提到的善良和那次谋杀案有什么关系。善良的行为和杀人的行为完全是风马牛不相及啊。可是事实上，我的体会是善良在事件的好几个地方都有体现。

第一点，当在詹托普家发生的具体过程公布于众的时候，其中很多细节都反映出了苏珊娜和哈夫·詹托普对善良的承诺和坚守，甚至对陌生人也不吝惜。这种善良我只能认为是最纯粹的基督徒的仁慈，虽然他们两个绝不会这么去想，不过这又证明了这种善良的基督徒特性。哈夫不仅仅是给两个陌生的青少年打开了门，他还带他们进了书房并准备回答他们的问题（这两个青少年是假装在进行问卷调查）。当他觉得问卷组织得不太好、问题相关度也不高时，他就取出钱包来找一个朋友的电话号码，他觉得这个朋友可以帮助这两个青少年来改善这个问卷调查项目。然而，正是看到了钱包和里面的东西，才激起了这两个青少年的歹念，他们来的目的就是为了做坏事，于是他们就掏出了刀。

我不想把接下来发生的致人死命的过程再复述出来。但是为了继续说明他们的"善良"，我可以告诉你尸检时发现哈夫的手背上有防御性的刀伤。他没有反击，只是试图保护自己。他肯定是喊出声了，因为苏珊娜本来是在厨房准备午餐的，听到了声音才匆忙跑到书房。她想要帮助哈夫，而这就注定了她的命运，就像哈夫想帮助这两个青少年就注定了他的命运一样。

在了解到这些细节之后，我发现自己经常会"重温"他们生命的最后时刻。我会想到四个人离得很近，然后其中两个人拿着锋利的刀来对付另外两个人。这个场景让我印象深刻——直到现在还是——因为这和用枪射杀一个人很不同。用枪的时候，不仅是距离一般都离得比较远，而且扣动扳机的动作也显得没有那么恶意，这和近距离用刀或者重物给他人造成伤害差别还是很大的。用刀或者绳子等方式会让谋杀者和受害人有直接的身体接触，这种方式在我看来，就是善良的对立面，这样说也是扣住善良这个主题。而我的朋友们，他们是这种"善良的对立面"的受害者，我真不愿想象他们当时的感受。许多创伤专家报道过，对于幸存者来说，人为造成的暴力损伤（比如谋杀、强奸、个人攻击）比自然界造成的暴力损伤（比如地震、海啸等）有更严重的影响，[2] 当然，还有很多因素可以影响到创伤后应激障碍（posttraumatic stress disorder）的发展。但是**苏珊娜和哈夫并没有幸存下来。他们当时有没有时间去思考究竟发生了什么?**当死亡来临得那么突然，他们还有短暂片刻去思考这件事吗？是不是像格言里面说的"你的整个人生都在眼前闪过？"那个发现了他们尸体的朋友说，哈夫脸上是安宁的表情。这让我心里舒服一点，也让我不禁要问，是否我们可以做些什么好让我们在地球上的最后时刻是安宁的，而不用去管这个时刻是怎样突如其来地发生？

最近经历了我大姐夫过世，还有更早以前我其他的亲友过世，比如我的朋友朱迪和我的哈瑞叔叔，我相信对于突然死亡，缅怀（mourning）的情况会很不一样。对我来说就的确是这样。当我知道詹托普夫妇出事的时候，我是完全没有料到的，一开始我是强烈地感到难以置信，而后是深深的麻木。这种不愿相信的反应还比较好理解：怎么可能呢？在这个平静的小镇发生这样的事情？这样温文尔雅有爱心的人被杀了？我亲爱的挚友、尊敬的师长，就这么死了吗？

然后这种麻木的感觉对我来说比难以置信更让我吃惊，部分原因是麻木或者意识到麻木给我身体上造成的痛苦。在谋杀案接下来的日子里，我经常会一个小时一个小时地完全意识不到时间的流逝。等到我回过神来，会觉得浑身难受，就好像被一个职业女拳手猛揍了一顿。后来我有时会感觉到极度的恐慌，因为当我看见和我在一起的人，就会有强烈的念头"他或者她马上就要死了"，这个念头让我崩溃。那种恐慌就像一把锋利的刀在扎我。后面的很多个月，我都会突然号啕大哭（甚至多年以后依然如此，不过谢天谢地发生的频率越来越低了）。对于这些痛哭的时刻，我的内心基本上不会有什么提醒，所以我都没法准备什么时候就变得失去控制了。当你哭得那么厉害，就不光是眼睛难受，胸口也会疼。在那段时间，还有一种情绪侵占了我的内心，一种我自己都觉得很尴尬的情绪。我觉得我只能把它描述成"拒绝前行"。具体来说，体现在我不想去承担苏珊娜过世后转移到我身上的我们专业还有系里面的责任（我们是在同一个系的同一个教研组，她过世前担任德语研究系的系主任）。这种奇怪的"拒绝前行"的情绪也会反映在我身体上，就好像我内在的心态能够从我脸上看出来，就像羞愧导致脸红一样，所以我也尽可能地避免表露出来。我内心体验到的那种不成熟，甚至延伸到了我对自己的生活也不想做任何抉择，因为现在我再也没有办法去征求苏珊娜和哈夫的意见，而他们曾经是我的顾问和知己，多年来只要碰上重要的事情我都会找他们寻求辅导和建议。

所以可以从我自己的经历来谈善良的另外一种形式，就是如何善待自己。我必须学会不去评判处于伤痛中的自己，去接受那些我平时会觉得是可憎的或是讨厌的强烈情感。总之，必须善待自己，而这需要很强的意志力：我要下意识地停止去想某些事情，并且是采用一种温和、宽容的方式来停止。

还有许多可以和你分享，但是写到现在，我的眼泪已经流得太多，我感到精疲力竭了。

谢谢你能够怀着善意的心态来听我讲述，我知道你会的。

艾琳

又及，谢谢你借给我的那本《凡人手册》。还不确定什么时候看，不过这本书看上去很有用。我也喜欢里面清晰的结构，还有包含了很多可以问自己医生的问题。

向往和甘地一样，对生命的结束做好了充
分的准备。

史蒂夫
科尼什，新罕布什尔州
2012 年 2 月 28 日

亲爱的艾琳，

　　每次我们说到詹托普夫妻被杀的事情，还有当我读你的《父亲的战争》里面相关章节的时候，我就能感觉到你的伤痛有多深。两个和你这么亲近的人，然后又是以这样一种方式去世，放在一起，的确让你内心难受。当我看到或者是读到类似的突然死亡，而且是那种可怖到让人难以承受的时候，我都会马上在脑子里想：都结束了。不管当时有多么的不堪，现在都结束了。如果有来世的话，对那些人来说，死亡给此生的磨难划上了一个句号。

　　你邮件提到了一个很好的问题。关于你的这两位朋友，还有其他突然死亡的人，不管是不是因为暴力导致的（顺便提一下大概有十分之一的人是这样死亡的），他们是否有一刹那意识到生命走到了尽头？他们是否会有一丝机会来明了具体发生了什么，从而可以做些准备？

　　从某个角度来看这么考虑有点奇怪，在短短几秒钟，甚至是几分之一秒，能够发生什么有意义的事情？也许像你提到的，这是"人的一生都迅速在眼前一闪而过"的一种特殊形式而已。只是这里闪过的并不是这一生中的所有事情，而是人这一生的意义、死亡的意义，还有对此生结束后将会发生什么的想法（如果死后还有什么存在的话）。所有这些都发生在几分钟，几秒钟甚至更短的时间里。

我不确定一个人能否为突然死亡做什么准备。这里说的准备，不是指那种努力过一种可以为人表率的生活，并以良好的精神状态准备着去见上帝。我说的是指对这个突然死亡本身做好准备，让一个突然甚至是暴力的死亡和经过长时间疾病困扰后的死亡有同样的意义，而在后者的情况下会有足够的时间来妥善安排好自己的事情。

我们都知道圣雄甘地 1948 年死亡的故事（在我们之前的邮件来往中也提到过他）。他是被近距离击中的，当时他正穿过人群去参加会议。在他倒地的时候胸部和腹部有三处枪伤，而当时关于他最后说的话有不同的版本。一种是"Hey Ram,"翻译过来就是"哦上帝,"还有一种是"Rama, Rama"又或者是"Ram, Ram"。Ram 或者 Rama，是印度教的神灵（a Hindu deity）。其实那之前就已经有好几次未遂的刺杀了，甘地在死前几个月的一次演说中提到，就算是被杀他也不会放弃祈求神灵的庇佑。所以，有理由相信在甘地被击中的瞬间，神灵就会让他到达一个安宁舒适的地方，一个他希望死后能够去的地方，而不管死亡是什么时候或者怎样发生的。

甘地也许不是最好的例子，毕竟他知道敌人想要杀他，知道自己可能会随时死掉。但是，这是否也是另外一种方式来体验这个对所有人都成立的事实？我们其实都可以像甘地那样确信，自己肯定在将来某一天会死，也许这个日子很快就到了。因此我们也可以向往和甘地一样，对生命的结束做好了充分的准备，当这个时刻来临时，不管是一瞬间还是更长时间，我们会念自己的类似"Ram,

Ram" 那样的语句。

怎样才能做到呢？我想这是我们邮件交流的关键所在。

对我来说，接受自己的必死性（mortality）并不意味着接受安详地死去，躺在一张舒服的床上，有我爱的人围在身边，有足够的机会去和我的神和好，和我的心魔讲和，等等。事实上，我有时候会想到在我们的讨论当中，还有在和我的客户还有其他人谈话当中，我能察觉到自己对于临终和死亡有点漫不经心（cavalier）。对于自己怎么就把人生问题都搞清楚了，显得有点太过轻松。在索甲·仁波切（Sogyal Rinpoche）的书《西藏生死书》(The Tibetan Book of Living and Dying) 当中，提到他刚到西方国家的时候，很诧异人们对待死亡的态度。他发现很多人 "不是拒绝承认死亡就是对死亡恐惧……很多人相信单单提到死亡就是冒着让死亡降临在我们自己身上的风险。"[3]

索甲·仁波切还提到，其他人——我觉得可能他说的就是我这样的——"用一种天真的、没有经过思考的欢乐心态来看待死亡，没来由地认为，死亡对他们来说不会有什么问题，没有什么好担心的。当我想到这些人的时候，就记起来一位藏传上师（Tibetan master）的话：人们经常会犯错误，对待死亡很轻率（frivolous）并且会想，'每个人都会死，这又不是什么大不了的事情，我肯定没问题。'而真到了快死的时候才发现不是这么回事。"[4]

接受自己的必死性，也必然意味着认识到自己的死亡，可以和我想象中的平静地在病榻上过世有着巨大的反差，比如突然心脏病发作、车祸，或者是某个想要我命的家伙找上门了。

我不想仅仅是 "明白" 必死性以及死亡的各种可能性等，然后继续以往的生活。我希望死前那些在我眼前闪过的，如果真的会发生的话，会是……好吧，我也不知道自己想要什么了。

这次去拉斯维加斯，参加叙事性写作协会组织的会议并报告我们的想法，对我来说的确有点激动。以前也没想过去拉斯维加斯，也更没有想过会在一个国际性的学科组织的会议上提交文章。我完全不清楚会是个什么情况，不过对于任何发生的事情我都会保持开放的心态，虽然对于拉斯维加斯这样的城市（译者注，拉斯维加斯以旅游赌博闻名）这可能不是一个恰当的态度。

史蒂夫

亲爱的史蒂夫，

不记得我是不是跟你提过，甘地是我最早也是一贯最为敬佩的英雄之一。当我还是小孩的时候，就读过很多有关他的书还有他写的书。成年以后，我认识到他所做的事情里也有一些不是那么光彩，而且不是所有的派别都赞成他所选择的印度独立之路，不过这些并没有妨碍我敬佩他能够终生恪守他自己的信仰，即便是当非暴力运动变得不合时宜或者是不流行了。你信中提到他临终时的举止，和我一直敬佩他的所作所为是相符合的。尤其是你所描述的在他最后清醒的时刻，不管是多么短，他似乎已经能够让自己到达他想要在生命结束时所处的精神归宿。我理解的那种精神归宿（mental place）里面，没有对刺杀者的恨，只有依偎着他的神的安宁。当你说到我们是否也有自己的类似"Rama，Rama"那样的祈语时，我想到了两件事：在我的最后时刻，我会选择在脑海里留下什么样的记忆和画面？又选择什么样的最后的遗言？尤其是对突然或者出乎意料的死亡来说，如果上面两件事中的一件或者两件都发生，我觉得需要事先经过思考、选择和练习才可以应对。

　　你可能知道对很多基督徒来说，临终前的话是很重要的，它是对圣徒保罗（St. Paul）所提出的不停息的祷告（帖撒罗尼迦前书1 Thess. 5：17）的响应。如果一个人真的是在不停息地祷告，那么在他临终的时候也肯定是在祷告的。很多基督徒，尤其是东正教的，总是用耶稣祷告语（Jesus Prayer "主耶稣基督，神的儿子，请怜悯我这个罪人"），来作为通向这个理想祷告的途径。耶稣祈祷语又被称做是心的祈语，严格地练习背诵这个祈语和深呼吸，甚至把心脏的跳动都能联系起来。僧侣会被他们的前辈提醒这个祈语的力量，就好像是在警告他们不要像服药一样过量使用。即使是对我们这样业余的祈祷者，召唤耶稣的圣名都会有特殊的功效，因此应该经常记挂在心里、吟诵在唇边。

　　对我来说，在自己预计过世之前很早就开始思考和练习"最后的话"，是表明了一种态度，是对生命真谛的语言描述，而不觉得是强迫性的为了死亡所做的准备。我想这就是为什么我也练习这个耶稣祷告语。对我来说，神真的就是爱，所以如果在死的时候耶稣的名在我唇边，那就好像是最后一次主动地进入到爱的状态里——抱歉这里的矛盾修辞法（oxymoron，"主动地"和"状态"是一动一静，译者注）。与此紧密相关的，是我想要在生命的尽头感受到对生命之美和神的造化的感恩之心，这是我的理想。所以自然而然我会练习感恩、并回想那些让我感动的场景和回忆，比如我去过的很美的地方、我所爱的人的模样和笑脸、那些与别人和谐愉快的瞬间，等等。

　　从另外一个方面来考虑，尤其是在詹托普夫妇那件事情之后，就是我会假设现在就是临终的时刻，我该怎么样来度过？这个临终的假设也不是完全没有根据的，谁也不知道死神会什么时候找上门。考虑这个问题，"善良"再次进入我的脑海，也让我再次怀念他们，这又回到前面我的信里面有关善良的主题了。现在，如果我有一些不好的或者是对他人不满意的想法，我都会提醒自己这可能就是我在人世间的最后或者是接近最后的时刻了，这不是我想要的感受，于是我就会摒除这些不好的想法。

最近，我还想到用类似方式来解读耶稣的肉身死亡（Jesus's human death）。他自己选择了要去的地方，不是考虑他所受的痛苦而是考虑给予宽恕："父啊，赦免他们，因为他们不知道他们在做什么"（Luke 路加福音 23：34）。

除宗教方面的例子之外，思考突然死亡还让我想起来去年夏天读过的世俗化的书。我想我告诉过你有一本书叫作 vous parler de la mort。[5] 这个名字不太好翻译过来，大致的意思就是"和你谈死亡"。这本书是 2003 年出版的，作者是伯纳德·克雷塔兹（Bernard Crettaz），一个瑞士人，他成长在瑞士的瓦莱（Valais）州，在我丈夫家的东边。那个地方真的就是一个又深又宽又长的峡谷，周围有很多高山峡谷发散出来。那些大一些的峡谷都是东西向的，小一点的南北向。瑞士一些最受欢迎的去处就在那里，比如采尔马特（Zermatt）和马特峰（Matterhorn），在法国被叫作塞尔温（the Cervin）。克雷塔兹所在的具体地方叫作瓦尔德安妮维尔斯（Val d'Anniviers），那是在离采尔马特西边不远的一个山谷里面。对于那个地方的历史我不太了解，不过当一个人类学家伊冯娜·普赖斯沃克（Yvonne Preiswerk，那个时候已经认识克雷塔兹并成为他的妻子了）出版了有关瓦尔德安妮维尔斯的一本书，尤其是有关那里的丧葬传统之后，那个地方就变得很有名了。我读过这本书，Le Repas de la mort《死亡的那餐饭》 (The meal of death, 1983 年出版)。[6]

希望你不介意我多花点时间介绍克雷塔兹，我会再回到突然死亡这个主题上来的。他生于 1938 年，主修神学和社会学。他的主要工作就是管理在日内瓦的民族博物馆的欧洲区，同时在日内瓦大学教社会学。他最为人知的有三件事：第一件，他创立了死亡学研究协会（Society for Thanatological Studies）（thanatos，是希腊文死亡）。第二件，他帮助策划并布置了一次大型的有关死亡的展览，"La mort à vivre."这个名字也很难翻译过来，短语 à vivre 在法语和英语里面类似，就是比如说：他还有两个月可活，里面的"可活"。所以整个名字看起来很特别，但是又容易识别出来，大致可以翻译成："经历死亡（to live death）"，或者"体验死亡（experiencing death）"。另一种和这个法语名字对应的是正在做某样事情——à faire——从这一方面来说可以把名字翻译为"做死亡这件事（to do death）"或者"往前推进死亡这件事（to go forward with death）"。这个展览提供了大量的信息，包括世界上很多不同的文明是如何处理死亡、葬礼的习俗、悼念的传统等。同时也是设计来帮助人们具象地思考他们自己要如何度过亲人过世的伤悲。这个展览在日内瓦的民族学博物馆一直从 1999 年 10 月持续到 2000 年 4 月。

让克雷塔兹为人所知的第三件事情，就是 Café mortel（死亡咖啡馆），把大家聚在一起来讨论有关死亡、临终和悼念等。Café 就是指在当地的咖啡馆里面开展这个聚会以及后继的讨论等。**利用咖啡馆的空间和氛围反映了克雷塔兹的一种信**

念，就是死亡就和其他话题没有什么不同，我们不应该把死亡从我们日常生活里排斥出去。从 2003 年开始，克雷塔兹就从教学还有博物馆的工作中完全退休了，回到了他的家乡，主要从事写作。到目前为止，他已经独立或者合作出版了差不多 12 本书，其中就有一本关于死亡咖啡馆的。[8]

而伊冯娜，很可惜，在年纪不大的时候就出乎意料地突然死了。1999 年 4 月，伯纳德送她到医院做常规检查，那个时间他们正好在博物馆举办前面提到的那个展览。伊冯娜在做一个心脏功能测试的时候，她的心跳突然就停止了。医护人员试图给她人工复苏，但是她再也没有清醒过来。于是他们给伯纳德打电话让他决定怎么处理。尽管他和伊冯娜在成年以后的大部分时间都是在研究死亡，伯纳德还是完全被这个情况搞懵了。在我读到的他接受采访的报道里面，还有我跟你介绍的那本小书里面，他说自己当时躲到了旁边的小屋里面，然后试图想象召唤所有死去的亲友，包括他所有的先辈还有他认识的死去的人，向他们咨询他该怎么办。他声称听到了那些人的建议，于是才回到伊冯娜的房间让医护人员停止做人工呼吸，让她离世。

关于伯纳德怎样接受伊冯娜的死，还有其他有趣生动的细节，但是对我来说最在意的是他承认自己对此毫无准备。你可能会说这有什么大不了吗？我要提醒一下，他们两个人可是在职业生涯里面一直研究死亡和死亡的仪式。这也是为什么我感到非常吃惊，伯纳德居然不知道伊冯娜在一些最基本问题上的意愿，比如是埋葬还是火化，什么样的葬礼服务，还有什么样的悼念仪式等。为此他感到内疚，直到他的朋友里面有人劝他不要想太多，因为总是活着的人来决定怎么处理死去的人。[9]

负责伊冯娜身后事的牧师留给了我很深的印象，牧师告诉克雷塔兹，自己会全权负责，他需要的就是专心体验。克雷塔兹说当听完牧师的话后，他感到自己被"解救"了。

当提到自己对妻子的死完全没有准备时，克雷塔兹趋于把他的经验一般化，认为我们都不可能对死亡做好准备，不管我们是不是"死亡专家"以及是否有宗教信仰。他阐述这件事的另外一种方式，就是我们没法确认会如何来面对亲人的死亡。这类似于大约15年前我父亲准备心脏手术的时候，精神健康专家给我的建议。他们那时候建议我不要去预先想如何去面对父亲可能的死亡，如果他真的死了也不要试图去控制自己的悲伤。感谢上帝，他挺过了那次手术，尤其是在那之后他还过了几年很好的日子。不过在詹托普夫妇过世那一次，这个建议对我还是有些帮助的。

还有一件印象很深的事，就是克雷塔兹提到在妻子突然过世后，有一个支持自己的亲友团（community）在身边非常重要。他很多次提到，失去亲人的人需要有人陪伴，他们需要别人倾听他们的倾诉，哪怕他们的亲人已经过世了很长时间。我对于这一点深有体会，在我特别沉浸于为詹托普夫妇悼念的时期——对我来说，哀悼从没真正结束——感觉像有一条分界线，如同谚语所述把绵羊和山羊分别开来。无需刻意，我能自动分辨出哪些人会因为我老是谈到詹托普夫妇而害怕和我在一起，而谁又不介意我沉浸于对詹托普夫妇的缅怀，从而能够让我放心地和他们相处。

这个礼拜我很幸运，能够见到两个很好的朋友，他们也曾经和詹托普夫妇走得很近。就算是很长时间没有见面，我们也总是能够很快就聊到一块去并且互相感到相处得很舒适。詹托普夫妇培育了这样一个友爱又忠诚的团体，我常觉得这是留给我们的宝贵遗产（legacy）。对苏珊娜·詹托普来说，建立并享受这样的"亲友团"对她来说是最重要的事情。她甚至都不愿意离开汉诺威太远，因为她会思念她的"亲友团。"比较滑稽的是，即便是在用德语发言的时候，她还是会用英语（community）来说这个词。

趁着脑海里面还有苏珊娜的亲切的声音，我就结束这封信了。下次再聊！

艾琳

我竟然为了不去麻烦单位的同事，在父亲的最后时刻没有陪在他身边！

史蒂夫
科尼什，新罕布什尔州
2012年3月19日

亲爱的艾琳，

现在我可以确定地说我去过拉斯维加斯了。不过同样确定的是，我再也不想去了。这个城市对人的某些极端行为有太多的纵容，我认为它是我去过的城市里面最缺乏积极向上精神的地方之一。不过我们的那个会议还是很精彩的，而且我认为我们递交的那篇文章写得也很清晰，那是我们有趣的合作结果，很好地总结了我们最近交流的内容中的相关部分。

现在让我们回到之前的邮件交流。

我特别欣赏的一个东方思维的概念，是同时在脑子里面容纳两个看上去是截然相反的现实存在（seemingly opposite truths），并同时接受它们。我不是一个研究东方传统的学者，所以我的理解可能过于简化。举个例子，在某些东方传统里面，我是活在这个世界里面，在我的起居室敲着手提电脑，起居室里面有沙发、壁炉，还有电视机；然而与此并行的现实之中，所有的这些都不存在，我的身体还有我周围的物体都是幻景（illusions），很多幻景可以是前后或者是因果相关的。需要花一些功夫去练习，才能让这两个现实在脑子里面共处。

想到这个概念，是因为我们在写这些信交流的时候，就有了看上去矛盾的现实。一方面，我们告诉自己通过认真思考死亡的必然性（the truth of mortality）并接受死亡，我们能够为自己甚至周围的人的死亡做好准备，我们甚至能够通过思考和准备死亡而改变我们的生命。这种改变可以很简单，就是认识死亡的必然性后，我们会意识到生命的短暂，应该尽可能地用好我们的时间，珍惜与他人分享的时刻，等等。人的生命可能在一瞬间就结束，所以每个瞬间都应该珍惜。

然而另外一方面，伯纳德·克雷塔兹这样一个"死亡专家"，却明显没有准备好如何面对他妻子的突然过世，他的反应和一般人的反应类似。而他的结论是"我们都没有办法真正为死亡做好准备"。

如果他是对的，那我们是否也可以是对的？有没有可能两种视角都有道理？我希望是这样，因为克雷塔兹的说法并不容易反驳。僧侣以及那些类似僧侣的人，他们住在远离人世的地方并不断思考，是有可能为死亡做好了准备。而一般人都是生活在一个匆忙的现实世界里面，大家也都习惯了有周围人的存在了。尽管我们可以花上几个月甚至几年来思考人的必死属性（包括写邮件交流），但是当真的死亡或者是致命的疾病突然闯进了我们的日常生活，我们能够不感到震惊吗？如果有人突然离世了呢？

对于生命中这样突如其来的事件，我们如何应对以及我们是否有准备，都取决于我们在自己的生命旅程中的位置。在那个时刻，我们曾经经历过多少次死亡？是在什么样的情况下？是死于衰老、战争还是事故？我们在孩童时期还有青年时期是否接触学习过死亡？

在过去的多年里，我已经花了很多时间思考人的必死性，也在工作中接触了那些生病或者是临终的客户。如果和我很亲近的人现在突然过世，我可能也会像克雷塔兹那样无措，但也许我做过的准备足够让我能够比较快地厘清头绪，恢复心态平衡。不过，在1983年我27岁的时候我父亲过世，那真的是毫无准备。脑子里面回想到的当时的状态就是"无所适从（clueless）"。我父亲是死于心脏病突发，去世时55岁，和现在不一样，当时我没觉得他过世得太年轻。

那个时候我才开始了一份新工作没有几个月，就是在你所在的城市，新罕布什尔州的黎巴嫩，做新闻报社的编辑（后来还在报社陆续做了其他的职位，并最后和你认识了）。刚开始工作的时候我比较紧张，渴望融入其中，但常会犯一些错误，甚至有些错误是直到报纸开始印了才发现。工作弄得我很紧张，但我还是希望不要表现出毛糙的样子，可实际上那段时间我真的是忙得手忙脚乱。然后在某一天晚上，家里的电话响了，哥哥告诉我父亲刚刚经历了一次心脏病发作，被送到医院了，不过医生认为他已经脱离了危险。

我当时就懵了。那几年我和父亲的关系时好时坏，不过我们的关系总得来说还是很密切的。我从来也没有想过他会在还没到真正老迈年高的时候就过世。我当时不懂那么多，没有注意到他身上多余的赘肉，他吸烟导致早晨严重的咳嗽，他晚上吃的一碟碟堆得像小山一样的饭菜，这些都在威胁着他的生命。

虽然我当时懵了，但这不是我犯下愚蠢错误的借口。在电话里，我告诉哥哥我会尽快过去，然后第二天一早我就去了办公室想着尽可能把当天的工作赶完，以便不会影响到别人的进度。等到上午活赶得差不多后我才离开办公室。到医院有两个小时的车程，当我赶到时，只看见母亲和妹妹哭着从父亲的房间走到一间会客室去。父亲刚刚过世了，而我竟然为了不去麻烦单位的同事，在父亲的最后时刻没有陪在他身边！

很长一段时间内我都为这件事自责不已。现在回过头看，我希望我在 27 岁的时候，就像我后来做的那样，已经读过相关的书也思考过必死性以及死亡本身。可是在我们的文化当中，27 岁的年轻人又有多少人会做这些？

回望 30 年前的那一天，我会设想父亲当时的经历。他害怕吗？是不是完全出乎他的预料？他有没有想到我或者其他的子女？他愿意回忆的是他一生中的那些艰苦难受的日子还是那些快乐的日子？他是否能感受到死亡的来临并能够平静地接受？

当人们认为死亡已经是可以预料的时候，他们往往会很担心还没有做完的事情，还没有修复的关系，一些重要或者不重要的没完成的任务。而就我所看到的，当死亡真的离得很近的时候，这些在一生当中长久地担心着的事情往往变得很不重要了。这样的转变是否能够在一秒或者一分钟内完成？我希望知道，在我父亲突发心脏病到过世这段时间里面，他是否经历了这样一个转变。

我和父亲最后一次谈话是打电话，那次不是很愉快。当时我和太太结婚还不到一年，在几天前请了大家庭里的人到家里来一起烧烤，然后父亲对于我招待客人的能力不是很满意。他批评了我们行事的一些方式，我也可能有点抵触。不过后面还是有一个愉快的结局。我们把话讲清楚了，我说了我爱他，他也说了爱我。考虑到没能在他过世时候陪着他身边，留有这样一段记忆对我来说非常重要。感谢老天的安排。

史蒂夫

又及，克雷塔兹关于死亡咖啡馆的想法很有意思。也许我们也可以在这里尝试类似的聚会。

我还是很庆幸做了我想做的事情，能够及时地跟他说感谢还有告别。

艾琳
黎巴嫩，新罕布什尔州
2012 年 3 月 25 日

亲爱的史蒂夫，

我到现在还在回味开会的经历，我们一起提交论文，还有一起参加小组讨论"临终的人和活着的人"。对我来说，能够在一个专业的地方和那些人一起思考这些问题，是非常有意义也有帮助的。虽然我们的听众不多，但是来听的人里面有几个人，还有参与小组讨论的人，都是我尊敬并且希望听到他们意见的人。我觉着这次我们的报告就好像把我个人生活里面经历的刻骨铭心的事件，和我们俩在一个安全的空间里面交流的想法汇聚在了一起，然后又和我多年以来在文学方面的职业素养以及表达想法的模式交织在一起。换句话说，通过关注这个议题，我生活中的三个不同方面都被带入到了这个对话中。这让我感到非常充实。再次感谢你欣然同意参加这次会议，尝试了"我的世界"，也感谢你这么快就继续了我们之间的邮件往来，并与我分享了和你父亲的故事。

我大概了解你和家人之间的关系，特别是和你的核心家庭成员的关系，有时候可能有些不协调，但是之前我不知道具体是哪个地方有问题。从你的描述来看，你在后来已经很明白为什么你"错过"了你父亲的临终时刻。我猜测那次经历可能会在你之后遇到其他意料之外的事情时，帮助你做出更好的选择，希望这也是一种安慰。

我也经历过一次类似的情况，是一个很亲近的亲戚在希腊过世了，我母亲那次给了我很大的帮助。那时候我刚博士毕业，到德州大学去教书。塔基斯（Takis）叔叔（虽然叫叔叔，实际上他是我外祖母的表弟）被诊断得了肺癌。这个消息让我很难受但是也不是那么意外，毕竟他一辈子都是一个重度吸烟者。本来我计划在下个暑假去看他的，那会是我很久以来的第一个假期，到时再也不用担心没有完成的博士论文了。不过我母亲在那个冬天的一个晚上给我打电话说："艾琳，塔基斯在医院了，如果你想去看他，最好现在就去。"于是我就放下了手头上所有的事情去了。我找了同事来帮我代课，花了很多钱临时买飞机票，到希腊的时候正值第一次海湾战争时期。（好处是飞机上面没有什么人，可能大家都害怕了，于是我可以尽情舒展身体）。我母亲的一个姐妹和她的丈夫到雅典机场来接的我并直接把我送到了塔基斯叔叔所在的医院。因为之前他们已经告诉了塔基斯我要来，所以虽然他看上去很虚弱，但还是能够对我的到来做出神志清楚的反应。我把美国那边家人对他的问候都一股脑儿地全跟他说了，并且毫不吝惜地不断反复表示我对他的感谢，并告诉他我有多爱他。他还像从前一样，心里总想着别人，还问我当天晚上住在哪里，因为此前我回雅典的时候都是在他家待着。当他了解到都安排好了后，我们也就道了晚安，然后我去了我阿姨家。我终于能够好好休息一下了。第二天一早，我们，包括我阿姨和姨父，还有塔基斯叔叔唯一的弟弟和弟媳，一起赶回医院。我是当中最年轻的，因而速度最快，所以我走在前面。可是当我拐弯走进塔基斯叔叔的病房时，却是大吃一惊。房间已经空了，床是新铺的，可几个小时前叔叔还躺在这里！这让我觉得透不过气来。[10] 尽管如此，**我还是很庆幸做了我想做的事情，能够及时地跟他说感谢还有告别。**

塔基斯是一个非常厚道的人，总是想帮助别人。我觉得能够认识他非常幸运。我相信正是因为我对他的这种感觉才让我一路做出决定没有任何延迟。不光是在我母亲建议我去看他的时候，我没有迟疑就买票上飞机了，还有一见面我就没有迟疑地告诉了他他对我来说有多么重要。我也相信在我和塔基斯叔叔之间，都能感受到对方的真心。在他去世的那一天我们去了他的公寓，他家门口堆着一些还没来得及处理的邮件，其中有一封就是我寄的，那里面夹有我博士论文的几页，更确切地说是博士论文的致谢部分。在我用希腊文写给他的信里，我告诉他在致谢部分我提到了他的名字，感谢他多年来对我的信任和支持。这封信是在我得知他已经病得很严重之前寄给他的。

我注意到在给你复述这件事的时候我用了"庆幸"这个词。我相信很多我们想要或者希望做的事情不能完全取决于我们的行为。如果说，我能够及时赶到给我叔叔送终是因为我的好运气，而你没能及时赶到给你父亲送终是因为运气不好，这样说是不是会有些帮助？你也许会问，这能帮助什么呢？我想到的是这可以帮助我们来面对后面的事情。我对塔基斯的悼念就因此轻松了一些，因为我做了我能够做的，跟他表达了我心里想说的话。如果在我去雅典的路上他就过世了，我也希望我能够有同样的感觉。我肯定也会难受，因为不能见到他并再一次告诉他我多么爱他，多么感谢他为我所做的一切。我觉得这里能够总结的一个经验就是，不要只注重那些重要时刻，而要每时每刻都尽量真诚地处理各种人际关系，因为有可能你会错过那些时刻，很多事你都无法把控。或者更有帮助的是：把每时每刻都看作是重要时刻。让我换个方式再陈述一次：真心对待的每时每刻，都是重要时刻。这也是我对极乐（paradise）的定义之一：把握当下。

之所以有这个想法，是因为前面的讨论让我回想起有一次我自己差点死掉的时刻。那还是我在德州教书、塔基斯叔叔刚过世的那段时间，当时我没有车，到哪儿都是骑车。有一天晚上离开办公室之后，我和朋友们一起去听了会儿音乐，尽管结束之后他们说要一起开车送我回去，但我还是坚持早一点骑车回去以便能够在家里做些工作。当时我心情很好，因为度过了一个愉快的夜晚，所以骑车也很轻快。在离我的公寓不远的一个十字路口，我在红灯下面停住了，然后当我确认就要变绿灯的时候我开始过马路。然而，刚到达马路中间，我就注意到左边有车灯照过来。我当时还非常镇静地问自己："那辆车是怎么回事？"后来我记忆中就留下了一段空白，我完全记不起来是怎么被撞的。直到我躺在车身底下，看见了汽车前牌照的背面，才意识到自己是被困在汽车和自行车下面，然后才开始慌张起来。其他的一些具体细节对于我们这里的讨论意义不大，有一点除外，因为我在被撞时处于完全放松的状态，所以这次车祸就像一次普通的摔跤，反而受到的伤要轻一些。如果说在这样的情况下要我自己预先能够表现出镇静放松的状态，我可能还做不到。其实应该是因为在碰撞之前的一段时间里，我都在愉快地体验着美好的夜色，还有通过自身的力量骑车前行的美好感觉，想着我是这样热爱自己的生活，同时也感恩我爱自己的生活。

　　自从我们在交流里讨论了这个话题，我就发现自己经常会想到你提到的甘地被刺杀的最后场景，想到他在临死的刹那去到了他想要去的地方（space），在那个安宁舒适的地方，他可以依偎在他的神的身旁，或者至少能够和他的神交流。我在想这会不会是我的朋友哈夫·詹托普在死的时候还能留下安宁表情的原因。子弹、刀、和汽车，来的时候都无法避免，该来就会来，而我们可以决定我们想在死后去什么地方。这是不是也算**携死而生**，你觉得呢？

艾琳

这样的练习，以及让人对那样一个精神上舒适安宁的地方感到熟悉，可以是我们所说的携死而生的一种解读。

史蒂夫
科尼什，新罕布什尔州
2012 年 4 月 2 日

亲爱的艾琳，

什么时候"地方（place）"这个词不指代一个真实的地点了？我们现在是用这个平常指代真实地点的词来指代一种精神状态，甚至可能是灵魂的状态。然而这个词也可以说用得恰如其分。当我给客户按摩的时候，如果一切都特别顺利，客户有时候就会像是神游天外似的，处于一种似睡非睡的状态。他人在这里，但是又不完全在这里，像是在一个不同的地方，或是在意识空间的间隙里面。

客户做的按摩越多，或者越有规律，我发现他们就越容易进入到那样的地方里。你和我所主张的就是在不同的场景，生命结束的时候，可以有相同的结果（指前面甘地、哈夫的情形，译者注）。当然这也需要经常的练习，这样的话，最后一次去应该会更舒适一些。还记得我引用的蒙田散文吗？为了让死亡减弱对我们的控制，我们应该经常去想它，能够和它舒适地相处，"在所有的地方等着它"。

是的，我也认同，这样的练习，以及让人对那样一个精神上舒适安宁的地方感到熟悉，可以是我们所说的携死而生的一种解读。

　　在我们结束这个有关突然死亡的话题前，我还想说两点想到的相关问题。前面我们考虑的突然死亡，都是从死亡者的角度来看的，也就是说对这个人来说死亡是突然并出乎意料的。这对那些认识他或者她的人来说，也是突然的死亡。然而，如果是从他人的角度，即使是拖了很久然后才死，也可能会感觉是突然死亡。你有没有这样的经历？当你知道你认识的一个人病了很长时间最后过世了，但之前你却不知道他生病了，所以对你来说这就是一个突然的事情。我这种情况和我们之前讨论的那些不一样，只不过我经历过很多次，突然获悉很久没有联系的一个客户去世了。

　　另外就是自杀，这也是一种突然死亡，不过也可能是早就计划好了的。（这里我想到的不是那些本来就接近死亡，只是决定按照他们自己的方式"提前"结束自己生命的人）。对我来说，很难想象什么样的绝望心态才会让他们走到这一步，我猜可能是由于自杀这种行为的突然性和终结性。很久以前我写过一篇关于酒驾司机的文章，试图分析他们为什么这样做。其中有一部分我专门写了一个有长期酒驾史的司机，他本来是不应该开车的，然而有一天晚上，他开车迎头撞上了另外一辆车，那辆车上的两个人死了。当警察和抢救人员到来的时候，他们看见他在车上还活着，就转身去查看其他的人。这时候他从车座底下拿出一把手枪自杀了。我觉得他把枪放在那里就是为了这个目的，是计划好了的。

　　三个人就这样突然毫无意义地死了，可是不知道为什么，这个酒驾司机的死亡一直让我难以释怀。我想到之前我们交流过的，所有人都在受折磨。这个司机所遭受的苦难肯定是非常巨大的。当时我写那篇文章的时候，采访了一个心理学专家，他在研究酒精和药物滥用患者方面造诣很深，了解这种人的痛苦。当我告诉他这个司机的死亡过程时，他的反应不是像一般人那样觉得这个人该死，或者说他是死于多年积累的不良习惯，相反，这个心理学家的反应是令人诧异的同情，他感叹道："多么可怜的人啊。"我在想是否这个司机用自己的方式准备了他的终结，也许他知道那就是他计划要的突然死亡，甚至在他脑子里面还练习过了，这就是他达到内心宁静的方式。我知道，这个想法很让人悲伤。

史蒂夫

第六章

如何处理身后事

　　我觉得昨天下午我们的第二次"死亡咖啡馆"聚会很棒。很多参与者分享了第一次接触死亡的故事，非常感人。因为很明显，这些初次的经历会影响他们今后的生活，以及他们逐渐发展起来的对人的必死属性的态度。这里似乎有一种模式，就是如果父母对于死亡的事实采取一种否定的态度，那么他们的孩子也很难采用其他态度。如果这些父母对于孩子提的问题，或者孩子想知道的解释，选择让孩子闭嘴，那这一现象尤为明显。

虽然他已经不能够听到我说话了，但是我仍然有机会和他告别并抚摸他的身体。

史蒂夫

科尼什，新罕布什尔州

2012年4月12日

亲爱的艾琳，

在我们这儿，已经是快到打理院子的季节了，人们走向户外，把冬天像蛇蜕皮一样脱去。许多人会种豆子，或者其他绿色植物。每年的这个时候我都会想起过世的邻居朵拉（Dora），之前她和女儿桑迪（Sandy）一起住在街对面，她最喜欢做的事就是春夏之际在自家院子里捣鼓，经常还是光着脚的。

朵拉差不多也是这个时候过世的。她在此前的18个月被诊断出罹患癌症，当时医生说她可能只有3个月的存活期。那之后的一天，当我从邮箱取邮件时，她跟我打招呼说："瞧，现在已经3个月了，按照他们的说法我已经不在人世了。"

她不仅坚持活下来，还活得很精神。只要有可能，她就不顾身体上的衰弱，继续伺候着她的院子和狗。直到有一天，她还是倒下了。之前她还可以比较积极地活动，可那一天醒来后，她明白一切就快结束了。她感到自己的身体状况在迅速地恶化，于是和女儿说，"如果我估计得没错，明天我就不在了。"桑迪听完赶紧打电话告诉我们，那天晚上我们就去她们家坐了一会儿，去跟她告别。当时她还有一些意识，因为她平时很喜欢我们家的狗泰弥亚（Timiah），所以还能够感知我们是带着泰弥亚去看望她的。在我学习按摩的初期，朵拉是我家人之外的第一个实习按摩对象，所以那天晚上我也给她在背上轻柔地做了按摩。离开前我还和桑迪说了第二天早上会过来替她看护朵拉，好让她有时间休息一下。

第二天早上，天还没亮我就起床了，沿着朵拉家门前长长的车道走到她家，从前门进去了。屋里面黑黢黢的，非常安静，平时会对访客叫唤几声的狗狗也一声不吭，我绕过狗，走进后面朵拉的房间。房间里的灯是关着的，桑迪也不在。我打开了朵拉房间隔壁的灯，以便能够看到她，结果发现她已经过世了。我后来才知道，在前一天晚上我们离开后不久朵拉就过世了。桑迪通知了她的临终关怀护士，然后就上床休息了。我站在朵拉的床脚边待了几分钟，给了她最后的祝福并再次道别，然后回了家。

其实到目前为止，我们俩的交流大都是围绕着如何和临终的人相处，以及如何平和地思考我们和我们的亲友都会过世这样的事实，以便从容地接纳死亡并学会感恩。我们很少提及如何具体地和刚刚过世的人相处，也就是说如何和遗体或者尸体相处。

我们都会有那么一天，不过对很多人来说，尸体会让他们恐惧，所以他们无法想象和死人同处一室甚至在一栋房子里。然而，当亲人过世后，他们又可能不愿离开那个房间或者不愿意让人把遗体搬走。比如桑迪，尽管昨晚她母亲的遗体就在隔壁的房间，但她还是能够很安然地上床去休息，补充欠缺的睡眠。过世的人的身体还在那里，可以保留一小段时间，之后就是人死后的一整套流程了。守夜（wakes）、火葬（cremation）、上香油（embalming）、七日祭（sitting shiva）、葬礼（burial）、撒骨灰（scattering）等各种仪式，人们发明这些方法，只是为了让自己觉得已经善待了过世亲友的身体和灵魂。在这套流程进行之前，往往会有几分钟或者更长的时间，人们可以和遗体共处。

我之前跟你讲过我父亲过世的经过，当时在知道他心脏病突发住院后，我没有决定立刻去医院看他，以至于他过世的时候我不在身边。当我赶到他病房的时候，其他家人刚刚离开，所以只有我和他的遗体在那里，他的身体上还插着一些连接到机器的管子，用来维持器官存活以供器官移植。

我就站在他的床边，看着他的胸脯随着呼吸机起伏，同时努力让自己相信他真的死了。时至今日，我希望自己那时能够在那里多待一些时间。不过即使那次的时间非常短暂，对我来说也非常重要。父亲葬在马萨诸塞州的一个墓地已经快 30 年了，虽然离我的住处只有两个小时的车程，但我也只去过他的墓地寥寥数次，这似乎有些前后矛盾。其实，父亲的最后安息地对我来说非常重要，只是这个安息地并不是波士顿向北半小时路程的墓地里的一抔土，而是在我的脑海里和心里，我经常去那里找他。

回到遗体这件事。当时对我来说，能够看到他的遗体非常重要，虽然时间很短，**虽然他已经不能够听到我说话了，但是我仍然有机会和他告别并抚摸他的身体**。我用自己的方式和他告别，在那种情形下我已经很满足。我不知道是不是当亲人过世后，想要看到并抚摸遗体是一种人之常情。不管是不是吧，这种想法一般都被过世后的例行仪式所代替了。对于遗体的处理，各种文化有所不同，不过大多是一种例行仪式，几千年来人们已经习惯了用这些例行仪式来安慰自己，不是吗？

我曾经饶有兴致地读过托马斯·林奇（Thomas Lynch）写的文集《躯体的动与静：必死性和隐喻》（Bodies in Motion and at Rest：On Metaphor and Mortality）。作者是一个葬礼操办人，同时也是一位作家。在其中一篇文章中，他介绍了我们的文化中，对于人死后的几分钟到几天内不断演化的观点。下面引用一下，不过有点长：

　　不管我们是把死去的人埋葬、焚烧，还是送上太空，这些都没有我们在处理遗体前所做的重要。我们越来越在意自己的死亡，造就了越来越多的礼仪形式来作告别，也越来越愿意参与到这样的告别过程中去。早上起来的时候，我们会看电视里面播放的王室贵妇和现代圣贤的葬礼仪式。我们每天都可以读到讣告。我们兴致勃勃地颂扬、感怀、纪念他们。现在有关守灵和殡葬的服务很活跃。有各种材料可选，黄铜色的可以焚烧、青铜色的可生物降解，还有环保并且经济型的，等等。有看起来像是高尔夫包的骨灰罐，甚至墓地的名字也像是高尔夫球场。你可以在网上买到骨灰盒，也可以买到一些设计方案用于自己搭建棺材，甚至有些平时可以用来当做书架或者衣橱，直到最后真的"需要"时可以使用。有人还推崇"一切自己动手（"do-it-yourself"）"的葬礼，就好像悲伤缅怀还可以外包似的。火化后的骨灰，有的被做成了书挡、镇纸，甚至是以前打猎用的模型鸭子（装饰性的）；有的被回收利用，作为有纪念意义的猫砂，或者撒在玫瑰丛里，或是混在油画的颜料里面用以给新的画作增加质感。所有一切，就如同贝茨维尔骨灰盒公司（Batesville Casket Company）在最近的市场宣传文案中所说，我们现在有各种"可选项"！丧葬行业所提供的愈来愈多的备选项，让人们仿佛觉得对于人的必死性似乎也有了更多选择。[2]

这些选项都跟丧葬仪式相关，可惜"不死"不在其中。和遗体在一块待个几分钟到几小时，坐在遗体旁边把手放在遗体身上，你马上就会意识到死亡不是一个可选项。

按计划，下个月将在你家组织我们的第一次类似"死亡咖啡馆"的活动，目前看上去进展还算顺利。我知道我们不需要过多去引导大家发言，不过我很期待看看大家是否愿意聊一聊关于遗体的体会和看法。

史蒂夫

没有能够去观瞻遗体，也没有去看棺材或是骨灰盒等，这让我觉得失去亲友的痛苦更加难以纾解。

艾琳
黎巴嫩，新罕布什尔州
2012年5月3日

亲爱的史蒂夫，

快到午夜了，这个星期天我们就会办一次类似克雷塔兹的"死亡咖啡馆"的聚会，但是我觉得还是有必要现在给你写封信。我下面会向你解释，为什么收到你上一封邮件之后的三个星期内都没有来得及给你回复。

你在信里面提到我们和逝者遗体的关系，我觉得很有意思，并且也有很多想法愿意和你分享。我没有来得及尽早回信，是因为我正忙着与此相关的事情。虽然我们是朋友，并且能够讨论这些话题，不过还是要承认我们之间的差别，以及这些差别会影响到我们如何面对这些话题。比如你上一封信里面提到了春天和死亡，但是你完全没有提到复活节（Easter），这是和春天、死亡这两个主题以及生命最相关的节日，至少在基督教的世界里是这样。也许你会认同我对你的分析，我认为你是一个很注重精神或者灵性的人（deeply spiritual being），但不是一个虔诚的宗教信徒，而且你肯定很少去教会。在此我要说明一下，希望你不要介意，今年的复活节对于西方教会是在4月8日，是在你上次来信之前，而对我所在的东正教，复活节则是一个礼拜之后的4月15日。

请别误解，我指出以上不同仅仅是为了提示一下我们所属教派习俗上的差异。我所在的东正教会在复活节前的耶稣受难周（Holy Week）内举办一系列的活动。在那一周里，我们都专注于思考生和死的真正涵义以及它们之间的关联。每年的这一周，我们要再次了解，上帝创造人并不是要让他去面对死亡，而耶稣在遭遇死神时也击败了它。如同我们复活节赞美诗（Paschal hymn）所唱："基督把一个又一个死亡踏在脚下，让坟墓中的人重获生命。"有一本很棒的书诠释了这个秘密，是神父亚力山大·施梅曼（Alexander Schmemann）写的《死亡啊，你的毒针在哪里？》（O Death, Where Is Thy Sting?）（这是保罗书信中的摘录）。[3]有意思的是，冷战时，施梅曼神父受命通过广播向他在苏联的俄罗斯同胞宣讲基督教教义，这本书主要是相应内容的英文版。如果你想了解详情，我可以跟你讲更多相关的情况。在今年的耶稣受难周，我一个好朋友的父亲过世了，可是由于复活节有很多活动需要参与，所以我没有办法开几百英里去参加她父亲的葬礼，这让我很难过。我认识也很喜欢他们父女俩，如果是其他时间我一定会去的。

复活节之后我又忙其他事情去了。在各种教堂的服务活动之外，我勉强完成了今年的税务申报，每年我都要为此耗费大量精力。然后我参加了达特茅斯大学校友会组织的一次活动，去了荷兰和比利时。这次旅行非常有意思，我从来没有在一次旅行当中看到这么多美丽的郁金香还有古老的城市。非常幸运，在旅行快结束的时候，我还去看望了我姐姐玛丽亚（她丈夫史蒂芬的事情你已经听我说过很多次了）。最值得一提的是，当我和玛丽亚途经阿姆斯特丹的时候，还"偶遇"了3个与死亡主题相关的展览。我得知有这些展览的时候就特别想去看，虽然和玛丽亚进行过不少关于死亡的交流，但我还是有点担心，也许让玛利亚专门花时间来了解死亡对她来说有点过于强求。好在玛丽亚宽慰我并且坚持陪我一起参观了展览。我心底一直在期盼，希望展览中的一些内容能够帮助玛利亚从姐夫过世的伤痛中走出来。我想告诉你后面发生的具体事情，但还是先解释清楚为什么没有来得及回信吧。其实我昨天才从欧洲回来，明后天又是我们系里的年度研讨会，所以在星期天的聚会之前，只有今天晚上我才有时间来回复你之前邮件里的内容，估计到聚会时我们讨论的题目可能又变了。

回到遗体的讨论。我之前已经和你提到过，我母亲是在一个希腊小村子里长大的，所以她对于那些临终以及死亡了的人完全没有陌生或者违和感。虽然我没有我母亲那样的经历，也没有很多与遗体相处的机会，但是我还是要感谢她在我小的时候让我了解或接触了不少相关的事情，而这是我那些美国同学所没有的。之前我专门提过，当我们姐妹还是小女孩时，母亲就带我们参加过邻居的守灵（wake），那个邻居是我们全家都喜欢的一个人。另外，我也和你提到过，在我12岁的时候，爷爷因为心脏病爆发去世了，那时候他才65岁。在葬礼上，棺材没有盖上，我能够看到爷爷的遗体。不过在葬礼结束我们被安排亲吻他的遗体时，如果说我们心里没有一丝害怕是不现实的。现在回想起来，我觉得当时的那种害怕，部分是由于教堂里那种紧张沉闷的气氛造成的，而不仅仅是遗体的原因。当时我奶奶哭喊着要爷爷睁开眼睛，不要离开她，父亲也非常焦虑不安，没法安静地坐着。我那个时候虽然还小，但还是意识到，爷爷无论是看上去还是感觉上，都跟以前不一样了，而且以后再也见不到他了。在那个年代，虽然我们是希腊人，但孙辈的小孩也还是不让去墓地的，大人暗示的理由是担心埋葬的场面吓着孩子。也由此可见，我和母亲的成长环境有所不同。不过，我还是困惑那时大人们的想法，难道观看下葬仪式会比看着并亲吻遗体还要吓人吗？我猜他们可能指的是把棺材放进土里面并把土堆到上面，这个场面的确比看见遗体显得更有"终结"的意味，可能不适合孩子观看。

我要是列出一堆我见过或者没见过的遗体，你也不会感兴趣，所以我就不多说了。我想说的是，之前在一些我深爱的人过世的时候，**我没有能够去观瞻遗体，也没有去看棺材或是骨灰盒等，这让我觉得失去亲友的痛苦更加难以纾解。**你可能也不会觉得惊讶，詹托普夫妇过世时就是这样的情形。我那时应该是处于一种极度震惊的状态，以至于没有想到去问：他们的遗体在什么地方？直到几天后，当另外一个朋友说她和死者亲属一起去了停尸房，我才想到了这个问题。没能和詹托普夫妇的遗体告别，让我当时感到一种额外的痛楚。可能在人生的那个时刻，我还无法清楚地把想法表达出来，但我自认已经到达了一个境界，和遗体一起待会儿会让我感到欣慰。另外，也可能正是因为那次没有能够和詹托普夫妇的遗体做告别，才促使我后来开始有意识地珍视和遗体告别（physical leave-taking）的过程。

这也让我选择了和玛丽亚一起去看一个在阿姆斯特丹的展览。展览的名字是"死亡是重要的（Death Matters）"，举办地位于所谓的热带地区博物馆（Tropenmuseum, or Museum of the Tropics）。荷兰曾经是一个强大的帝国，这个博物馆主要是展出那些和荷兰本地差别很大的地方的东西。这个展览也不例外，主要是展出很多不同地方的以及历史上各种文化里有关死亡和悼念的习俗。我觉得这有点像克雷塔兹和他的助手们以前在日内瓦的博物馆组织的那种展览。阿姆斯特丹的这个展览里展出了各种文化里形形色色的"运载装置（vehicles）"，用来运送死去的人通往来世。还有给祭奠的人穿的各种各样的衣服，有旧时代的，也有现代的，有西方国家的，也有其他国家的。我自己喜欢各种织物，这些被认为适合在祭奠的场合穿的衣服有各种不同的颜色，让我着迷。对我来说，展览里面最吸引我且让我驻足良久的，是一个德国摄影师瓦尔特·舍尔斯（Walter Schels）的照片展。瓦尔特和另外一个记者比特·拉寇塔（Beate Lakotta），获得了去临终关怀安养院探访患者的许可。在得到患者的同意后，他们会在患者生前采访并拍照，然后在其刚死不久再次拍照。这次照片展就是一系列的对比照，都是放大了的生前和死后的黑白照片，标注了照片里面的人名以及拍照的时间。毫无疑问，这些照片的拍摄质量都很高，这也让我更有兴趣盯着它们看。对我来说，观看这些照片构成了一种神圣的体验，站在这些照片面前，我被其中的美深深打动，这种美来自这些曾经活着和已经死去的人。尽管每对照片里面的人物都是相似的，但还是能感觉到有一种质的区别。这种区别有时候是可以描述的具体的变化，比如有一个病逝的小孩，可以看出来在孩子的睫毛末端有一些干涸的东西。不过多数时候，除了闭上的眼睛，很难看出来有具体的不同。但是那种区别又似乎就在那里，就是那种死亡带来的区别。我觉得自己无法来描述、标记或者是理解这种区别，这也让我更加敬畏。

很遗憾当时这个展览的目录简介不是英文的，我很懊恼没有买下荷兰文的版本。不过，舍尔斯和拉寇塔有一本书，是关于一个更大的图文项目，书名是 Noch mal leben: Eine Ausstellung über das Sterben，逐字翻成英文就是"重活一遍：关于死去的展览（To Live Again: An Exhibition about Dying）"。不过实际上这个项目的英文名字是"死前的生命（Life before Death）"，并且不光是在阿姆斯特丹展览，在德国的很多城市也组织过，还包括奥地利、瑞士、瑞典、以色列、日本和加拿大（蒙特利尔）。我觉得很神奇的是居然没有在美国举办过。关于这个项目和展览的书即将出版，我计划去订购这本书。现在你也可以在网上查到更多的有关"Noch mal leben"的内容还有一些照片。[4] 我很想和你讨论一下，或者等到我订购的书来了之后再讨论。书里面不光有这些人的照片，还有他们的想法，这些想法是他们在知道自己已经接近死亡的时候愿意与人分享的，我觉得去了解这些想法应该很有意义。当然，在"心手相连"项目里，你应该是有更多的机会去知晓类似这样的想法。

另外两个展览是在离市中心有点远的一个荷兰的墓地。其中一个在入口处附近的一栋小的建筑里，展出了很多当代的艺术品，主题是艺术家对于遭遇死亡的想象。与热带地区博物馆的展览相比，我没有记住这个展览太多的细节，不过我还是能够想起来有一个很大的展品，是艺术家对于纽约9·11事件造成的惨痛伤亡的表达。另外一个是一个很长的视频采访，受访对象是一个小孩，他经历过了他人的死亡。第三个是和人殓师行业以及私密或公开的祭奠仪式相关的很多历史性物品，比如用死者的头发制成的物品等。我想这可能是常规展览的一部分。

让我和姐姐最入迷的另一个展览项目是去看摆放在外面的艺术作品，它们布置在墓地的不同地方。我们拿着地图去找这些作品，有点像寻宝一样。一路上的墓碑让我们很感兴趣，它们质地和形状各异，墓志铭也很有意思，比我在美国看到过的要更多样化。至于"正式"的展品，我记得是一个低于地面的装置，如果你身处这个地下的空间，坐在中央的位置，可以看到天花板上的投影，而投影的来源就是这个装置四周的景物，不过显得很暗淡，有点鬼影幢幢的味道；展览还介绍了这个影像的产生机制，用了很复杂的数学原理，其实对于一般的来访者来说，没有多少人会想知道背后的科学原理，不过都能够感受到置身地底却又能够"看"到地面上景物的那种感觉。有印象的另外一个展品是一截剥下来的树皮，是从空心的树干由内而外翻剥下来的。这个树干尺寸还是蛮大的，我不知道那个制作者是如何办到的。第三个展品是一个小的拖挂车，可以走进去，里面只有一把椅子，有探戈的音乐在播放着，墙上投影的是一些人在独自跳舞的影像，不过这些人跳的时候都装作似乎有舞伴一起跳的样子。玛丽亚被这个场景所触动，开始哭了起来，我也跟她一起哭了。哭一下其实也没什么，不过我又开始担心让姐姐和我一起来看这个展览是不是不合适。这么说好像显得我知道什么是最合适的选择似的，其实不是这样，我也意识到了。我的体会是，那个悲伤的人自己才最清楚。玛丽亚告诉我，那个孤独舞者的展品是最打动她的，和她的经历比较吻合，她觉得往后她就是要一个人独舞了，虽然她会努力前行，但有时不免会感到十分孤单。

已经快到凌晨 3 点，我需要睡上一会儿，要不然白天的研讨会上就要头昏脑涨了。星期天下午在我家见！和你一样，我也很好奇哪些人会到场，会对什么主题感兴趣。

艾琳

我希望自己死后遗体的处理方式越自然越好，就像我的死亡本身那样自然。

史蒂夫
科尼什，新罕布什尔州
2012 年 5 月 9 日

亲爱的艾琳，

你对这次旅途中参观的展览的生动描述，让我能想象到那些展览有多么精彩！这让我也回想起几年前我和很多人都看过的另外一个展览，当时在北美的好几个城市都展出过。展览的名字叫作"躯体的世界（Body Worlds），"是德国人冈瑟·冯·哈根斯（Gunther von Hagens）发起的，他找到了一种"生物塑化（plastination）"的方法，通过给遗体注入一种物质，可以让他们一直保存下去并且摆出各种造型。我曾经在我们的《谷地新闻》（Valley News）中报道过。哈根斯收集了很多很多人的尸体，还有一些动物的，包括一匹马、一头骆驼、一只大猩猩等。他一般都是把皮肤去掉，并且剥离一些肌肉层，从而显露躯体的那种内在生命力。有些遗体被摆成活动的姿态：花样滑冰的、踢足球的、跳水的等。有些则摆成静态的姿势，比如有一个就是模仿著名的罗丹《思考者》的雕塑，不过这个躯体的背部被打开了，让人可以看到肌肉和骨骼的层次。对于像我这样的按摩治疗师，这个展览非常棒，不过我那时候也意识到这个世界可以分成两类人：一类是面对满屋子的仅仅有一点儿生命痕迹的尸体能够待得下去的，另一类是待不下去的。

哈根斯在筹划这个展览的时候遇到了很多的阻力，包括刚开始在他的母国德国以及后来去办展览的其他地方。有时候人们会认为他在亵渎遗体，并因此觉得受到了冒犯。我觉得这种反应也是可以理解的，毕竟在这些眼睛后面曾经有过生命，在躯干的神经里面曾经有过意味着生命的电信号。把这些遗体保存下来让人盯着看，的确有可能让人不适。有些教会领袖会试图终止在他们城市的展览，或者就不让展览开始举办。

参观这样一个人工摆设的躯体展览，还是不同于和刚过世的亲友遗体待在一起。不过回想起来，我觉得"躯体世界"的相关争论，就是我们文化里对遗体处理的不确定性的例证。我们究竟该怎样处理遗体呢？即刻埋葬？火化？给他们灌注化学混合物来"保全"他们？捐献给科学？长久以来对尸体做的防腐薰香处理又是为了什么？逝者从这样的传统里并没有得到什么，那活着的人得到了什么？我之前跟你提到过，我在幼年时期由于家里面信奉天主教，参加过很多守灵仪式。我记得很清楚，那些经过防腐处理的（embalmed）遗体和人还活着的时候从来都不是很像，而是有点像蜡像馆的蜡像那种感觉。那些线条看上去就不太对，比如两只手，一只搭在另外一只上，它们之间的区别就很模糊，好像是从一大截肥皂雕刻出来的，而雕刻者对细节又没有把握好。尽管如此，那个时候在我的家族里从来没有人质疑过对死去的亲人应该要做防腐处理这件事。实际上，在我年轻时，我甚至都不知道还有火葬这种方式。

几年前我祖母（对了，就是那个我告诉过你的有时候脾气乖戾的祖母）过世的时候，因为她没剩下足够的钱来办葬礼，所以最终采用了火化而不是防腐处理后的土葬。我还记得在大家来祭奠的时候，家族里面很多人，尤其是老年人很不高兴，就因为没有看到习惯上的那种躺在棺材里经过防腐处理的遗体，而是要对着一罐骨灰来哀悼。

我认为，人们长时间以来形成的遗体处理的仪式和习俗，虽然发生在身边时我们不觉得平常，但其实就是给人一种死亡的常规化感觉。就我而言，虽然我的家庭倾向于对遗体采用防腐处理，但我自己死后绝不会采用。我一直都认为火化最合适，当然我也知道一些人对此有不同见解。据说中国西藏采用天葬（Tibetan-style sky burial）的形式，遗体被抬到高高的山坡上，任由那些飞禽啄食，以便把灵魂带到天上。我觉得这种方式更加自然，不过估计在我们新英格兰地区没法实现。**我希望自己死后遗体的处理方式越自然越好，就像我的死亡本身那样自然。**这大概也是为什么我觉得火葬比做防腐处理更合适的原因。

其实在我们的"死亡咖啡馆"聚会和今天这封邮件之前，对于遗体处理方式，无论是死亡之后的暂时处理，还是死亡后很久甚至永久的处理，我都没有思考太多，因此我这里所表述的一些想法可能会有些混乱。

我们之前曾聊到过诗人莱纳·玛利亚·里尔克，他在一位好友因难产而死后，写了《致友人的安魂曲（Requiem for a Friend）》一文。我是在网上找里尔克的其他文章时发现这篇的，写于朋友死后一周年。文章里，他想象他朋友就在他跟前，似乎一个幻像，或者幽灵，又或是鲜明的记忆。他与想象中的她进行着对话，不仅问她的死因，而且问她，自己和其他人该如何来悼念她：

> 于是你就如同旧时的妇女那样死去，死在家中，在自己温暖的卧房，一如由于难产所致的妇女的传统死法。那些妇女打开了的身躯已经无法再关上，因为那远古的暗夜，那些她们曾经经历过生产的暗夜，回到了她们身边，并突破进来。曾经，

我们会有仪式化的挽歌（lament），在寂静的夜里，会请一些女人捶胸跌足地为你整夜哀哭。可是现在，我们去哪里找寻这种传统呢？许多的传统都已逐渐被遗忘或者消亡。这就是你来的原因吧，你是来寻找那被忽略掉的挽歌。[6]

上周在你家里办的"死亡咖啡馆"聚会，我觉得是个很好的开端。差不多十来个人在一起，放松地聊死亡和人的必死性等。这些人都是你或我的朋友，所以他们来的时候也大概知道我们所期待的话题是什么。尽管如此，我们还是无法获悉他们会聊些什么，也许他们自己也不清楚。我认为他们并没有特定的一些想法需要在这次聚会上讨论。不管怎样，我们讨论得很自在，时间也过得飞快，以至于到结束的时候大多数人还意犹未尽，觉得有话没说完。我觉得其中有一个说法很有意思，那就是把死亡和出生类比，认为这两者都是人生大事，都应该好好地计划安排。对这两件事情，也许后来真实发生的和一开始计划的大相径庭，但这些都无关紧要，因为它的价值，还有带来的安慰，就在于做计划本身。另外一个有意思的是，他们中的很多人提到，相对于死亡本身，他们觉得临死前的疼痛更让他们畏惧。这和我们之前邮件里面探讨和发现的不谋而合啊，你说呢？

看起来我们可以在六月份再举办一次类似的聚会，继续探讨和分析。与此同时，看看你觉得我们邮件里可以继续聊哪些方面吧。

史蒂夫

如果有可能的话，我要和亲友的遗体待上
尽可能长的时间。

艾琳
黎巴嫩，新罕布什尔州
2012 年 5 月 22 日

嗨，史蒂夫，

今天是我家的大日子。我先生菲利普刚出发，去他瑞士的家
乡过夏天，而我会在七月份去和他会合。尽管这么多年来我们一
直都是这样分开一阵子再相聚，而且他走后我还可以用平时和他
共处的时间来做一些与工作相关的事情，可我还是很想念他，这
一点也让我自己每次都感到惊讶。今天早上我把他送到汽车站，
然后就到学校里面开会，会后参加了一个作家路易丝·埃德里希
（Louise Erdrich）的读书会，很精彩。你也许听说过这位作家，
她是达特茅斯大学的校友，而且此前也住在这附近。我们很幸
运，因为她经常到我们学校来，当然，她女儿决定到我们学校读
书是其中一个原因。你读过埃德里希的书吗？我读过，并且非常
喜欢，尤其是《在无马小地关于奇迹的最后报道》 （The Last
Report on the Miracles at Little No Horse），这是一个有关节日狂欢
的故事，讲述的是在一个偏远的保留地，天主教堂和当地原住民
奥吉布瓦族（Ojibwe tribe）的互动。[7] 这本书是我很多年前读

160

的，那时候我还没有专门地去思考生命和死亡、携死而生等。不过现在想起来，那个小说里有很多和我们讨论的主题相关的内容。今天埃德里希很给力——达特茅斯最大的会场从上到下都挤满了人——她读了即将要出版的新小说《圆屋》 (The Round House) 里面的一些章节，这本小说会在今年秋天进行新书发布。[8]埃德里希读书的声音非常动听，甚至让我整个晚上听都可以。她读的那些部分涉及激情和暴力，还有死亡的威胁。其中有一个情节和你之前给我邮件里面提到过的故事有些类似，不过有所不同的是：一个剧中人物需要做移植手术，他们想到了他的双胞胎妹妹，然而这个妹妹平时和他还有和他们的母亲关系很一般。我都等不及想知道在整个小说里面这个情节是怎么发展的。

在你上封邮件提到的那些有意思的题目里，我想先聊聊一个最根本的，就是和遗体待在一起的安适感。你觉得是什么时候开始，我们美国人开始对真实的尸体感到不适？在电影和电视里面，我们看得太多了。但是在真实生活当中，除了警察、急救工作者、医护还有丧葬人员，其他人可能都最多和尸体待过短暂的片刻。有关美国的丧葬行业，杰西卡·米特福德（Jessica Mitford）在 1963 年写过一本《美国人的死亡方式》(The American Way of Death)，然后 1998 年出版了修订版《再议美国人的死亡方式》(American Way of Death Revisited)。如果书里面的调研可信的话，可以发现这种逐渐不待见遗体的风气是20 世纪下半叶开始的。[9]根据米特福德书中的描述，还有我的观察，可知在西方世界里，这种对遗体的禁展程度取决于所在的地域、所属的宗教还有亚文化等。

有一本书让我对人们总是尽快地离开刚刚咽气的遗体感到非常担忧，这本颇有声誉的书就是西蒙娜·德·波伏娃

（Simone de Beauvoir）记录她母亲过世的《非常轻松的死亡》（A Very Easy Death，1966 年，法文原版， 1964 年）。[10] 在波伏娃的叙述里，我认为最吸引读者的两个方面分别是家长和子女的关系，以及疾病的医治。西蒙娜在她家里面就是不受待见的，然而在她母亲临终离世的这段时间里，她却是颇为上心并付出很多。而疾病的医治过程中，年老病重的弗朗索瓦丝（Françoise）被诊断患上了癌症，但是没有人告诉她真相，医生似乎更在意如何采用各种手段来干预治疗，却完全不在意患者的安适程度。弗朗索瓦丝被迫忍受剧烈的疼痛，却没有有效的医治手段来缓解。其实，这真的不是书名所谓的"轻松的死亡"。不过，我主要想和你分享的是在弗朗索瓦丝最终过世后发生的事情。尽管弗朗索瓦丝自己认为死后的遗体没有什么意义，也不代表什么，与活着的人也毫不相关，但是西蒙娜还是为遗弃母亲的遗体而感到不妥。关于内心过程，西蒙娜这样写道："那还是母亲的皮肤，她的身子骨，在一段时间内还是她的面庞。当父亲离世时，我待在他身边，直到他对我而言仿佛已经成为了一件物品；从他在身边到他不再存在，我控制住了自己情绪的变化。而母亲离世后，我只是亲吻了她一下，之后就很快离开了，这就是为什么我始终觉得那时候仍然是她本人（而不是物品）孤独地躺在冰冷的停尸房里的原因。"[11]

抱歉扯得有点远，我自己对于和遗体相处的看法，还可以通过最近读过的另外一本书来解释。这本书是英国一位学者本杰明·诺艾斯（Benjamin Noys）所著的《死亡的文化》（The Culture of Death，2005），[12] 是有关面对死亡的态度的哲学研究。他主要分析的是当代世界各地的社会和文化，尤其是如何面对大规模的人口减少，以及"裸命（bare life）"的概念——

这是意大利哲学家吉奥乔·阿甘本（Giorgio Agamben）提出的。虽然我觉得诺艾斯的宏篇大论很有意思，不过这里要和你分享的只是书里面一个具体部分。作者思考了医学技术的发展是如何导致对昏迷（comas）情况的不同看法，还有器官移植的各种可能性等。对我们来说，打从懂事的时候起，那些医学技术都已发展成熟了，所以你也许和我一样，会惊讶于"脑死亡（brain death）"这样的专业术语其实只是不久前才出现（哈佛大学的一个委员会在 1968 年就已经发布了相关的报告）。[13] 书中我最欣赏地是诺艾斯阐明了，以前那种对死亡的判断（不再呼吸，没有心跳）被"脑死亡"这种更加难以把握的概念所代替。而对于器官移植，如果没必要，我不想进行任何有关伦理和法律上的讨论。（我自己已经声明，死后如果我的任何器官能够帮助到其他人，都可以进行移植。）通过这本书的阅读，我对这些内容有了更深的了解，我也更加认定了一个看法，就是真正死亡的时刻要比我之前所认为的要不确定得多。这也让我下定决心，在将来**如果有可能的话，我要和亲友的遗体待上尽可能长的时间。**我也没法预先估计这个时间应该有多长。不过就像波伏娃匆忙离开她母亲刚咽气的遗体之后，她的内心还是在告诉自己，一段时间内，那具遗体还是她母亲。我认为，即使是把遗体当作一种物质存在，从而让人可以寄托他们的"爱恋"以及哀思，难道我们不应该向这种物质的存在致敬吗？不该对作为物体的遗体致敬吗？另外，几个礼拜之前我和你提到到沃尔特·舍尔斯的摄影作品，我觉得就是对波伏娃的思考的一种展现：在死后的一段时间里，那具遗体还是以前那个人，虽然他／她已经在离去，但是我觉得还可以被认为是一个人。

在东正教的传统里面，有许多很美的赞美诗歌是关于亚利马太人约瑟（Joseph of Arimathea）和尼哥底母（Nicodemus）的，他们把耶稣的遗体从十字架上卸下来，并且敢于向彼拉多（Pilate，把耶稣钉上十字架的罗马总督）去要这个"罪人"的尸首，然后用香料给遗体涂上圣油，裹上干净的布，放入一个新的墓穴里。还有许多圣歌是称颂那些妇女的，她们想要给耶稣已经安葬的遗体涂上防腐薰香用的抹药（myrrh）（也因此她们被称为抹药携带者）。在安息日（Sabbath）后，她们想要早点来给遗体涂抹药，也因此她们幸运地见证了耶稣的复活（Resurrection）。玛丽是这些抹药携带者中的一员，她是约翰福音里面记载的第一个见到耶稣复活的人（约翰福音20：14–18）。

你可能还记得，在上次的"死亡咖啡馆"聚会里，曾有人提到一本书，内容主要关于古时候掩埋遗体的基督教传统，作者是J. 马克·巴纳J. Mark Barna 和伊丽莎白·巴纳（Elizabeth Barna）。[14] 里面描述的如何处理遗体的方法，就是源自于耶稣遗体的处理方法。即使是到了现代社会，我觉得那些方法也还是蛮合理的。当然，我也听过有关火葬要比土葬更加环保的说法，但我在阅读了火葬相关的资料以后，发现焚烧并不能处理好骨头，必须用很重的力道把骨头研碎成灰。我还读到，人有简单土葬的权利，就是不用防腐薰香、不用棺材或者使用非常简单的木头棺材，于是我改变了看法。我很高兴现在有了绿色埋葬的潮流（green burial movement），所以除非有什么不可预见的复杂情况，我希望自己死后能就近找个地方简单地埋葬，而不用劳心费力地把我的遗体运到别处去浪费汽油。[15]

哈！给你写这些的时候我很平静，不过现在也感觉到了一些沉重，也许是想到土已经埋在身上的感觉了吧？

下次再聊。

艾琳

只能依靠信仰以及猜测来了解死后我们的
非物质部分去哪儿了。

史蒂夫
科尼什，新罕布什尔州
2012 年 5 月 26 日

亲爱的艾琳，

　　你上一封信里面提到了杰西卡·米特福德以及她关于丧葬行业的书，很巧啊，我之前提到过的那个葬礼操办人，同时也是作家的托马斯·林奇（Thomas Lynch），就在我提到的那本书里面写了一大段和米特福德相关的内容。他应该是欣赏她，也理解她为什么会给出那些批评，但是最终他还是指出，她并没有完全理解人们对于殡葬礼仪以及殡葬人员提供的其他服务的内在需求。他声称，虽然米特福德严厉地批评了殡葬业的高企价格，但其实和近几十年社会上绝大多数的其他服务相比，殡葬费用涨得还是相对较慢的。在米特福德过世之后，林奇还拜访了她的成年子女，并且了解到，尽管米特福德本人希望死后只举办一个简约的葬礼，可她的家属并没有这样做。相反，他们举办了好几场宏大的纪念仪式。他们告诉林奇，在他们看来，这些仪式并不是为他们死去的母亲举办的，而是为了那些还活着的人。所以，他们并不在意她生前想要怎样的仪式，就算她提出来了也没有用。[16]

　　我能看出林奇这样写是为了维护所他从事的丧葬业，尽管如此，他的评论还是让我清楚地认识到，当涉及如何处理亲友的遗体时，并没有那么简单。这让人觉得沮丧。你在信中也写道，希望在亲友刚过世的时候，在处理遗体的丧葬业不管以何种方式介入之前，能够多和遗体待一段时间。其实这里面共同也是最重要的一点就是简单化处理。在很多种信仰里，人们都相信，在人死后的一段时间里，人的灵魂或者是生命的元神（life essence）会在身体里或附近逗留。此外，人们和刚过世的亲人在情感上的联结，也不是最后一次心跳或者最后一次可检测到的脑电波之后就立刻中断了，所以，你身边的不仅仅是一具躯体。

作家玛丽·罗奇（Mary Roach）在她 2003 年的书《僵硬：人类遗体的奇特经历》（Stiff: The Curious Lives of Human Cadavers）[17]里，探讨了人们对待或者虐待遗体的各种方式，以及如何研究、如何最后处理等。书里面讲述的内容五花八门，有法国人试图知道断头台上砍落的人头是否还能交流，有美国的一个尸体"农场"研究尸体的分解和昆虫侵入，希望给案件侦破提供帮助。其中我特别喜欢的一个故事是，一个科学家想要证明灵魂不仅存在，而且还是可以测量的物质。因此，他安排垂死的人躺到一张床上，床放在巨大的秤上。他的目的是希望证明在人去世的一瞬间，秤会显示出一点重量变化，从而可以认为是灵魂离开了躯体。不过在我印象中，他的实验并没有得到确定性的结果。

这也让我想起来 16 世纪的解剖学家安德烈亚斯·维萨留斯（Andreas Vesalius）和梵蒂冈的恩怨。他的工作使得人类生物学的研究得到了革命性的发展，也影响到了 540 多年后那位筹备了"躯体的世界"展览的人（我之前邮件里面提到过的）。多年以来，在不同时期，教堂对于人体解剖的态度也是在不断变化的，有时候是赞同，有时候是禁止。不过在维萨留斯那个年代，当他肢解尸体并标注里面的各个部位的时候，虽然没有教堂对他的祝福，至少他也得到了当权政治人物的庇护。其奥妙在于当时人们期待他能够找到"重生骨（resurrection bone）"，那被认为是人身体里的一个真实结构，能够像保留的火种（spark）一样让人重生。但是他没有找到，这也让那些权贵对他产生了不满。[18]

不过"重生骨"倒是一个很好的提法，你觉得呢？那意味着有一个物理实体能够把我们和永恒联结起来。而如果没有这个东西，**我们只能依靠信仰以及猜测来了解死后我们的非物质部分去哪儿了。**

你之前说起我们俩在宗教信仰上有所区别，我觉得很有道理。小时候我算是天主教徒，成年后曾经加入过几个新教（Protestant）教会，但现在我不确定死后会发生什么。虽然我羡慕信徒那种虔诚笃定，但我还是不相信那些教会给出的，包括对上帝以及好坏的狭隘定义。我所认为的强大信仰，对于那些教会和教徒来说，体现在不只是相信，而是一种已然知晓的状态。这是一种对那些我认为（或者相信）的不可知事情表达出的确定性。如果对于上帝的形象，如何度过这一生，以及自己死后会怎样，都有确定性的、没有异议的想法，那肯定是一种非常舒适的状态。

可我总是有很多疑义和问题，我没法把我成长时期参加的那个教会的教义，和过往以及现在发生的事情分开来。多个世纪以来，那个教会不仅是一个宗教实体，同时也是一个政治实体，以她的名义曾经发生过很多可怕的事情。和之前这些不良记录相比，教义里面所提到的有关面临死亡、死亡本身还有死后的事情，并不能让我觉得更加可靠。

真的有天堂吗？有地狱吗？我去世的父亲是否在那边，知道甚至正在观察着我的生活？（说到这我不由自主咽了一口气。）有一个朋友，据说曾经通过催眠术经历了和她的许多前世往生连接的过程，而且不仅是她的很多个前世往生，还有通向不同前世往生之间的通道，灵魂可以在这里领取到当下世界的不同"任务"，一些已经悟道的高人（enlightened beings）在引导每个灵魂通往它自己相应的悟道状态。这个朋友的经历听起来有些匪夷所思，不过如果你同时把她这种信念框架和一些主流的信仰体系框架，说给一个对这些体系都不了解的人，你觉得这个人会只认为我朋友的那个信念更匪夷所思吗？

人死之后，我们的灵魂或者生命的元神会怎样？是否还能够找到那个"重生骨"，哪怕只是象征性的？和这些问题比较起来，如何处理遗体的问题感觉要简单很多。宗教和性灵（spirituality）是人类历史和觉知（consciousness）里非常重要的部分，如同对生活其他方面的影响一样，毫无疑问会对我们如何看待死亡和人的必死属性有深入的影响。

史蒂夫

亲爱的史蒂夫，

马上一个礼拜的忙碌又要开始了，我想赶紧先把我的想法写下来。因为每到学年快结束的时候，达特茅斯大学总是有很多的活动，整个星期会一个接着一个。

我觉得昨天下午我们的第二次"死亡咖啡馆"聚会很棒。一开始的时候因为来的人数比较少，我还感到有些伤心，觉得是我们没能保持大家的兴趣。实际上，应该是因为这个时间点大家普遍都更忙了。我的好几个朋友这次没有来，但我知道他们对上次的聚会很满意，只是这次实在是没法安排时间。（按照"充分披露（full disclosure）"的原则，还是有一个朋友因为觉得上次的讨论太压抑了所以不想再来。）毫无疑问，昨天我们参与的几个人讨论了更深入和困难的一些话题。我认为这次的讨论特别精彩（如果不是说让人惊讶的话）的地方，就是由其他人提出来的很多议题，正是我和你之前讨论过的，完全不用我们来倡议。比如说在孩提时候和死亡相关的经历、和过世的人告别、丧葬行业等。我觉得我们俩思考的也不是太出格。另外，我们美国人也没有太多的机会去讨论人的必死性等问题，所以一旦有机会，我们都会提出来讨论。

很多参与者分享了第一次接触死亡的故事，非常感人。因为很明显，这些初次的经历会影响他们今后的生活，以及他们逐渐发展起来的对人的必死属性的态度。这里似乎有一种模式，就是如果父母对于死亡的事实采取一种否定的态度，那么他们的孩子也很难采用其他态度。如果这些父母对于孩子提的问题，或者孩子想知道的解释，选择让孩子立刻闭嘴，那这一现象尤为明显。去年夏天，我在瑞士的一个图书馆找到一本薄薄的书，书名是 La Mort expliquéeàma fille，我还没来得及查是不是有英译本或者其他类似的英文书，不过这个名字翻译过来就是《给我女儿解释死亡》。[19] 这本书的语气非常直接，作者既不把任何部分过分夸张，也不把任何部分作为禁忌，这些都很吸引我。之前我跟你提到过参观伯纳德·克雷塔兹在日内瓦的展览，我忘了告诉你，那个大的关于死亡的展览里面还有一个分场是一本给小孩子的书。这本书里的故事设计得很精妙，写的是一个殡葬师年轻的儿子，当父亲突然过世之后，这个儿子发现自己需要接替他父亲的工作。我是在洛桑大学图书馆借到这本书的，觉得特别适合年轻人看，里面的故事情节很合适，而且所有的人物都展现出一种对死亡实事求是的态度。虽然我不是这本书所针对的读者，但是回头想想，我是真的喜欢这本书而且经常思考里面的话。（这本书的名字和那个展览一样，都是叫"经历死亡" La Mortàvivre.）[20]

当然，我也注意到了，昨天我们聚会的时候有人想要讨论和遗体相处以及和遗体告别的话题。不过也很明显，很多人都似乎不太愿意和遗体有太多的接触，也不太能够接受自己死后由亲友来给自己清洗遗体以及穿衣服等，你是不是也看出来了？而我则持相反态度。关于如何让某人或者某一小群体来承担死者遗体的清理工作，而不是完全托付给丧葬人员，我正在收集并整理相关信息。比如，我看到《纽约时报》报道过纽约的一个新变化，犹太群体里面会组织一些志愿者来给死去的遗体清洗、穿衣、祷告以及照看等。[21] 而且我也很想了解，我们当地的法规是否有关于薰香涂圣油以及埋葬等的条款。我对你昨天提到的期盼也很赞同，希望在所在地附近可以组织很多的志愿者小团体，当有需要时可以打电话找到他们来帮助一起把遗体运出去以及掩埋掉。

回到我们的邮件交流，从你上次的来信我明显地感觉到了你希望我们讨论"来世"而不仅是物质化的遗体，我说得对吗？我也能够理解你对于有组织的宗教的抱怨，尤其是对天主教，虽然你还保有一些敬畏。的确，就说神职人员性虐待的事件，就比我们中最愤世嫉俗的人能够想象的范围还要广。这也让我感觉非常郁闷。另外，对于以宗教为名义的，尤其是以耶稣为名义的战争，我从来都是嗤之以鼻。但尽管如此，这些源于人类自身的错误，并不会让我放弃对圣灵的信仰，也不会丢弃宗教传统里面可能存在的价值。其实，在我们关于这个话题交流的邮件中，如果重读你的第一封信，会有些有趣的发现。在那封信里，你多次提到了"仪式"，所以可能在你内心深处，你也在考虑所有这些宗教教诲的"死亡不是最后的结束"是否有一定的道理。

我应该向你坦白，我曾经一直认为自己对待人的必死性持有比较健康也比较明智的态度，但其实直到詹托普夫妇被害的时候，我才开始直面这个问题：我的教会如何来解释人死后会发生什么？那个周六的晚上，在我知道他们被害之后，我哭了整个晚上，并且在第二天早上的第一时间给我的牧师打电话。关于那之后我的记忆就有些模糊，直到现在也是，不过牧师当时就在电话里面告诉我可以马上去教堂，并且在我到了之后立刻就和我谈话。我记得当时除了歇斯底里地痛哭之外，我不停地问他我该怎么办。他告诉了我按传统可以去背诵哪一篇赞美诗（Psalm《诗篇》119），并且找了一个人到我们教堂楼下的小型图书馆去取了一本圣经给我。在那之后，可能是那个星期天的另外一个时间，或者就是另外一天——我真的对那段时间的事情记忆有些模糊了——我又和牧师谈了一次。在我这个年纪承认这件事（就算是当时那个年龄也是）可能有点奇怪，可是我是真的直到那一次才意识到，也才真正地领会到我之前一直被动听到的：我们不相信死后能够立刻升入天堂（ascension）回到上帝身边（除非你本身就是一个圣人）。相反，我们相信凡人死后就如同入睡，直到基督复临（second coming）那一天。从那时候开始，我就感觉开始了一个长长的、缓慢的旅程，不断尝试我们信仰里面有关死亡的各种熟悉的仪式——祷告让上帝宽恕死者的所有罪恶，并且在复活的时候（When He comes into His Kingdom）记起这些死者；在一些纪念日给他们祷告（死后40天、1年、3年等）；在平时礼拜仪式的某些时间点为他们祷告，还有在教会每年组织的一些特殊的纪念死者的场合，比如准备复活节等——也读了更多关于我们的神学信仰的书籍。我想我可以把到现在为止我所学到的做个总结，就是上帝从来没有要把死亡带给人类；是人类拒绝了和圣灵的紧密接触才把死亡带到了这个世界；耶稣基督的角色就是来挫败死亡，并把人类带回到和圣灵的关系当中；我们相信在这个世界的尽头我们最后终将相聚。但是具体什么时候或者怎样的发生，却不是我们所能够知晓的。

所以，让你失望了，你上封邮件里面所假设的**对于信徒来说存在的那种确定性，对我们东正教徒来说只在某些地方成立，而在其他地方肯定是不成立的**。我们知道人类的死亡不是终点，但是之后会怎样，那却是不太清楚的。我们只知道那会是荣耀的，因为我们会和所有爱的源泉相聚。如果你有兴趣了解更多东正教有关死亡不是终点的信仰的话，我推荐你看一本书，《利奈特的希望》（Lynette's Hope）。这本书是我的一个表亲卢克·维罗尼（Luke Veronis）编写的，他是一位牧师，在阿尔巴尼亚做过很多年的传教士。他的传教士伙伴当中有一位年轻的女士名叫利奈特·霍普（Lynette Hoppe），她得了浸润性乳腺癌，虽然积极地寻找了各种治疗方法，但是都没有办法控制住癌症的发展。卢克收集了利奈特本人写的一些文字，还有爱着她的人以及卢克自己的纪念文字，来讲述她生命的最后历程。这本书里最震撼人的是文化背景：因为阿尔巴尼亚人特别在意讨论死亡，而所有与利奈特接触的人，都对她能够那么开诚布公地谈论她即将到来的死亡而感到震动，并且都被她毫不动摇地相信将和圣灵汇合的信念所打动。她去世的时候很安详，而且当时在场的人还看到，咽气后半小时，她的脸上现出了灿烂的微笑。除了我表亲的书之外，网上还有很多有关利奈特的文字。[23] 这些都证实了利奈特的虔诚信仰，以及她如何用她的虔诚信仰来给予他人正面的影响，我觉得非常激励人心，同时也让我检视自己的虔诚。

我确定你和我一样，听说过关于医学上宣布死亡后又复活的案例，甚至看过那些人写的书。很多人，尤其是那些知道自己就要离世的人，会因为那些案例里面提到的明亮的隧道、和爱的人重逢等而感到宽慰。比如，去年夏天过世的法国精神科医生大卫·赛文-薛瑞柏（David Servan-Schreiber）有本书，里面就有很长一段文字介绍了濒死体验；那些体验在他看来预示了他自己死后的一切，这也让他感到非常安慰。[24] 另外一本我读过的长篇纪实性的书，是一个美国牧师唐·派珀（Don Piper）写的《在天堂的90分钟》（90 Minutes in Heaven，2004 年出版，在 2009 年出版了针对"年轻读者"的版本。）[25]，派珀遭遇了一场非常严重的车祸，被当场宣告死亡。在因车祸堵在现场的一辆车里，恰好有另一位牧师，他询问营救人员发生了什么，当知道有人死亡后，他觉得应该祷告。于是他走到已经被认为是尸体的派珀身边开始祈祷。随后他发觉派珀有了脉搏，就坚持让急救人员把人从车里拉出来送到医院去。坦白地说，后来派珀描述的他在这段时间里面见到的天堂，就和人们所有有关天堂的模式化想象一样：所有那些死去了的、他曾经认识和爱过的人都在那里迎接他，那里的光线非常亮丽，推开一扇门后，那种亮度好像世上从来没有见到过一样，音乐也是如此，你可以意会到了吧。前面我和你说了，在我的信念体系里，大多数人死后不会直接到上帝那里去的。尽管如此，同时存在于我信念体系里的，是接受别人也许真的有我难以想象的经历，派珀的经历就是一例。也许你会觉得奇怪，作为一个大学教授，我怎么没有去取笑他这样的说法，也没有去反驳。我的观点是，如果派珀说那就是他看见的和经历的，我又有什么权利去说，"不，你没有"？

在我自己周边，我也知道有 3 个人都提到过在某些场合进入了可以说是另外的存在状态（other ways of being）。不过在那些场合里面，他们3人应该都没有被判断为临床死亡。我母亲是其中之一，在她生我的一个姐姐时感觉到当时自己漂浮了起来并且可以往下看到自己躺在医院的床上。另一个是一位好朋友，和派珀一样遭遇了一场很严重的车祸，她说她当时看见自己和她的助力车躺在路边，然后就朝着一个光亮的隧道走去，周围还有优美的音乐。第三个是我的牧师，经历了非常严重的肠道手术，他说当时感觉被笼罩在非常耀眼的光里面。和派珀一样，他们没有一个人感到恐惧或者想要"回来"。虽然我并不是在寻求死后的舒适，不过他们的例子还是给了我一些慰藉。（我和很多人一样，包括我们"死亡咖啡馆"的一些参与者，都对死前经受很严重的身体上的疼痛感到有些惶恐。）

你知道，我现在又快到了每年"迁徙"的时间了，这次是先到我父母那里然后去欧洲。我感觉就像我们打开了很多个盒子，不知道在我远行之前究竟应该尝试哪一个。或者你能否告诉我，在现在这么多个打开的思路当中，你最希望把哪个"收尾"——如果这些思路能够收尾的话。

祝好。

艾琳

虽然我有时也感到内心彷徨，但是也正是由于如此，我才更加欣然地去拥抱生和死的神奇奥妙。

史蒂夫
科尼什，新罕布什尔州
2012年6月10日

亲爱的艾琳，

可能被你上一封邮件的最后一句话说中了，我们讨论的题目没法收尾。也就是说，并没有确定的论断。这就是为什么我邮件里面写到，羡慕嫉妒别人有那种确定的信念了。你邮件里面其实也写了，你自己也不都是有确定性的，对此我一点也不觉得失望。因为经过以往这么久的交流，我清楚你还是比我有更多确定性的。

我成长的环境非常单一甚至闭塞，以前从来没有想过世界上还有很多其他的宗教存在，也没有想过那些更多的、在历史上被更强大的宗教所取代或者消亡了的宗教。强大的宗教之所以更强大，能够扩散到更多地方，靠的是政治和军事的力量，而不是说那些被取代或者消灭了的宗教的领袖，比如凯尔特的德鲁伊教祭司（Celtic druids），或者波斯拜火教（Zoroaster）的神父，考虑之后告诉信徒，"对了，那个宗教好像更有道理啊。"我现在了解，世界不光有几大宗教，在各个大的宗教里面也有很多教派。此外，尤其是对于一些有原住民的地方，还有许多不太为人所知的更小范围的信仰被保留了下来，所以当今世界有很宽泛的各种信仰，而其中很多信仰都会宣扬一种确定性,那就是只有他们才是对的而其他教派都是错的。很显然,他们宣扬的不可能同时都是对的。

上面写的有点调侃,只是想再次解释一下,为什么我不能接受任何人宣称只有他说的最接近真理,不管是关于上帝还是关于死后发生的事情。不过,如果说因为没有这样一个强大的宗教信仰给予了自己确定的认知,我就会因此难过,显然不符合实际。**虽然我有时也感到内心彷徨,但也正是由于如此,我才更加欣然地去拥抱生和死的神奇奥妙。**

你提到了丧葬礼仪以及它的重要性,还指出我对于这些礼仪的重视可能暗示了我内心深处的某种想法,"所以可能在你内心深处,你也是在考虑,所有这些宗教教导大家死亡不是最后的结束,是否有一定的道理。"感谢你写的这些,其实这些想法完全算不上是在内心深处,我其实是非常确信在我们生命终结后,会有一些事情在等着我们。不过当回过头来认真检视之后,我应该承认两件事:其一是我完全不清楚死后具体会发生什么事情,也没有办法去搞清楚;其二是我的这种关于来世的"直觉"受到我成长环境的巨大影响,而我是在一个犹太和基督教(Judeo-Christian)传统占主导地位的国家里的一个天主教家庭里长大的。如果犹太和基督教最后证明是不对的,那我的看法可能也是错得离谱了。

我想我重视丧葬仪式其实是基于心理学方面的原因。仪式让人感到慰籍,能够帮助人们度过转折期(比如从有爱人陪伴到没有爱人在身边)。不过宗教组织的那些礼仪经常让我困惑,因为那更像是为了宗教组织而不是为了需要帮助的人。感觉上是为了显示对主持仪式的教会负责人的支持。我曾经读过一本书,麦格雷·安德森(Megory Anderson)写的《神圣地死去》(Sacred Dying),里面讲述了为我们自己还有亲友设计的礼仪,为生命中所有过往设计的礼仪,包括最后离世时刻等。[26] 当你信里面提到,想和刚过世的亲友的遗体多待一会时，我想到的场景就是这种设计的礼仪。守候亡者的遗体和灵魂，带着爱意和伤悲，这是我可以信任的礼仪。另外，你在我们的"死亡咖啡馆"聚会里提到的想法，在任一社区都有一群志愿者可以帮助整理遗体遗容以及协助下葬等，我觉得这也是一个很好的主意。

总之，是否有那种对身后事等确定的信念，可能不是最重要的。我们可以有不同的观念，也没法去判断哪个才是对的。重要的是在我们还活着的时候如何秉承这些信念去生活，比如这些信念是怎样影响到我们的生活方式？如何影响到我们对待他人、抚养家庭以及照料身边的人等？

当然还有，这些信念是如何帮助我们面对死亡的？不管是突然死亡还是拖了很长时间，是痛苦的还是平和的。是孤独的还是有人陪伴的。这就是我们这段时间以来思考和交流的：活着但同时接受我们会死的事实，活着就好像下一个时刻我们就会离开；用那样活着和接纳的态度，为我们自己准备一个平和的甚至是优雅的离去，作为留给我们身边活着的人的一种经验也是一份礼物。怎样活着和怎样死去，是那么密切地联系着，可是我们却经常会视而不见，你说是吗？

好好享受在欧洲的这个夏天。别忘了给我邮件。

史蒂夫

整整一年维持这样的交流，也是非常值得纪念。可以称呼这是携死而生的一年，让人感到非常振奋。

艾琳
拉图尔德佩勒，瑞士
2012年7月4日

亲爱的史蒂夫，

实际上我昨天就到了，不过特地等到今天才给你回信，因为我想让这样显得诗意一些——我的记录表明我们正好是一年前的今天开始了我们的交流。这一年真的很特别！对我来说这种交流是不可思议的：我们能够自由地讨论任何想法，不管是多么出格的或者是私密的想法，都可以不留情面地表达；我们也有了内心成长的机会，可以改变自己的想法。要想评估这些变化的真实内涵，我觉得还需要一段时间，所以现在就算我想总结一下估计也无法完成。

然而我们能够**整整一年维持这样的交流，也是非常值得纪念。可以称呼这是"携死而生"的一年，让人感到非常振奋。**不过一周年这样一个时间也让我想到，也许我们可以暂停一下这样的交流——先表达一下诚挚的谢意吧，我认识的人里面愿意和我进行这样实验的人可能没有几个。（回头又想了一下，也许比我意识到的还是要多一点。）等我从欧洲回来后，让我们再组织一次"死亡咖啡馆"的聚会，到时候再试试找到其他一些参与者来一起继续相关的讨论。

谢谢你的祝福。也希望你和太太诺拉过一个很棒的夏天！

艾琳

第七章

如何缅怀逝者

之前的那个想法在我心里愈加明晰：就算理解并接受了死亡，也不能保证在亲人甚至是宠物离世的时候，能够少一些痛苦。虽然我无法准确地说明白，但我觉得，我们仍然会哀伤（grief），只是在明白了人或动物终有一死的必死性后，应该更能忍受死亡。也许这可以用我们之前交流过的想法来解释：当你不再把死亡（不管是自己的死亡还是别人的死亡）当作是只针对你的事，你就可能更容易地把它融入到你的生活，然后像他人劝说的那样去让生活继续。

我可以想象，在很多因素当中，死亡的过程本身对于缅怀逝者影响很大。

史蒂夫
科尼什，新罕布什尔州
2012 年 9 月 22 日

亲爱的艾琳，

我又开始继续写信了。虽然在之前大约一年的时间里我们有很多邮件交流，而且有些邮件写得很长，但是也没有把和死亡（death）、临终（dying）以及人的必死属性或者生命有限性（mortality）等话题都聊透。谁知道还有多少可聊的呢？

其实我们之前没有深入探讨缅怀逝去的亲人这个话题。我最近想到这个，并且这也是和我很多"心手相连"公益项目的客户有关的。我会给这些客户以及他们的家庭提供服务，直到他们临终甚至弥留。但是一般情况下，客户离世之后，我很少和他们的家属再联系，所以也不了解他们怎么缅怀逝者。不过**我可以想象，在很多因素当中，死亡的过程本身对于缅怀逝者影响很大。**

我最近去拜访了一个客户，从我第一次见到他到他离世只有几个礼拜的时间。像很多其他"心手相连"公益项目的客户一样，他之前没有接受过按摩治疗。一位临终护理护士推荐了我们的服务后，他太太才跟我们打电话联系做第一次预约，所以他一开始有点不确定我们的服务是怎么回事。不过他后来很享受按摩治疗，在他最后的这段日子里我给他按摩了好几次。每次去他都比上次要更虚弱一点，到后面就只能躺在床上，并且清醒的时间越来越少。很快，看他的状态应该就是最后一次拜访他了，他太太在家门口招呼我进去时跟我说，他前一天晚上状态很不好，焦躁地不断辗转反侧，呼吸也有困难。很明显，她也和丈夫一样深陷痛苦当中。

她把丈夫交给了我，我坐在他身边，把手稳稳地放在他身上，大概做了45分钟的轻柔按摩。如果我没记错的话，还放着舒缓的古典音乐。他很快就平静下来，在我离开的时候已经安稳地睡着了。后来我才知道，7个小时后他就在家人的陪伴中离世了。此后不久他太太给我写信描述了那天的情况："他的呼吸变得轻松了，也很安静，他睡着了，这真让人松了口气！白天后来的情况也都是这样，没有更多的烦躁……他后来真的是很祥和。我们曾经期待他能够在家里寿终正寝，现在这个期待真的实现了。刚到晚上，他就沉入了更深的睡眠状态，我们就都到了他身边陪着他，直到他安静地停止了呼吸。"

我相信他的妻子还有其他家人缅怀他的过程，会取决于他们之间的关系深浅，还有那种深刻的、就好像他的生命是他们自己生命的延伸的感受。这种强烈的感伤可能会持续一段时间。不过我忍不住会想，由于他死的时候是安详的，看上去没有经历任何疼痛和挣扎，因此他去世时他的家人总会好受一些。

更通俗地讲，按照上面的逻辑，如果能够对亲人的离世感到安慰，也就是说对于他们死前最后所处的思想和精神上的状态感到安适，那就能够在缅怀的时候好受一些、容易一些。不过"容易一些"也许不是最合适的描述，就在写下这句话的刹那我就想到了这一点，我意识到在悼念这方面，没有什么是真的"容易"的。就算是那些对于必死属性显得最能够接受、感到放松的传统来说，承认人们终有一死，并不会让那些失去亲人的人更容易一点，给予那些在悼念的人足够的支持才是最重要的。在之前给你的邮件中引用过的书，《西藏生死书》里面，索甲·仁波切写道："当人第一次经历丧亲之痛，可能会有一连串烦乱的感受，包括强烈的伤感、愤怒、否定、退缩、自责等，这些突然在内心里混杂的感受往往让人崩溃。要帮助刚刚经历了亲人过世的人，需要你所有的耐心和同情。"[1]

不过身边有一种所谓的"帮助"，对于经历丧亲之痛的人来说，实际上却是一点帮助也没有。你肯定也见过这样的例子，一般是这样说的，"都已经6个月了（或者7个月、1年；随便一个数吧），是时候忘记过去、面向未来了。"这样自以为是的说法总是让我吃惊不已。人怎么可能会知道别人应该什么时候不再哀伤了呢？好几年前，我有一个接受按摩治疗的客户，是一位七十来岁的女士，她丈夫过世不久。她身边有家人也有很多支持，而且她是一个主动性很强看上去很开朗的人，然而她仍然每天会想到离世的丈夫。直到有一天，她来做按摩的时候告诉我，在他过世两年后，她才开始感到好像已经翻过了这一页。一直以来，这种缅怀伤感并没有让她无法前行，只是她总会感受到那种存在，直到有一天终于不再有那种感受。我非常佩服她，能够对于自己的丧亲之痛有这么清醒的认识，并选择了尊重自己的方式来面对。

让我再次引用索甲·仁波切书中一段话："不管你做什么，不要停止感受你的痛苦；接受你的痛苦并保持自己的脆弱。不管你多么绝望，也要原样地接受你的痛苦，因为那实际上是给予你的一份无价的礼物：让你有机会去发现……在悲痛之外还有什么。"[2] 这段话里面有两个词让我特别在意："保持脆弱"（reman vulnerable）。我们平时是不会这样做，或者没法这样做的，不是吗？也许这就是为什么人们对于缅怀伤感甚至是别人在缅怀伤感时，感到不自在的原因。因为这让我们对于丧亲之痛的脆弱显而易见，而我们总不愿意这样显露自己的脆弱。

这些就是我关于缅怀伤感的杂乱想法了。这个题目有很多不同的角度可以让我们讨论，比如在某人过世之前亲友的伤悲，这个面临死亡的人自己的伤悲等。你可以选择一个让我们接着讨论。

史蒂夫

预期性哀伤既包括上面提到的对自己将死的预期性哀伤，也包括在亲友过世前我们感受到的预期性哀伤。

艾琳

白原市，纽约州

2012 年圣诞节

亲爱的史蒂夫，

　　圣诞节到了，也就到了我大姐夫离世一周年的纪念日，这让我想起来我还没有回复你的邮件，信里你提及了有关悼念缅怀的主题。虽然当时收到你邮件的时候就有所触动并打算尽快回复，但却迟迟没有，主要是因为平时都忙着每日的生活工作，尤其是这个秋季学期，我丈夫也和我一起住在瑞士。

　　重新读了你的邮件，也回想了家里亲人离世的情况，现在我脑海里最突出的就是你的这个观点：没有人可以在时间上或者程度上给别人定下缅怀伤悲的限制。我大体上是同意你的观点的，不过我意识到我也很佩服犹太教那样对哀悼有清晰的模式。印象中，美国人大都知道一些犹太教悼念的习俗，比如"坐七"（Shiva，七日守丧）、珈底什（Kaddish，为死者祈祷的宗教礼仪），以及在坟墓上放上石头等。其实在犹太教的各个分支里，甚至各个聚集地，都会有一些不同，不过哀悼过程主要还是按照 3 个步骤来进行，越往后会越放松一些。首先是七天服丧期（shiva，译注：希伯来语"七"，坐七守丧，规定最严），然后是 30 天（shloshim，译注：希伯来语"三十"，需要遵守一些戒律比如男子不能剃胡子理发等），最后是 12 个月（yud be chodesh，希伯来语"12 个月"，更加放松一些）。有一个"坐七"的细节特别让我感动，就是悼念的人（mourners）只能坐在一个很低的凳子或者是地上，直到第七天，为逝者的祈祷（Kaddish）结束后，由其他来参加的来访者告诉他们"站起来"。让身体更接近于地面，这样的姿态像是用一种有力的方式来体现亲人刚逝世时那种强烈的悲伤，就如同说人被悲伤击倒了。而站起来就是象征一个美好的标志，标志着重新进入正常的生活。在随后的几个月里面，悼念的人在教会的公开场合，站起来在某个特定时间为逝者祈祷（Kaddish）。比较有意思的是祈祷语（Kaddish）只能在公开场合而不是私下里说。一年后正式的悼念就结束了。这种方式我觉得也很不错。我对其中的两个方面感觉很好，一个是通过"坐七"时候的来访，悼念的人得到亲友们的致敬，另外就是在教会团体的所有仪式中的某个场合，只有悼念的人是站着的并在那个时候为逝者祈祷（Kaddish）。坦白地讲，尽管我同意你关于缅怀的看法和例子，有时候的确需要超过一年的时间来悼念才"足够"，我也认为"genug shoin"（犹太意第绪语"已经足够了"）同样有说服力。[4]

　　我们家人都希望我的大姐玛丽亚还有两个外甥女到纽约州来和我们一起过圣诞节，其实在大姐夫史蒂芬的病严重到没法旅行之前，我们都是在圣诞全家团聚的。但是外甥女们却只想留在伦敦的家里，玛丽亚也是这个意思。今天和她们通电话时，我们能感觉到她们 3 个的情绪都很低落。当然我们也没有特地劝她们不要再难过，我们都知道她们已经给了史蒂芬尽可能好的照顾，只是希望并且祈祷她们能够更加关注当下，毕竟孩子们都还很年轻，大姐年纪也不大，前面还有很长的路呢。

对于忌日时候的难受我深有体会。之前我和你聊过，每到詹托普夫妇的忌日，我就觉得特别难熬，尽管那都是十多年前的事情了，而且忌日也不是我为他们悲痛的唯一时候。关于日历上有一个死亡的日子我还有一个想法，下面就是我的"艾琳疗法"：

我应该没有跟你提过，我最喜欢的小说之一，托马斯·哈代（Thomas Hardy）的《德伯家的苔丝》（Tess of the D'Urbervilles）里面一段让人惊叹的话。声明一下，我可没有让你必须马上去读，这本小说还是挺长的。不过你要是有时间，可以看一下我提到的那一段。书中的主角苔丝是一个年轻单纯的乡村女孩，被一个富有的浪荡子强奸了，这个人伪装成是她的恩人，比如帮她安排到他母亲那里做事。在醒悟到自己是被这个虚伪的恩人强奸后，苔丝回到自己的家，生下了一个不健康的孩子。孩子出生不久就夭亡了，在悼念完孩子之后，苔丝的处世哲学有了很大改变。她回顾了这一生的重要关口：

> 她记起来这翻天覆地的一年里那些特别的日子；那个毁掉她的灾难性夜晚，在特兰里奇（Trantridge），嬉戏的场地隐没在暗黑的背景中；她孩子出生和死去的日子；她自己的生日；以及那些发生的和她有关联的事情的日子。一天下午，在看着自己映在玻璃上的容貌时，她忽然想到还有一个日子对她来说比那些更重要，那就是她自己死亡的日子，在那一天，她所有的美貌都将消逝；这个日子隐蔽地藏在一年中那些其他的日子里面，她每年都会度过这个日子，却没有什么标志或者动静来提醒她，然而这个日子又是切切实实存在的。[5]

从我少年时期第一次读这本小说开始，多年以来，这段话的很多方面都打动着我，其中一个方面就是我前面说到的、普通意义上的周年纪念日的力量。最触动人心的是，除了苔丝的婴儿和其他年幼就过世的不幸的人，我们每个人都会在某一个日子死去，而这个日子在我们死去之前，却是每年每年都要度过的。有了这个想法后，苔丝开始认真思考她自己的死亡，但很少有年轻人会这么做（在小说中她那个时候大概是二十岁）。

虽然在上面引用的那一段里没有明确表达出来，让我感兴趣的是接下来的关键一步。我想当我们思考自己不可避免的死亡时，肯定是会为自己悲伤，会想到有一天我们就不在这个世界上了。这样的感伤我认为是很正常的，只要不一直纠结在这上面就行。而直到最近我重新读到这段时，我才认识到，小说里面苔丝在意识到自己终将死亡之后，或者我认为是经历了为着将来会逝去的美貌和必将来临的死亡自我伤怀（self-grieving）的过程之后，苔丝选择了重新开始自己的生活。小说中诗意地叙述道："几乎是眨眼间，苔丝从一个单纯的少女转变成了一个复杂的女人。"[6] 叙述者接着描述了苔丝是怎样离开了她父母的家，离开了她出生的村庄，出去寻找并得到了她真正喜欢的工作机会。

因此，如果我们要讨论悼念和哀伤的话，需要考虑预期性哀伤（anticipatory grief）。而**预期性哀伤既包括上面提到的对自己将死的预期性哀伤，也包括在亲友过世前我们感受到的预期性哀伤。**在我瑞士的家里，考虑到我婆婆的状况，整个夏天和秋天我们都能感到这种预期性哀伤。就在我和我先生离开瑞士回美国之前，我婆婆过了98岁，但是她一点也不喜欢听到我们开玩笑说她能够活到100岁。她经常跟我倾诉，说她一点儿也不眷恋活着了，只是还担心她的一个女儿还没有做好准备。我觉得她说的也有道理，的确我的小姑子正在经历着某种预期性哀伤，有些轻微的恐慌和抑郁的状况。回到你提出来的有关哀伤的一点：我没有因为这个而在内心评判她。她们的这些情绪源自长期而复杂的感情纠结，就像任何其他长期的情感纠结一样，母女之间的关系往往都是比较紧张和特别的。

我对婆婆的预期性哀伤又不太一样，部分原因当然是因为我是她儿媳而不是她女儿，另外就是经过和你之间的多次交流后，我对这些事情的想法也有所改变了，还有就是也和我父亲现在的情况有关。我父亲的情况让我体会到另外一种预期性哀伤，这几年以来，不仅仅是他身体状况越来越差，而且他的老年性痴呆症发展得也越来越厉害。你和我都见过各种各样的痴呆失忆症的情况，我父亲的情形比较严重，我都快认不出他就是那个养大我们的人了。他说的话越来越少，活动也越来越少，眼里也越来越没有神采。偶尔地，他说的话或者一个动作还能够让我们想起来那个相处了几十年的父亲。这种时候我们的感觉是既惊奇又开心，不过大部分时候他好像已经成了一个只是外貌和父亲相似的陌生人。尽管他现在像一个陌生人住在我从小长大的房子里，我还是尽可能去善待他；虽然之前和父亲也有过矛盾，但是现在我心里是经常感到难受，因为原来的那个父亲已经消失不见了。我已经时不时地为我父亲哀伤悼念了，尽管他的躯体——可能还有一些已经无法表达出来的个性——还在那里。

你觉得我说的是否有些道理？

唉，我的心情真的有些沉重了。也许不应该在圣诞节的晚上思考这些事情。祝你在家里过得快乐！

艾琳

很有可能的是，我们并不能终止哀伤，而是要学会与它共处。

史蒂夫
科尼什，新罕布什尔州
2012 年 12 月 28 日

亲爱的艾琳，

谢谢，和孙女们还有其他家庭成员一起过圣诞节的确让我开心。其实只要是和孙女们在一起，哪怕那天是在收拾垃圾，或者是在牙医那里接受根管治疗，都是让人开心的，这是人之常情。而与这种情绪相对的，你信中提到的为你父亲感到哀伤，也在情理之中。

我特别喜欢的一个短篇故事是詹姆斯·乔伊斯（James Joyce）写的《行尸走肉》（The Dead），这是他的短篇故事集《都柏林人》（Dubliners）里面的一篇。顺便提一下，这个故事改编的电影也是我特别喜欢的电影之一，是爱尔兰裔导演约翰·休斯顿（John Huston）拍的最后一部电影，由他女儿安吉利卡·休斯顿（Anjelica Huston）主演，儿子托尼·休斯顿（Tony Huston）编剧，里面那首忧伤的爱尔兰民谣"奥赫里姆的少女（The Lass of Aughrim）"是男高音弗兰克·帕特森（Frank Patterson）演唱的。这部影片非常值得一看。故事生动地描述了乱成一团的情感纠葛，弥漫着哀伤（grief）。这种哀伤体现在那个成天板着脸让人生厌的母亲身上，她因为酗酒的儿子没能够成为她期望的男子汉而哀伤。这种哀伤也体现在这个男人身上，可能是类似的原因，同时也因为长久以来和母亲的冲突。

故事里最主要的哀伤还是两个主角葛丽塔（Greta）和加布里尔（Gabriel）之间的哀伤（grief）。故事情节很快就显示出了他们之间关系的裂缝，尤其是女主角对于两人关系的期待与现实的差异。其实，期待某种不一样的东西，也可以看作是因为丢失了或者缺少某样东西所造成的哀伤，你说是不是？

在这个故事的最后，哀伤几乎成了一个独立存在的角色。葛丽塔和加布里尔回到旅馆的时候，葛丽塔有些撑不住了，她告诉了加布里尔曾经有一个男孩子追求她的故事。那时候她也很喜欢那个男孩，可有次他冒着冷雨来看她，因为他本来身体就弱，结果受凉导致病发，那个男孩竟然年纪轻轻就过世了。这都是很多年前的事情了，可她心底依然留存的这份哀伤，一直压得她喘不过气来。故事的结尾是我见过的最好的独白之一：加布里尔看着窗外，雪花轻轻地飘落，眼下，他自己快走到生命的尽头了，他开始回顾自己这一生，虽然葛丽塔后来成了他的妻子，但他从来没有能够像那个死去的男孩爱葛丽塔那样爱过一个女人，这是他的失败。作者乔伊斯用他擅长的方式，把这个让人心碎的结局变成了绝美的场景，浸渍着哀伤。[7]

之前在我们的交流中我曾经提到过一个观点，就是所有的人都在承受着苦难，也都在期待找到缓解苦难的方式。如果这个观点是对的，那么很自然，我们所有人都在哀伤（grieving）。如果生活中的"失去（loss）"是无所不在的话，那么哀伤应该也是。

这也说明，劝那些正在哀伤中的人别再难受了，其中的误导程度比我最开始想的还要严重。很有可能的是，我们并不能终止哀伤，而是要学会与它共处。我们把哀伤带到生活中去，到灵魂中去，在那里它可以是一个安静的住户，也可能会是捣乱的一个。怎么忘掉哀伤不是关键，关键是怎么和哀伤共处。你前面的邮件提到了犹太教里关于人死后如何悼念（mourning）的传统仪式，这为证明仪式很重要提供了很好的例子，仪式可以为我们应对生活中的悲欢离合起起落落提供依据和情感上的支撑。悼念（mourning）和哀伤（grief）可以是非常不同的，哀伤持续的时间可以长很多。

很多人都养过宠物，都有过失去或者哀伤的经历，虽然这和家人过世或者父母离异不同。"我们选择了让身边围绕着这样一些比我们更为短暂的生命，它们的生命周期是脆弱的，常常很容易就被破坏了……我们珍视回忆，认为那是唯一能够长久的，从来也没有很明白，它们为什么一定会离去。"这些话引自一篇叫"王子重归（The Once Again Prince）"的文章，作者欧文·汤森德（Irving Townsend）并不是很有名，这篇文章收入在他的合集《分离的生命》（Separate Lifetimes）。[8]

我很早以前跟你提过，我小时候没有过多少和死亡以及临终相关的经验，所以也无法借由之前的经历而从容地讨论这些事情。对于养宠物的经验我就更少。记得以前家里有过一只德国牧羊犬，但是并没有养很久。它的名字好像是"小丫头（Missy）"，在我记忆中它活泼爱闹，可能对我父母来说有点爱闹过头了。突然有一天它就不见了，我们四个孩子事前都不知道，事后也没人告诉我们是怎么回事（至少没人告诉过我）。时至今日我也还是不知道到底它去哪儿了，同样的事情还发生在我们短时间养过的一只猫身上。

我们还养过其他的宠物，其中有一只小猎兔犬名字叫笨笨（Schmo，我也不知道为什么叫这个名字）。有几年我们和它很亲近，然而也是突然有一天它就不见了，我印象中没有谁告诉我们是怎么回事（虽然记得它那个时候像是生了病）。时光荏苒，很多年之后在我的儿子杰西（Jesse）长大的时候，他没有兄弟姐妹，陪伴他的只有一只金毛猎犬麦克斯（Max），它块头很大，很喜欢玩。麦克斯在 10 岁时得了癌症，10 个月后死去了。杰西那个时候参与了所有和麦克斯相关的讨论，包括最后我们决定请兽医到我们家来帮助麦克斯提前结束痛苦。那时候杰西 15 岁，他、他母亲还有我三个人喂了麦克斯最后一顿饭（一个芝士汉堡），然后杰西跪在麦克斯身边的地板上，边哭边陪着它直到它去世。现在我在想杰西当时的经历，虽然他很怀念麦克斯，但是我想他也知道并且理解麦克斯是到了离开的时候了。在那一年冬天剩下的日子里，以前调皮捣蛋的儿子会在每一个晚上穿上靴子，走到麦克斯的坟墓边去道晚安。后来他甚至还在大学升学作文里描写了失去麦克斯的故事里。（还好他被录取了。）

那天的那个兽医，后来又介入到我们家另一个和生命、死亡、宠物相关的故事里。在麦克斯之后，我们家又养了一只狗，它和我们共同生活了差不多有 15 年。在最后一年，它的健康情况持续地恶化，有一天我们带着它去看兽医——从它还是小狗的时候就是这个兽医看的——兽医也看出来它很不舒服，好像动也不能动。他翻了翻它的眼睛，然后告诉我们说："它已经离开这个躯体了。"也就是说是时候让它离开了。兽医把他家的电话号码留给我们，让我们定好时间后通知他，我们选了几天后的周六。

周六，兽医来我们家的时候，带着他的两个儿子，一个 9 岁，一个 11 岁。一开始在我们寒暄时，那两个孩子就在院子里玩，后来他们倚在客厅门口，看着他们的父亲给狗注射药物帮它安乐死，也看着我们在狗死去后抱着它的尸体痛哭。相信很多人都会觉得让小孩子看这些不太合适，不过我们非常信任这位兽医，也确信他这样安排肯定是有自己的道理。后来我和他谈起这件事，他说两个儿子和他一起去过很多客户家，已经很多次见证动物的死亡了。在他看来这对孩子不是坏事，甚至认为这种经历有利于帮助两个孩子面对最近祖母过世的事。我觉得他说的很有道理。

写到这里，之前的那个想法在我心里愈加明晰：就算理解并接受了死亡，也不能保证在亲人甚至是宠物离世的时候，能够少一些痛苦。虽然我无法准确地说明白，但我觉得，我们仍然会哀伤（grief），只是在明白了人或动物终有一死的必死性后，应该更能忍受死亡。也许这可以用我们之前交流过的想法来解释：当你不再把死亡（不管是自己的死亡还是别人的死亡）当作是只针对你的事，你就可能更容易地把它融入到你的生活，然后像他人劝说的那样去让生活继续。

你提到的预期性哀伤（anticipatory grief），也正是我之前建议讨论的题目之一。前面曾提到我并不经常看到客户家人的哀伤，主要指的是客户去世后其家人的哀伤。其实，在客户过世前，我见证过太多家人眼睁睁看着亲人走向死亡的过程。我知道，对于很多甚至大多数人来说，他们其实早在亲人死亡之前就已在心里开始了放下（letting go）和哀伤（grief）的进程。

我还想到另外一种预期性哀伤，也许可以称为"自我代入的预期性哀伤（vicarious anticipatory grief）"，听起来好像有点复杂。就和大家不希望给亲人增加额外的负担类似，这是患者临终时候自己感受到的，担心自己死后亲友们会难受痛苦，从而产生的一种哀伤。你不希望死前给别人负担，你也不希望死后给别人造成负担，但是你能够预期到那些爱你的人的哀伤。

在我的"心手相连"公益项目里面就有这么一个故事，抱歉有点长，不过我觉得还是值得一提的。

我的客户苏（Sue），已经患癌近 20 年了，经历了好几次手术。这期间的很多年里，她都要接受那种利用化学毒性的化疗，往往化疗的月份比不接受化疗的月份还多。尤其最近几年，她一直在忍受着这样的折磨。然而，最后她的胸腔上部长了一个肿瘤，并且逐渐形成了一个化脓坏死的创口。每次在选择是结束治疗从而任由病症发展直至死亡，还是忍受折磨继续治疗时，她最终都是选择继续治疗。因为对她来说，生命的脆弱和生命的宝贵就像一枚硬币的正反面，她要紧紧攥在手里，直到结束。

很早以前我就开始为苏提供按摩治疗了。我们的相识还是我太太介绍的，当时我太太在本地的一家医院里面负责组织一个乳腺癌患者互助小组，苏参加了那个互助小组。因为苏的经济情况不是很好，所以她只是偶尔到我家里来，我会给她做免费的按摩治疗。有时候，在按摩完了离开时，她会在按摩台上留下五美元或者是一袋自己做的饼干。一般情况下她不会主动跟我打电话预约，因为她不想要那样的帮助，不过如果我约她的话，她都会来。

我在邮件里曾多次提到作家约翰·奥多诺休，他在作品中经常会写一些人生中"临界转折点（thresholds）"的重要性，我也对此逐渐有了深刻的体会。当一个患者从生病到离世拖了很久，积年累月，就不免会有很多这样的临界转折点。其中之一就是接受生活已经不再像以往那样拥有无限可能了。对苏来说，最大的转折点之一就是要接受她已经不再能够什么都自力更生了，她需要别人的帮助。我知道她为失去的独立性而哀伤，对她来说，让以前的同事凑钱帮助她维持自己的医疗保险，这非常难受。在我和她的关系当中，这个临界转折点是她愿意让我去她家里给她做按摩，从而不需要她费力地开车到我那里去。在她的最后几年里面，我一直去她家里给她按摩。

通常我会带着按摩床到她那栋错层式的房子（split-level home，译者注，美国常见的一种独户家庭住房），上了门口的台阶后就在客厅里面把按摩床架起来。在相当长一段时间里，她可以自己躺到按摩床上，舒服地接受按摩治疗。但是在她做化疗期间，经常没力气，不过她还是尽可能地躺到按摩床上，因为她觉得按摩对她来说很重要。后来她身体实在不行了，我们就改用一个按摩椅，那时候她已经没有办法舒舒服服躺下了，胸腔上的肿瘤让她难受，用按摩椅可以调整姿势让她感觉好受一点。在家里她经常使用氧气瓶，说话也没什么力气。大概是最后一年，由于神经受到损伤，她无法发声，说话只能像耳语一样。尽管用尽了各种方法治疗，肿瘤还在不断长大。由于肿瘤也渗透进了血管，所以她常常会贫血。她的皮肤看起来就像是透明的，我甚至觉得可以一眼看穿她的身体。

直到最后一两年，苏才开始提及自己的死亡问题，而直到最后几个月，这样的提法才越来越频繁也越来越笃定。尽管苏的身体越来越消瘦，并且她也清楚自己来日无多，但她的精神还是很强大。我在苏身上看到的，用"活下去的信念（will to live）"远不能形容她的那种精神，我觉得她是要坚持在世上尽可能多活哪怕是一分钟。

有时候我也在想苏为什么要去忍受这一切。我曾经和很多人在他们临死前聊过，也和那些眼见着亲人去世的人讨论过，他们都说绝对不愿意去经受那种类似苏所受过的折磨。他们宁愿让疾病自然地发展直到生命结束，而不愿意让自己或者让家人经受治疗的折磨。但是"好死（a good death）"这个概念往往被过度简单化了，从而让大家认为有固定的模式来面对最后的日子：怎样算是好死，怎样算是孬死，什么样的临终情形算是好的，什么样的算是孬的。

可是实际上哪有那么简单，哪有什么固定模式。就说苏的情况，我知道她愿意继续承受痛苦的原因之一就是为了她的两个孙辈着想。他们离她家有两个小时的车程，直到苏最后没法开车之前，她都会在周末开车去看他们，其实就是简单地和他们待在一起，这样他们可以和她互相陪伴。她不希望在他们的生命里面缺少了她的陪伴，哪怕最后一定会离开，也要尽量坚持到不得不离开的时候。在她最后的日子里，已经很少能够看到他们了，但在我看来，她还坚强地活着已经不再是为了和孙辈们在一起，而只是为了和孙辈继续一起待在这个世界上，哪怕是多一天或者一个小时也好。坚持长一点，他们的生命中拥有她的日子就长一点。她考虑的是自己死后他们会感受到的哀伤，而她希望能够尽量推迟这种哀伤到来的时间。她并不是只考虑到自己的生命是脆弱的、宝贵的，而更多考虑到了孙辈们。

后来某天早上醒来的时候，苏发现她的胸腔肿瘤已经在往外渗血了。肿瘤破坏了血管，导致了严重的出血。她被送到了当地的医院，然后又被转院到了达特茅斯-希区柯克（Dartmouth-Hitchcock）医学中心。医生告诉她已经回天乏术，并和她还有她的家人说了要准备后事，同时也告知，理论上如果立即做手术封住出血的动脉，也有一线生存的希望。因为这种手术风险很大，也没法逆转她的癌症进程，同时她身体又那么虚弱，医生估计选择手术的话只有百分之十的可能性能够挺过这次手术。

但苏还是选择了做手术。手术开始后不久，她就没能挺过去。

对于苏这个选择，以我对她这么久的了解来看，不能简单地说她做了错误的选择导致了不必要的痛苦。这是因为：她一方面在受到病痛折磨的时候会为自己所失去的感到哀伤，但她另一方面更在意的还是"自我代入的预期性哀伤"，她希望尽量推迟孙辈们还有其他家人在她死后所感到的哀伤。

史蒂夫

亲爱的史蒂夫，

你提到的"自我代入的预期性哀伤"，还有通过你的客户苏的经历来阐释这个概念，都深深地感动了我。我觉得这个提法非常合理，很好地描述了我之前和你提到的我婆婆的情况，她坚持活下去的原因之一就是她不希望让小女儿有太多哀伤，觉得这个女儿还没有做好接受母亲离世的准备。但是，即便是最坚强的意愿，也没法抵御足够严重的癌症并发症或者是足够老的年龄。

我的婆婆，蜜瑞儿，在 2 月 27 日过世了。

我匆匆忙忙地飞到瑞士参加葬礼，然后回来继续完成这个学期的工作，直到昨天开始一种我们称为大斋期（Lent）期间的精神练习，这期间我一直没有机会沉静下来思考婆婆过世这件事。现在终于有了时间，有你作为听众，我就来回顾一下。

至今我还在为蜜瑞儿的事悼念，不过虽然我真的很怀念她，让我感伤的却不是为了她无可避免的离去。从她临终到现在，我伤感的真实原因是她所经受的那些在我看来完全可以避免的折磨。尽管包括我在内的每个家庭成员在照顾她时都尽心尽力，我也尝试了应用这些年来我俩交流里面学到的东西，还有从很多讲述生命尽头问题的书籍学到的内容，可是这些都没能减少她所受的折磨。

其实我觉得蜜瑞儿的一生还是很值得的：她有一个幸福、美满而又长久的婚姻，丈夫很爱她，三个子女从出生到她过世都一直敬重她，她生活的地方是地球上最美的地方之一，她自己也很惜福。但是她活得太长，以至于不再认为活着让她快乐。（你可能还记得之前我提过，她之所以能活这么久是因为给她装了一个心脏起搏器。）到底是什么让她失去了对生命的热爱？这个问题很难回答。从之前看到她逐渐失去这种热爱，到她死后的几个礼拜，我反复思考了很久，总结出两个主要的原因。

首先，蜜瑞儿在 2004 年有过一次严重的中风经历，虽然后来恢复得不错，能够重新活动右臂和右腿，也能够说话，但是她始终不能完全接受这种身体受到限制的状态。因为她的身体状况无法让她独自出门，所以她的女儿们总是想方设法带她出去玩，开始时扶着她的手臂，之后是小心地看着她用移步车活动，最后是让她坐在轮椅上推着，但她还是因此觉得被剥夺了很多的自由和乐趣。

另外一个原因，我认为是她所承受的疼痛没有得到足够的缓解。和很多经历了中风的患者以及到了她那个年纪的老人一样，她有急性和慢性的疼痛。如果在她长期头疼加剧的时候，没能及时给她服止疼药，头疼就会让她心情很糟以致卧床不起。最严重的是偶尔会有血管被血液凝块堵塞的问题，会让她四肢水肿，造成难以忍受的疼痛。

所有这些导致的结果，就是虽然她有条件享受日常生活所带来的愉悦和满足，但她却越来越没办法享受。比如说，她曾经很喜欢精美丰盛的食物还有晚餐时候的闲聊，但是后来她逐渐很少和我们一起用晚餐，有时候说是头疼，有时候不说任何理由。在她生命最后的几年里，不管我们尝试讲什么故事，她都显得不耐烦。平时我们会说些笑话，讲讲碰到的特别的人和事情，或者是看到的漂亮的花儿和鸟儿，但总能感受到她不满的目光和不感兴趣的态度，于是大家都是长话短说了。

蜜瑞儿的保健医生是一位擅长合作且富有耐心的人。尽管如此，就像你之前提到过的，临终关怀方面的训练直到最近才成为瑞士医学培养的标准环节，而这位保健医生年龄比较大，应该没有接受过。我后来终于读了你之前借给我的那本《凡人手册》（Handbook for Mortals），也因此冒昧地问了医生是不是给她的止疼措施还不够。[9]不过我的问题基本上是被医生友好地忽略了，而且有一次给我的答复和之前我父亲的医生说的一样："还没到那个程度。"我想说，没到什么程度？什么时候才算到了那个程度？！我觉得对于老年人，尤其是像我婆婆这样非常高龄而且有时因为疼痛而表达出不想活的意愿的老年人，为什么不能采用一些止疼效果更强的措施呢？这和我去世的姐夫史蒂芬的情况不同，她又没有什么需要保持头脑清醒来处理的正经事情。不过和史蒂芬相似的是，因为疼痛没有得到有效控制，所以她无法好好地和周围的人相处。我想提出来的并不是那种医生协助实施的安乐死，而仅仅是让她的疼痛能得到更多缓解辅助措施。我觉得在这种时候还担心什么药物上瘾简直是太荒唐。

　　因为觉得她没有得到足够的止疼治疗，我也越来越发愁，后来我还试着应用了一种书上介绍的非药物技巧。这个方法源自你借给我的另外一本书——史蒂芬·李文（Stephen Levine）写的《死者是谁？》（Who Dies?），里面提到如何"围绕疼痛的软化处理"，具体就是说"不要去改变疼痛本身，而是让它自由漂浮，让它留在那里，不要试图去除掉它。"[10] 为了达到这种状态，作者建议对疼痛作详细的检视。于是，当有一天我婆婆又开始向我抱怨她有多难受时，我决定试试这个方法。于是我让她告诉我具体是怎么个难受法：在什么位置？是感到热还是冷？是一直在一个地方还是会变化位置？是在表面还是在深一些的地方？是抽动样的疼痛还是一般的疼痛？是不是可以用某种颜色或者纹理来形容？不知道她当时是不是对我那么认真的态度感觉很意外，或者是对我的问题觉得很意外，总之我们对她的疼痛足足讨论了 15 分钟。不知道是因为谈话分散了她的注意力，还是如同作者在书中所说，通过描述疼痛让她和疼痛的关系发生了变化，总之，经过这番交谈后她似乎是感觉好了一点，也平静了一些。其实我也不确定这是否起到了作用，不过能够暂时帮她舒缓一下疼痛，还是让我觉得挺值得的。

　　不幸的是，这种疼痛得到缓解的情况只是蜜瑞儿遭受的长期折磨中的短暂插曲。我和我先生回到美国后，在二月份的一个周六晚上，蜜瑞儿的腿部血管又有了凝块，再次陷入到可怕的疼痛中。蜜瑞儿的女儿和女婿带她到洛桑当地一个大医院去看了急诊，经过一番艰难的讨论，最终决定做手术来清除凝块造成的堵塞，蜜瑞儿也同意了。当医生询问如果手术中出现紧急情况是否要抢救的时候，蜜瑞儿非常强烈地要求不要做任何心肺复苏之类的抢救。不过，手术其实进行得很顺利，疼痛也得到了缓解。在手术后短暂的一段时间里，她感觉很好，甚至可以开心地接受一个她之前不是很熟的年轻人来看她（她女儿的教子的怀孕了的妻子）。这才是以前那个我熟悉并喜欢的蜜瑞儿：能够感受到各种各样的快乐，尤其是来自于年轻人和新生命的快乐。

　　唉，可惜这个状态也没能持续太久。就在几天后，她被转院到了离家更近的一个小一点的地方医院，之后在那里情况就开始越来越差了。她发现自己又开始感觉到那种可怕的疼痛。可是用来止痛的吗啡似乎让她的皮肤变得特别脆弱和敏感，以至于完全不能碰她，所以只能停掉了吗啡。直到现在我还是不清楚后来是不是用了其他的止痛药，但就算是用了，好像那时候也没有起到明显的作用。我们子女一辈的至少是默认——我不记得当时有没有这样明确地说过——她已经进入临终状态了。我记得我们当时说希望满足她在家里面咽气的愿望，但是医护人员认为在那种情况下移动她的风险太高，事实上，就连护士帮她在医院的病床上调整一下体位，她都会痛苦地叫出声来。更糟糕的是，她所在的病房对面是一面很丑的混凝土墙，我的两个小姑子只好拉上窗帘，这样虽然让房间显得有些阴暗压抑，但总比对着一面混凝土墙好一些。

　　那段时间我和我丈夫每天都会跟他的两个妹妹通几次电话。当时我脑子里面总萦绕着我大姐玛丽亚大声的建议：不要去怀疑和评判正在照护的人，要力所能及地去支持他们。我相信我们做到了，不光是对在瑞士的两个妹妹的支持，还包括我和丈夫之间的互相支持。我和菲利普之间的默契和相互理解达到了一个新的层次，当我俩中的一个刚开始说话时，另外一个就能够马上接过去讲下去，因为两人的想法都一致。甚至就在那个需要做出紧急决定的当口，我就认识到之所以能够有这样的默契，应该是源自我和菲利普之间有过关于蜜瑞儿情况的不断交流，还有关于我们自己期望的是什么，以及更一般的关于生命尽头的交流。

当小姑子告诉我们蜜瑞儿开始拒绝进食的时候，我和菲利普对望了一眼，同时脱口而出：该赶过去了。于是我开始订票，他收拾行李。由于我教的课这时候还剩这学期的最后一周，只有她真的过世了我才能有理由正式请假，所以我做了我能够做的，给蜜瑞儿写了告别信，让菲利普读给他母亲。

这么多年来，我一直都在想着，我们就要失去她了，这个我爱着的人。有了这么长的时间酝酿，所以不需要任何提纲来帮助我构思这封告别信。不过，我想你会高兴地知道，我的确读了你最开始提到的艾拉·比奥克的书。[11] 在信里面，我感谢蜜瑞儿毫无保留地接纳我加入这个家庭；感谢她和我这些年来共度的美好时光以及那些谈话；对那些我们曾经希望去做却没有机会做的事情表示遗憾；对我曾经希望能够给家里面添几个孩子却没能够如愿，我感到深深的伤痛，同时也理解她为此而感到的伤痛；我分享了我的祷语，祈祷她不在痛苦当中；我希望她确信，尽管我和她都无权知道过世后会怎样，但上帝一定会给她一个很好的安排。

我们非常庆幸，菲利普赶到瑞士时，他母亲还很清醒，能够认出他来。虽然家里其他人都不信教，但我们还是联系了一个叫黛西（Daisy）的牧师，几天后牧师来到蜜瑞儿病房时，我们终于松了一口气。由于黛西和蜜瑞儿都很喜欢瑞士阿尔卑斯山，所以她们之间很快就熟悉起来，此时照顾临终患者的姑息治疗团队也赶到了。

直至临终前，对蜜瑞儿的看护都一直存在问题。没人指导菲利普和他的妹妹们在蜜瑞儿临终的各个阶段会经历什么。我所知道的是，在蜜瑞儿临终的那一天当中，菲利普的妹妹让他回去休息一下。可在菲利普离开之后不久，蜜瑞儿的呼吸声就开始变粗（这种情况被指为"临终喘鸣"，death rattle），小姑子以为母亲又疼得难以忍受了，就跑去找医护人员。等她回来时，刚来得及见到母亲过世，而我丈夫，作为最大的子女，又是唯一的儿子，却遗憾地不在现场。这对于蜜瑞儿来说会有什么区别吗？我们永远也不会知道。但她的子女确实感到愤恨。从你我之前交流时所用的更大视角来看，很明显这种情况是完全可以避免的。只要医护人员对蜜瑞儿临终前的状态观察得更仔细些，他们就可以根据专业知识判断出患者已经临近死亡，就可以及时和家属沟通，告诉他们那样的呼吸声音并不是感到疼痛。

尽管如此，我们还是对很多事情感到庆幸。蜜瑞儿的遗体被运回了家中她最喜欢的"玫瑰房"（她的粉色卧室），也就是说，从某种角度来看满足了她"回到家里"的愿望。他们没有给她涂油薰香，但是遗体旁边放了冰（殡仪馆的人会按时来换上新的冰块），打开的窗户以及二月份的寒冷天气，都有助于让她的遗体保存完好，直到我从美国赶过来时，当地的教会也准备好了她的葬礼。因此，我有充足时间和她的遗体相处。我可以跟她倾诉，轻抚她的头发，握着她的手，进行祈祷。我可以"面对面"地和她道别。蜜瑞儿的遗体在家里停放了好几天，我认为这对于菲利普和他的妹妹们跨越心里的坎非常有益，长期以来，他们担心害怕的就是：和母亲保持了一辈子的紧密联系，现在却必须离开她继续自己的生活了。史蒂夫，经过你我有关临终诸多方面的讨论之后，我认为一个人在获悉另一个人离世的一瞬间，是无法充分认清并消化这个事实的；所以尽管有人可能会认为把一具尸体停放在家里四五天有些奇怪，但我们还是很感恩我们这样做了。

你之前提过，一个人葬礼时的那些仪式，对于参加的亲友来说是有意义的。在蜜瑞儿葬礼的那一天，天色灰暗，温度也低，不过之前那个牧师，就是安慰她并在她临终前帮她完成了领圣餐仪式（communion）的牧师黛西，为教堂里的仪式活动定下了充满活力又恰到好处的基调。我丈夫菲利普喜欢爵士乐，他为他母亲实现了一个她在世时的心愿，请了他的朋友，一个爵士乐鼓手奥利维尔（Olivier），也是他母亲喜欢的一个乐手，还有一个萨克斯乐手，一起到场表演了几首曲子。我猜那些参加葬礼的人对这个葬礼中出现的小插曲肯定是既吃惊又觉得有意思。我的悼词主要讲述了她对生活非比寻常的热爱，忽略了她后来漫长而苦难的日子。**我事先大声练习了很多次，这样才在葬礼的时候一口气讲完而没有中途哭泣。**我们在瑞士自己那个小公寓里招待其他人，这里的氛围让人觉得随意舒适一些。因为我学校那边是考试期间，所以葬礼结束后的第二天我就回美国了。不过，我还是深深地感到庆幸，因为我赶过来至少用某种方式跟我婆婆做了告别，并且和其他家人还有那些认识她喜欢她的人相处了一段时间。我想我们应该专门指出哀伤时候的一个要素：有其他人陪伴着一起悼念会让你感受好很多。这也对应着之前提到的犹太教传统里面那些仪式的一个优点，比如"坐七"以及为亡者祷告，都是在团体（community）里面做。

回到你最初有关哀伤提到的一些观点，我同意人怎样过世会影响到他人对逝者的悼念。就好像悬在天边的乌云一样，我到现在还能够感受得到蜜瑞儿在她临终前所经受的那种痛苦。我强烈地希望乌云会散去，所以我们将用更多的时间来回忆蜜瑞儿那长长的幸福生活，以及我们共有的那些有意义的经历和谈话。

（和你上一封信里提到的一点有关，我意识到一些思维缜密的人会很仔细地区分悼念（mourning）和哀伤（grieving）；但是我承认我自己可能和大多数说英语的人一样，经常是把它们当作同义词来用的。）

史蒂夫，我最早给你写信是在 2011 年 7 月，那时候我的大家庭里面有 3 个成员都病得很重，当时我以为我的父亲最接近死亡，然而两年过去了，让人惊奇和感慨的是，只有我父亲还活着。当初从康复中心回来之后，他也经历了很多起伏，状况好的时候越来越少了。但是我母亲还是坚持了对他的承诺，让他一直在家里待着，主要由她来照顾。如果能够坚持到十二月份，我父亲就满 84 岁了，比他的父母、祖父母还有他的两个弟弟都活得长。但由于老年痴呆，他的表现方式还是有所不同，像蜜瑞儿一样，他也常常会让我们知道他活得并不开心。不过偶尔他在吃东西时还是能感受到一些乐趣。

每次电话响的时候，我都会想是不是父亲过世的消息。虽然听到电话铃声我就会心里一咯噔，但是我现在不是害怕或者恐慌。我觉得，在他的健康状态和我的生活安排允许的情况下，我们的父女关系是没有遗憾的。我原谅了他给我幼年造成的阴影和哀伤，我也请他原谅了我后来的言行对他造成的伤害。每次去看他的时候我都会告诉他我爱他。几个礼拜之前，我们 6 个子女里的 5 个都同时回去看他了，我们还一起小心地给他洗了一个澡。在我们离开后过了几天，已经老糊涂的他还问母亲，那几个对他很好的人都去哪了。

你怎么看这件事？我都快笑出来了！这是不是意味着我已经战胜了哀伤，能够对父亲过世释怀，并且已经喜欢上这个取代了"从前的父亲"的人了？

艾琳

也许，当我们在心中给这些思考留下一些空间时，我们会觉得更容易承受一些，但绝不是轻松容易。

史蒂夫
科尼什，新罕布什尔州
2013 年 3 月 22 日

亲爱的艾琳，

谢谢与我分享你婆婆过世的经历，也感谢你讲述这些事情的方式。我不由自主地想到，我们最近的这些经历交流，不仅很好地浓缩凸显了我们对哀伤的感受，也概括了这两年来通过不断思考（musing）、推究哲理（philosophizing）、反思自我（soul-searching）、讲述往事（storytelling）而一直坚持的追求。

针对你信里面提到的，我下面简要回应。

其一：你提到希望今后关于蜜瑞儿的回忆内容，会主要是她所过的幸福生活，而不是她临终前所受到的折磨。对此我完全相信，我曾经听到过很多类似的说法，临终前所遭受的磨难渐渐淡去，留下的只剩从前生活的美好。

其二（其实我们都经常提到）：虽然积极地接纳人的必死性有一定益处，但这并不能让人更轻松地面对临终前后的哀伤。**也许，当我们在心中给这些思考留下一些空间时，我们会觉得更容易承受一些，但绝不是轻松容易。**

其三：你关于你父亲的想法读来很有意思，前面两条在这个情况下也是适用的。

史蒂夫

第八章

人的必死属性到底有什么好呢

　　从中我们可以得出什么样的经验教训呢？那就是，积极去接纳人的必死属性，不只会影响我们死亡的方式，还可以影响到我们生活的方式。如果我能够把每个时刻的重要性，都融入我生活中的每一刻，如果能够把关爱怜悯都投入到我经历的每段情感关系中，那我就觉得，承认死亡是生命的一部分给我带来了莫大好处。我不仅可以求得安宁的有意义的死，还可以求得安宁的有价值的生。这就是生命有限、人之必死所带来的馈赠。

> 这会是很有效的一种方法来让你注意到现实，就是你在今后某一天会离世，也会让你思考如果有选择的话，你会想要以怎样的方式离世。
>
> 史蒂夫
> 科尼什，新罕布什尔州
> 2013年7月8日

亲爱的艾琳，

关于死亡，我们在过去的这几年通过电子邮件交流讨论了很多。由于我工作的关系，我会不断地思考死亡和临终，而我们之前断断续续的文字交流以及面对面的谈话，让我的思路更开阔了，或者说，让我的思绪比以往更有条理了。我们交流的比如有关死亡的公正与否、有关护理等，很多都是我没法独自表述出来的想法。所以不管我们的对话还有我们的关系会怎样发展，可以确定的是我已经有了很大收获。

刚刚过去的一周，两个孙女在我家，她们一个两岁，一个四岁，这种情况总是让我和太太既开心又疲惫。小孩子快乐活泼，关注的都是当下的事情，时时刻刻会有不同的脾性，一会儿乐呵呵的，一会儿又开始抱怨。她们不会去想远一点的事情，比如明天或者后天会怎样，关于未来她们唯一的模糊认识就是，在某一个"明天"，她们的父母会来接她们回去。

想起来很有意思，尽管我自己总是尽量想要把注意力放在当下，而不要总是为了明天担忧，但是对两个孩子，我却希望她们能够眼光长远一点。比如我跟她们说：今天你们已经吃过冰淇淋了，还要吃的话就要等到明天；这里没有马骑，如果要骑马的话得等几天后母亲带你们回去了才可以；现在不行，等晚一点；今天不行，等明天。我都觉得我是不是应该小心一点，不要把她们的注意力完全推到将来，而使她们忘掉当下时刻的重要性。

这也让我想到之前有一次在一个好朋友家给他做按摩的情形。我这个朋友患了很严重的失忆症，当按摩治疗结束的时候，他一边给我写支票一边问我当天的日期，我没想太多就随口回答到："22号了。"他写下来，接着又问："几月份？"那一刻我突然觉得自己有点傻，怎么忘了他记性不好了，就回答道："不好意思，是 5 月份，5 月 22 号。"他又记下来，头没抬，笔没动，又问："那年份呢？"

他的失忆症已经把他的那个纽带——把每个人锚定在时间轴上的纽带——剪开了。我的朋友，他已经不再生活在一个区分昨天、今天和明天的世界里，他活在一种漂浮于世外的状态中。从某个角度来看，这其实正是很多灵修导师（spiritual teacher）所推崇的状态：活在当下（live in the moment）。但是我朋友是被疾病所迫，不自觉地进入到这种状态，丢失了很多其他的东西，而那种推崇的悟道（enlightenment）状态则意味着是对过往和将来都能感受到，只是选择了活在当下的态度。

我不由自主会想，这种态度究竟为什么这么被看重呢？

似乎没有什么能够让人不去想将要发生的事情。说到底，这也是我们一直以来讨论的核心所在。如果我们积极地接纳了生命有限，也就是人的必死属性，那就会去问这个终极问题：我们想要怎样离开这个世界？以及相关的问题：我该怎样度过我的余生？

我和你曾提过，几年前我在新墨西哥州参加了一个佛教为基础的强化培训课，是关于和临终状态的患者共处的。期间有一个练习里就多次问到上面的第一个问题，在各种不同的场景中，问题的形式也有变化。开始的时候，是让我们想象自己多年以后，比如 20 或者 25 年之后，躺在床上面临死亡。那时候谁还和我们在一起？会在什么地方？想象一下那个场景的细节。对我来说，那意味着考量我当下生活中的人，多年以后谁还会和我在一起，那个时候他们会是什么样子。我的孙女们应该已经长大成人了，可能都结婚甚至生孩子了。呃，想起来有点唏嘘。之后又让我们重复这个练习，只不过时间离得近了一些，想象 10 年之后面临死亡的场景。

然后再重复，这次是一年之后，在自己脑海里预演一遍。

最后再来一次，这次就是在当下。

如果你认真地完成这个练习的每个步骤，**这会是很有效的一种方法来让你注意到现实，即你在今后某一天会离世，也会让你思考如果有选择的话，你会想要以怎样的方式离世。**

当我在思考怎样离世的问题时，免不了就会想起许多人，我曾经目睹他们如何走向死亡。他们中一些人的经历我觉得对我也可以适用，当然是需要做一点小改动。

最近几个月来我的一次经历给我留下了难以磨灭的印记。当帕蒂（Pat）被她的护理医师介绍给"心手相连"公益项目时，我被告知她可能很快就会离世，并且她本人对此也非常焦虑。"我觉得情况可能会很糟，"护士在给我的电子邮件里面写到。的确，我第一次带着按摩床去帕蒂在二楼的那个小公寓时，她有些紧张。当她打开门时，很明显她对这个站在面前的陌生大个子男人有些不知所措，然而她还是尽量表现出欢迎的态度，这也让我们在此后的几个礼拜里缔结了很好的关系。在经过两三次按摩治疗后，她放松了许多，我也可以明显地感觉到她能够从按摩治疗中得到不少帮助。

开始的时候，我们会聊一点她的生活，还有音乐（她曾经是一个钢琴师），没有聊太深入的话题。随着认识的时间长了，我们开始聊她对于发生在她身上的事情的感受。在我和她认识的头几个礼拜里面，她对要面临的死亡，很明显是反感、不愿意接受的。

她的脖子下面有一个很大的肿瘤，会导致疼痛还有呼吸短促。她也试过放疗，但是肿瘤没有缩小。随着身体越来越虚弱，她的心情也越来越差，不过每次听到我打算来看她，她总是很高兴，因此我去的次数也多了。我们有几次聊得很开心。

到后来，帕蒂已经没法自己躺到按摩床上。我会帮她躺好，帮她褪下衣服并盖好，然后开始按摩治疗。她放松的时候经常会啜泣，释放那些在别的来访者面前不愿意流露出来的情绪。有一次，我给她吟诵了一段约翰·奥多诺休书里面的美好祝福，结尾是："就让清风带着爱的话语将你缠绕，就像看不见的披风维护着你的生命。"[1] 听着听着她就哭了，除了"谢谢"外什么也说不出来。

有一天我到她家的时候，是帕蒂 80 岁的嫂子开的门（在她生命最后的几周，她家里一直有人和她住在一起并照顾她）。她告诉我说帕蒂可能需要在按摩前先洗个澡，但如果我没有时间等的话，她也可以理解（的确当时我没法等她）。"如果你要跟她说话，她在厨房里。"于是我走进厨房，看到帕蒂坐在房间中间的椅子上，因为身体太虚弱了没法坐直，所以她的身体无力地朝前倾着。我坐到她旁边，手扶着她的腿，她告诉我已经有几天没有洗澡了，所以不想在这种情况下接受按摩。我跟她说，按摩之后再洗澡不是更好吗？还可以把按摩时候留在皮肤和头发上的按摩油洗掉。她还是说身上太脏了。我又坚持劝了一下，她说，"我身上都馊了。"

"我不会在意的。"我说，但是还是告诉她完全由她决定。

犹豫了一会后，她说："我还是想按摩一下。"于是我扶着她到房间里，架起按摩床，把她抱上去躺好，然后帮她做了按摩。

对于一个自尊心很强的女人，在她觉得自己不整洁的时候，让一个才认识不久的男子来接近她，你能够想象这是怎样的一种脆弱

（vulnerability）吗？而这又需要怎样的宽怀（grace）去接纳自己的脆弱？我到现在还会为她那时候愿意放下戒心允许我做按摩、把自己寄托于当下而惊叹。接受他人关爱和帮助的重要性，是我从"心手相连"这个公益项目里面学到的最感人也最重要的经验之一。这也是我希望那个内在顽固的自我，在临终的时候可以做到的。

后来我还去了帕蒂家几次，最后几次的按摩都是让她坐在沙发上进行的。她说话已经很困难，只能小声地低语，所以我们大部分时候都不说话，我只是偶尔重复下奥多诺休的祝福。有次当我准备离开的时候，她拉着我喃喃地说"别走"，于是我便再待了一会儿。有时候她可能是想让背好受一些，就让我把她扶起来坐着。坐起来后，她常常依偎着我，紧抱着我的一只胳膊，于是我就用另一只手给她的背部做按摩。当我按摩结束帮她平躺下时，她就抓住我的手放在她的心脏那里，并久久不愿拿开。

最后一次去看她时，她坐了起来，抬起头凝视着我的眼睛，眼神是我认识她以来最清澈的样子，她暗哑地说："我很喜欢你（I'm so fond of you）。"

"我也是。"我告诉她说。在这次见面后不到一天内她就离世了。当时我正准备从办公室出发去看她时，我接到了她的一个看护人打来的电话，他告诉我，帕蒂离世时非常安详，她所爱的人陪伴在她的身边。这一过程大家原本以为会很糟，帕蒂也曾希望能够尽量推迟，但结局最终却很圆满。

史提芬·凯夫（Stephen Cave）在他 2012 年出版的《永生：对永远活下去的追求及其对文明的驱动》（Immortality：The Quest to Live Forever and How It Drives Civilization）一书中，提出了一种观点——人类历史上的每个文明都是围绕着怎样超越人的必死属性来建立的。[2] 人们尝试了各种可以想到的办法，从务实的方式比如寻找长生不老药（elixir），到那种建立在永生概念上的神灵传统

（spiritual traditions）。

可是所有的这些努力，如果说不是公然地违背了生命终会结束这个最基本的规律，至少也是强烈地在抵制这个规律。然而和这个规律有关的一切塑造了我们的命运。人们的人生跌宕起伏，但都受制于它有一个开头和一个结尾这样的基本事实。我们可能不知道这个结尾什么时候会到来，但是知道它肯定会到来。我们和他人的情感关系、我们的事业，以及我们自我的形象，也都取决于我们的时间是有限的这样一个事实。

从中我们可以得出什么样的经验教训呢？那就是，积极去接纳人的必死属性，不只会影响我们死亡的方式，还可以影响到我们生活的方式。如果我能够把每个时刻的重要性，都融入我生活中的每一刻，如果能够把关爱怜悯都投入到我经历的每段情感关系中，那我就觉得，承认死亡是生命的一部分给我带来了莫大好处。我不仅可以求得安宁的有意义的死，还可以求得安宁的有价值的生。这就是生命有限、人之必死所带来的馈赠。

史蒂夫

> 我们的交流以及关于人的必死属性的思考，为我带来了另外一个礼物，那就是我变得更容易满足于当下了。
>
> 艾琳
> 拉图尔德佩勒，瑞士
> 2013年7月13日

亲爱的史蒂夫，

在今天这样一个美丽的夏日，日内瓦湖畔阳光灿烂，鸟儿啁啾，对面的群山上白云朵朵。天空是炎热夏季的那种浅浅的蓝，而我就在这里，再一次品味着你有关"死亡"的想法。只是我所体会到的，并没有这个主题听起来那样沉重。实际上我们之间所交流的一切，对我来说都是让生活更丰富和有质量了。你说得对，我们应该思考一下为什么这样。

至少在当前，我的回答部分是来自于你所分享的帕蒂的故事。我认为，当帕蒂接受了她将不久于人世的事实之后，她开始放开自我去感受当下所经历的一切，同时也放弃了她之前的一些观点，比如应该避免什么，或者哪些不合适。决定去感受当下后，她随即做出了乐观积极的决定。因此尽管没有洗澡，她还是选择了当下提供给她的按摩机会。所以，虽然在旁人的眼里她可能对你知之甚少，但她还是选择了让你这样一个愿意帮助她的人走近她并帮助她，甚至临终前允许自己向你明确地表达喜爱和欣赏。正如你所说，这也算是善终（a good death）了，甚至还不止于此，她在活着时也过得很好（a good life），你说呢？

我很欣赏你信中就教导孙女们思考时间而展开的讨论。我也理解你的顾虑，担心在教导孩子们要耐心的时候，可能也会把她们调教得远离活在当下了，而活在当下是孩子们本来就擅长的。我想可以把你对孙女们的担心，包括对我们所有人的担心，诠释为要平衡以往的经验、当下的生活以及为未来的准备。我经常会听到内心的呼唤，要求自己去把握好这种平衡，然而正是这种时时的内心呼唤，提醒我可能永远也不会达到完美的平衡。我愿意以完全谦卑的心态，和你分享我对于活在当下有些杂乱无章的回应，同时也希望其他人已经有或者也将有类似的回应，并且不用和我通过同样的经历。

在詹托普夫妇谋杀案之后，我能够明显地感觉到自己的变化，其一就是认为自己需要做好随时被谋杀的准备。那个时候，我和朋友们都不清楚为什么詹托普夫妇被杀，杀手还逍遥法外，而我和那些朋友的背景和他们夫妇俩的很接近，这就让我们总感觉下一个目标就是我们中的一个。另外，他们死亡的那种突然性，是我当时形成这种感觉并一直持续至今的主要原因。他们前一刻还在家里面准备午餐，后一刻就离开了人世，而且那样离世的方式也一直困扰着我。我一直在想，如果是我的话会不会因为害怕就失去了知觉？我还能在最后一刻祈祷吗？我会反抗还是会束手待毙？如果我的离世方式不是这样突然，而是因为生病或者年迈体弱，我会郁郁寡欢，还是会坦然接受自己的身体状况？也许有人觉得去思考这些可能有些不正常，但我却不这样认为。和你一样，我也会考虑将来不可避免的各种情况，主要是指生命的最后时光，而不是指暴毙之类的（那些可能性应该很小），我觉的这是为直面死亡所做的实用而有益的准备。

从谋杀案发生到现在，我经常问自己，当下这个时刻是否是美好的时刻？这种想法让我时时提醒自己如何处理与他人的关系。如果下一刻我的生命就结束了，我希望能够留下尽可能多的精彩和快乐（felicity）。同样，如果处在任何让人不快的境况下，我会尽量找到一些美好或者正面的东西，这也是基于同样的逻辑——如果这是我在世上最后或者接近最后的时刻，我不想在沮丧、烦恼或者愤怒中度过。这样的生活态度，和我在谋杀案之后对将来期望的巨大改变很契合。

我逐渐变得（现在也仍然）无法相信自己能够预料任何将会发生的事情。以那种方式失去詹托普夫妇，让我确信人就是完全不可能知道下一刻会发生什么。我记得很清楚，在2001年一月份最后那个周末，我把周五早上到周一晚上差不多每个小时的活动都安排好了，具体到每一个细节。在周四晚上时还再次确认了这个日程表：周五授课、打网球、日常购物，晚上和菲利普吃饭；周六去看房子，晚上在家安静休息会儿；周日去教堂，快到中午的时候去参加一个生日聚餐，然后和朋友们一起看橄榄球超级碗比赛；周一先去做乳腺X线检查，中午和一位年轻老师一起吃午饭，晚上看一个电视节目。我刻意把这些活动安排得很轻松，但是从来没有想过事情的发展会完全偏离轨道。

周六晚上我接到了同事打来的电话，她告诉我詹托普夫妇遇害了，这个意外不仅把我那次所有的计划都打乱了，甚至把我做计划的生活方式本身也否定了。

　　我承认现在我已经恢复列计划的生活方式了，不过在我所列的每个计划清单里都有一个隐含条件，那就是"如果我还活着的话。"

　　苏珊娜和哈夫夫妇离世的事实逐渐在心里平息之后，我认识到我对于未来的愿景已经破碎了，因为我和他们夫妇之间情谊深厚，我和苏珊娜在工作上亲密无间，我那时候对生活的所有愿景都是和他们夫妇密切相关。在认识到人世间仍存在恶意和杀戮后，我不再认为自己能安度余生，也不认为世界会一片祥和。我不清楚这个想法是在什么时候开始形成的，但后来我认识到这个所谓的"新"的感觉其实并不新，而是我孩提时代那种念头的再现。孩提时处于冷战时期，我一直相信核大战会让我的整个世界在瞬间消失。而从孩提时代到詹托普夫妇遇害期间，我经历了充满希望和光明的阶段。

　　所以，亲爱的朋友，**我们的交流以及关于人的必死属性的思考，为我带来了另外一个礼物，那就是我变得更容易满足于当下了。**生活的光明又回来了，虽然和之前那个阶段的光不一样。曾经跟你说过，如果明天注定要死，我很确信我会平和地接受。就像你描述的很多按摩客户一样，我可能也会因为不再能跟所关爱的人们相守而伤感，但是在我将死的时刻，我希望更多地专注于感恩，感恩自己此生的内心不是一潭死水。如果说，失去詹托普夫妇后最惨痛的经历是那种麻木感，任凭时间流逝而我却无法去感受任何事情；那最让人欣慰的则是在走出那种恍惚的状态后，我开始回忆他们是如何把生活过得那么充实，并决心也要像他们那样努力去做。我知道，那会是他们一直对我还有其他所有他们关爱过的人所期盼的。他们关爱过的人特别多！

　　回顾过去？我会的，我会提醒自己曾经学到的经验教训、爱过的人、做过的承诺。思考未来？会的，我会在我脑子里面演练，如果在临死前有机会道别，如果我患上了不治之症，如果我意识到死亡将至，我会怎么做。那现在呢？我写下这些就是我在做的啊。这些对过往和将来的思索只有在当下才产生。（我想这也是我所阐释的当初你引用的里尔克的一句话，关于学习去观察："所有的物体都更深入地进入我的内心。"[3]）至于永生？对我而言就是把我的头脑和心灵都置于恰当的地方，其他的都不在我的控制当中了。

当下这一刻？是时候出去呼吸一下新鲜空气、吃点东西了。

保重，亲爱的朋友。

艾琳

亲爱的艾琳，

　　在工作中遇见的客户让我觉得自己有太多的故事可以叙说，这些故事可以给我们所讨论的内容赋予真实的生命力以及丰富的内涵。早先我曾跟你提过我的一个客户，也许你可能忘了，就是那个患了肾病但是又不确定是否要做肾移植手术的女士，当时她儿子愿意给她提供一个肾。她陷入纠结之中，不知道是否合适让儿子给她捐出一个肾，也不确定她这种状态下换肾是否值得，更不清楚换肾手术能否让她延长生命或者提升她的生活质量。

　　最终她还是做了肾移植手术，虽然她的确可能因为这次移植而多活了一些时间，但是情况其实并不是太理想。这个新移植的肾很快就出现了移植之前的那种病症，她又开始接受治疗来延缓这个病症的发展，而且经受了很多不良反应和反复。最后，她需要决定是不是要开始透析，因为这是唯一能够让她活下去的方法。她和丈夫讨论后，决定还是做透析。在她开始透析前需要把这个移植的肾灭活，本来这是一个常规措施，但却出了意外，导致她的双腿失去了功能。

后来她告诉我，在被救护车送到波士顿康复医院的路上，她问自己，"这么折腾是为了什么？"虽然在康复医院待了好几周，但是最后回家时她的腿还是没有太多的改善。她和丈夫只能接受事实，每周三次例行地把她搬到车上，开半小时左右到达透析的地方，在那里待上几个小时然后再把她搬回车上开回家。这样的折腾，让她精疲力竭。她的身体愈来愈弱，会有大小便失禁的情况，腿也非常疼痛。他们又请了人到家里来帮助她丈夫照料她，大多数时候每天几个小时。

决定放弃的时间还是来了，在因为紧急情况再一次入院待了几天之后，她说，"够了。"她停止了一切治疗，安排了善终服务，就回家了。回来后第二天我就去她家看望她，他们预计她大概在一个礼拜左右会过世。我给她做按摩的时候，她讲述了自己是如何越过放弃治疗这个临界点的。"我们扛不住了，"她说的是每天她和丈夫承受的煎熬，"我们做了所有可能做的事情，但是现在太难了，超过了我们的承受能力。"她也担心她丈夫的身体情况，因为需要天天照顾她，"我看见他的身体正在垮下去。"

我跟她说到两年前，当她面临移植手术的时候，她当时说过"我不知道是不是应该做这个手术"，"我不确定是不是要继续想办法"，还有"我不知道是不是应该让儿子捐给我一个肾。"而现在，我提醒她，"你现在用的都是'我们'而不是'我'了。"她和丈夫经历了非常苦难的过程，才到了目前的这个状况，然而毕竟还是一起走过来了。她丈夫曾经跟我说过，有人问起她的状况以及为什么要坚持治疗，她会回答："状况不太好。但是我还活着，我们还在一起。这就挺好。"直到她和丈夫都知道没法继续的时候。

当我收拾准备离开的时候，她看着我说，"嗨，史蒂夫，我这辈子终于走到头了（it's been quite a journey）。"我表示赞同并告诉她很高兴和她共同度过了一段时光。几天后我又去看望了她，这次在大多数时间里她都处于沉沉的睡眠当中，只有我打招呼的时候才微微抬了一下眼帘，我给她按摩了一个小时。第二天早上，在她丈夫和孩子，还有一些爱她的亲友的陪伴下，她离开了人世。所有的亲友，都将带着她的印记继续自己的人生旅途，而见证她的生命和死亡，则是她给予他们每个人的礼物。

史蒂夫

在我再度闭上眼睛之前，喜乐的泪水顺着我的脸颊滚落，我意识到一切都会好起来的。

艾琳
黎巴嫩，新罕布什尔州
2014 年 1 月 27 日

亲爱的史蒂夫，

抱歉没有及时给你送上新年祝福，也没有及时回复你那个患肾病的客户的动人故事。我当然记得你之前写过她的事情，那给我留下了很深的印象！知道她和丈夫能够在最后的日子里关系那么亲近，并且能够安然离世，这都让我很欣慰。

今天这个日子给你写信，有点特殊却又很自然，"特殊"是因为你对詹托普夫妇并不是那么熟悉，"自然"是因为正是 13 年前他们被害的事情让我们在 12 年前认识了彼此。虽然"周年忌日的黑云"还是会影响到我，但是因为今天整天都忙着教学，而且我也很喜欢教学，所以感觉还好。这个周末我还去看望了我的父母，他们的情况不是太好，但是已经有了一个很好的转变。

可能应该先告诉你之前的一些事情，圣诞节的时候，我父亲状况不是很好。他比以往更加沉默，像是非常抑郁，很难知道他内心有了什么变化。从表面的行为来看，他决定弃用他的助步车了，连走几步都不行，所以需要别人帮助他上厕所，或者把他从床上移到轮椅和靠椅上，而这些我母亲一个人根本就没办法应对。除了伦敦的大姐和外甥女们还是决定留在伦敦度过姐夫史蒂芬的第二个忌日外，家里其他人都回来了，我们召开家庭会议讨论了父亲善终服务的事。这一次我母亲也同意了。提起这个我还是有些揪心，对她来说接受父亲将要离世得有多难啊，我能够理解她。

做了这个决定后，过了圣诞节我们就和当地的善终服务机构联系了，不过中间有些耽搁，等了 3 个礼拜这项服务才真正开始实施，也就是说，善终服务从这几天才开始进行。安排给我们的第一个善终护理的护士请病假了，第二个护士对于父亲这个病例不是很积极。不过，给我们的医用霍耶升降机（Hoyer lift）倒是很管用，学起来也不难，现在任何人都可以用它来帮助父亲上下床，以及移动到椅子上去。在护理方面还没有找到新的人来帮忙，一般周中的时候会有人下午过来帮忙几个钟头（我们自己还付钱长期请人在周中上午过来帮忙，请另外一个人在周末过来帮忙）。在他们的帮忙下，母亲总算平时能有点时间出门走走，我们也为此感到慰籍。我去看望他们的时候，在一天下午陪母亲去选了选墓地。也许你可能觉得做这件事情会让人难受，但实际上，行动起来反而让我和母亲都走出了阴霾。我们还真找到了一些很不错的地方，就在我们家附近的一个公共墓地，我们小时候很喜欢去里面玩，这应该是一个最佳选择，让人安心。我还决定了也给自己买一个位置，就在母亲准备给她和父亲所买的位置旁边，坦白地说，这也让我心头的一个石头放下了。

此外还有一件事特别想和你分享一下：就在一个星期前，

我所属的教会终于也开了"绿色安葬"研讨会。之前因为我在另外一个教会参加过一次这样的研讨会（那天还是我的生日），觉得很有帮助，所以就积极推动我们的教会也办一个，最后终于办成了。研讨会的召集人是李·韦伯斯特（Lee Webster），她隶属于"新罕布什尔州葬礼资源、教育和倡导会（New Hampshire Funeral Resource, Education, and Advocacy）"这个行业团体，研讨会的关注点是怎样给你爱的人或者是你自己操办葬礼并让它反映出你自己的价值取向，而不是葬礼产业的取向（这个题目我们之前曾经讨论过）。从去年到现在，我发现了一个很有意思的现象，就是在确保葬礼对环境友好方面，实际上现代葬礼和古代基督教埋葬的习俗是一致的（我们也讨论过这个题目了）。

经过她的研究，韦伯斯特女士发现，很多商业化葬礼服务人员的说法和州里的相关规定有不少出入。比如，某些商业墓地要求使用混凝土墓穴，但新罕布什尔州或者佛蒙特州并没有这样要求。同样，薰香防腐可以稍微延长尸体开始腐烂的时间，但它对从事薰香涂布工作的人来说却是对身体有害的，并且对土地也有毒性，因此没有任何地方法规规定要对尸体做薰香防腐。李·韦伯斯特还引用了一些统计结果，可以看出在美国现有的主流葬礼模式情况下，每年被埋到土里面的薰香防腐油、硬木还有混凝土的数量大得惊人。此外，你也许和很多人一样认为至少火化是环保的吧，然而事实上，火化也要消耗掉大量的化石燃料来产生足够的热量，另外还要消耗能源来粉碎骨头。[4]

就像我们讨论过的很多议题一样，我绝不会对别人想要自己做的事情指手划脚，我要做的只是把相关的想法宣传出去。对于我自己，我想过很久，已经决定到时就使用那个墓地所允许的最廉价的盒子，不用防腐服务，就换上一件简单的棉质寿衣。我对家旁边那块墓地特别感兴趣的原因之一就是他们不需要混凝土的墓穴，这好极了。

你和我也讨论过和遗体相处以及这可以给我们带来什么样的益处。这次研讨会的另一个非常有帮助的环节就是练习给过世的人清洗、穿衣，还有搬动遗体。由于我去年就参加过一次类似的活动，所以就让我来扮演那个过世的人。开始的时候我还有些不在乎，但当我真的躺到那张用来代替清洗台的按摩床上，进入角色以后，我就有点慌张了，也不知道是该睁开眼睛还是闭上眼睛。我先是闭上了眼睛，然后又睁开了眼睛：这时候我发现自己注视的是我们教堂小穹顶上全能的主基督（Christ Pantocrator）的巨大画像，我就不由自主地笑了，**在我再度闭上眼睛之前，喜乐的泪水顺着我的脸颊滚落，我意识到一切都会好起来的。**甚至不只是好起来，而是臻于完美，真的，无论是现在还是将来。我在上帝手中，也希望是由我爱的人来给我操持后事，我的教友们在这过程中也模仿给我清洗和着衣。他们练习着把我抬起来并放到一副真的棺材里面，整个过程中我保持了平静。（我们当地东正教的一个牧师是个木匠，他制作了一些美观简洁的木头棺材，活动时我们借用了一副，在活动结束后会被真正订购的人取走。）回想起我们在第一次死亡咖啡馆活动中讨论的想法：一小队友善的人士会做好准备，以便随时到逝者的家里帮助整理遗体等，协助死者下葬。这次研讨会的这个环节不就是在实现这样的想法吗？我也意识到，如果一个人是突然接触这个议题，那我在这里的说法可能会显得很离奇。然而对我来说，能够对自己的人生归宿做好计划，这是我和你思索人的必死属性的最具现实性的元素之一。

艾琳

也许不能够把对死亡的恐惧完全放下，但
至少可以放下对谈论死亡这样一个与生俱来的
属性的恐惧。

史蒂夫
科尼什，新罕布什尔州
2014 年 5 月 15 日

亲爱的艾琳，

当 3 年前我们开始交流的时候，我没有想到过之后会怎样。我相信你也没有想到过。我所知道的是，一路走来，我们逐渐有了想法，希望我们的对话可以给其他人提供一个借鉴，让他们也可以和亲友讨论类似的话题。我知道从一开始我们就都相信，思考我们自己生命的有限和必死属性，不只是能够改变我们的"死"，也会影响到我们的"生"。我知道到现在为止我们仍然是这样认为的。

不过我还是惊讶于我们之间的交流所带给我们的一切。很多我写的、读的和想的，对我而言都是全新的。虽然我不认为自己是临终方面的专家，但是由于接触了很多这方面的事例，于是很自然而然地就有了自己的信念。只有当这些信念受到挑战时，才会逐步走出舒适区。我希望能够和内在的自我也和其他人继续这种交流，直到有了足够多的经验而成为这方面的专家。

几年前我碰到过一位女士，她退休后从这里搬走了，那次是她回来拜访朋友然后朋友给她安排的一次按摩治疗。我自己比较倾向和客户聊聊临终和死亡等话题，没想到她比我更有兴趣。她说在一两年前她觉得应该和家人谈一下生命结束的事情——做一些计划，以及沟通一下她处于生命晚期的想法，但是她的丈夫和子女都不愿意和她谈这方面的话题。于是她只好和一些有类似情况的朋友一起交流，就类似你和我的这种情况。她们每月聚会一次，几位女士，年纪从五十来岁到八十来岁，聊的话题就是和死亡以及生命有限相关的任何主题。是薰香防腐，还是火化或者其他什么方式；是拒绝所有"英勇无畏的"延长生命的措施，还是竭尽全力抢救。有精神方面的也有物质现实方面的内容。她们这个活动其实就是死亡咖啡馆式的活动，只不过这些发起人都没有听说过死亡咖啡馆。

我愿意相信这些人在生命尽头的历程可能会更完满一些，因为她们参加了这样的聚会，她们已经在考虑如何面对死亡，考虑了在死前想要说的话和做的事，她们甚至还考虑了死后如何被人想起。所有这些都会是她们给自己的礼物，也是给她们亲友的礼物，虽然这些亲友可能现在还不愿意谈起这样的话题。[5]

最终，就是关于放下（letting go）。**人也许不能够把对死亡的恐惧完全放下，但至少可以放下对谈论死亡这样一个与生俱来的属性的恐惧。**放下恐惧，勇敢地活在当下，而不去幻想安适的过去和将来。就像约翰·奥多诺休在他的书《灵魂之友》（Anam Cara）中所写的那样："当你开始放下时，你的生活会很神奇地变得非常充实。那些虚无的，你曾经为之执迷不悟的东西，会很快地离你而去。而那些真实的，你深爱的，也真正属于你的东西会沉入到你心底。再没有人能够将它们拿走。"[6]

写到这里，我做了一次深深的深呼吸，在呼出去的时候，尝试着放下。

史蒂夫

> 经历了父亲的最后日子以及他的临终时刻，这种和死亡近距离接触的经历也让我有了很大变化。

> 艾琳
> 白原，纽约州
> 2014年6月30日

亲爱的史蒂夫，

    我父亲6月20号过世了。我母亲、我的一个兄弟、我们请的一个长期护工，还有我，我们一起陪着他直到咽气。那之后到现在，这是我第一次有时间坐到电脑旁来写一些东西。回想起来，从我父亲那次住进康复中心然后我去照顾他，到现在已经几乎整整三年了，而距离我开始给你"正式"写邮件交流关于生命有限的想法，也是整三年了。

    过去这几周的思考让我意识到，一方面由于之前的"准备工作"，包括那些我能够自己想清楚的、和你一起讨论的，还有和菲利普、我母亲、我教会的教友等的讨论，让我在面对父亲过世这件事情时，能够"头脑清晰"并且心情平和。另一方面，我真正地**经历了父亲最后的日子以及他的临终时刻，这种和死亡近距离接触的经历也让我有了很大变化。**可以这么说：我觉得自己一方面还像一直以来的那个自己，就是詹托普夫妇谋杀案之后的我，另一方面又像一个不太一样的人，这是因为和死亡如此接近但是自己却没有死亡之虞。之前我跟你提过曾经有几次和死亡近距离接触的经历，一般是在亲友过世之前和他们接触过，或是在他们死后和遗体共处过，而这一次，我是真切地看到了整个临终到死亡的转变过程。生命的逝去，多么神圣的奥秘啊。

　　之前我父亲呼吸困难有一段日子，在他临终前的最后一个礼拜，他的呼吸在我听起来和之前也没有什么不一样。但是从星期天到星期一，他的呼吸变得有些困难以及不规则，同时伴有一种可怕的周期性痉挛，痉挛时他的整个身体抖起来就好像是一个专心的主妇要抖掉一块地毯上的灰尘。他自己也被吓着了，这让他无法入睡。星期一一大早，因为善终服务的电话没打通，我母亲和我就给我新结识的一个朋友、一名姑息治疗医师打了电话。按照我那个朋友的建议，我们给父亲额外服了一些抗焦虑的药。过了一会儿，那个帮着照顾父亲差不多三年的女护工过来了，她帮父亲做了清洗，换了衣服，然后帮他重新在床上躺好，后来父亲很快就睡着了。不知道到底是哪个因素起了作用，父亲这次安安稳稳地睡了 24 个小时！在这期间，父亲的医生也向善终服务的护士了解了情况，然后决定给他用一种液态的、效果更强的止痛剂，同时停用了除抗焦虑的药之外的其他所有药。相信你了解接下来发生的事情后会很高兴：星期二那天，父亲在睡了一天醒来之后接受了一次专业的按摩治疗，那个女按摩师是我去年冬天找的，这也是我第一次陪着经历了整个按摩过程。虽然父亲没法说话了，但显然很享受这个按摩。那个礼拜最轻松的时刻之一就是当按摩他头顶时，他的眉毛开始抖动，这个举动让按摩师和我们都笑了起来。他像是处于一种很愉悦的状态，我们都被他逗乐了，他也没受到影响。

星期二晚上，我发现父亲把几分钟之前善终护理的护工喂他吃的苹果酱都吐出来了，这时母亲和我都意识到他的身体已经没法再接受食物了。从这时起他也基本上不喝水了。我们算是比较幸运的，因为善终护理服务机构派了一个很有经验的护士来帮忙，她在周三和周四晚上都陪着父亲。她有很多窍门来让他感到舒服，比如用一点橄榄油来润一下嘴唇，在他需要的时候给他合适剂量的止痛药。到星期五早上，她说觉着时间不会长了。因为她说晚上还会过来，我觉得我们都没有想到这个时刻这么快就到了。在她走后，母亲和我觉得有点不对劲。我坐在父亲身边，能够听到那种死亡喘鸣。我知道你也听到过那种声音，大多数人都会觉得听着那种声音很不舒服。但是当我知道那意味着父亲的生命就快结束时，就能够忍受了。我看着他的脸，帮他捋捋漂亮的银色头发，默默送上我的祝福。我帮母亲取消了她的一个就诊预约，本来说好我陪她一起去的；母亲又打电话给那个善终服务护士，给她留言让她尽快赶过来；我去把弟弟喊醒，他几个小时前才从加州飞过来。父亲这时候脸色还不错，身体的各个部位也还是暖和的，所以我们其实不确定是否真的到那个时候了，但是本能告诉我们现在的情况不太寻常。他的呼吸变得更加困难了，我们都围绕着他：母亲在他面对着的一边，弟弟在他头顶那边，我在他的另一边，而护工在他的脚边上。我们告诉他我们和所有的家人有多么爱他。我们能感觉到他知道我们在边上。

最后的时刻来得非常快。突然，我估计真的不到一秒钟，他的脸色就从自然的红润变成了泛黄的苍白。两次更艰难的呼吸之后，他的生命就结束了。

　　在回忆这些经历的时候，千头万绪涌上心头。思考人的必死属性或者说生命有限性带给我最直接的结果是两个想法：一个是我对各种事情的重要程度有了明确的排序，之前的信里我已经用过"头脑清晰"的说法了，从我确信父亲真的要过世了，而不是陷入更糟糕的生存状态，我总想着尽可能地让他过得舒服一些，也尽可能地为我母亲提供帮助。我不会让自己再做那种后来可能会反悔或者会反复回想的决定。其实当时我和先生原本在巴黎有一个会议，但当我意识到父亲快要过世时，我决定放弃那个会议，哪儿也不去。

　　另一个思考的结果的可感知性（palpability），这让我自己都有些吃惊。在父亲过世的那一天早上，我对于生命的完整和短暂性，有了种恍然大悟（luminous comprehension）的感觉。父亲过世的时候已经是 84 岁半了，然而在我近乎顿悟（epiphany）的那一刻，他这一辈子好像刹那间就过去了：我觉得我能够看见他各个时期的样子，婴儿、小孩子、少年、青少年、中年的家长、老年人，而且是在同一瞬间看到的。我知道有种说法是在人死的瞬间，自己的一生会在眼前飘过。我不知道这是否是我父亲所经历的，老实说他看起来像是明显桎梏在当下。不论如何，我把这个想法和各种事情的重要性联系起来：那些平时我们觉得非常在意的，在生命的短暂性面前显得非常渺小。这是不是你讨论放下（letting go）的时候，引用的约翰·奥多诺休的句子的某种涵义呢？"当你开始放下，你的生活会很神奇地变得非常丰富。那些虚无的，你曾经为之执迷不悟的东西，会很快地离你而去。而那些真实的，你深爱的，也真正属于你的东西，会沉入到你心底。再没有人能够将它们拿走。"

　　长久地思考生命的终点，以及思考我希望父亲的终点会怎样度过，让我在前面两个想法之外还有一些其他的结果。父亲死后，善终服务的护士看到留言后赶了过来，宣布他已经过世，然后我们通知了其他兄弟姐妹、姑姑还有牧师；牧师来后做了祷告。之后我们接手打理了他的遗体，就像我曾经给你写过的，这种古代基督徒的习俗最近在越来越多的美国犹太教社区里开始重新流行，并且一部分的绿色安葬活动也注重这个过程。我们轻柔地给他洗浴、涂上圣油、穿上寿衣，再把他重新放到铺着干净床单的床上，把他的守护圣灵（patron saint）的画像还有圣母子（Virgin and child）的画像都带过来了（传统上会要一副基督重生（Resurrection）的圣像，但是我们没有），在他身下铺了冰块，然后让他躺在房子里。我的一个姨妈正好从佛罗里达到新泽西来看她的儿子和另外一个外甥女，于是他们3个人开车从新泽西过来吊唁父亲。他们的来访非常及时。就在那天傍晚，殡仪馆的人过来把父亲的尸体抬走了，在我们的传统里，这时候灵魂已经离开了遗体。父亲死亡的每一步都很自然，都和我们设想的一样，真的，任何其他的变动都会显得不自然。

　　其余的事情也顺利地进行下去了：和殡仪馆落实相关的安排、追悼会、葬礼、下葬，葬礼结束后的聚餐，逐步开始收拾他的东西。一切都井井有条。当然，我们也会感到伤感，在母亲难过时尤其如此，毕竟她9年多的日常生活模式完全终止了。她失去了60年的人生伴侣。这是多么大的变化啊！对我来说，我觉得很平静，更多的是非常感恩。对于父亲疾病的进程，我没法预防或者改变什么，但是对于如何决定他的临终看护，以及如何让他更舒适一些，我觉得还是有贡献的，而且这些决定和他自己的想法也是一致的。对于在他过世前几年里我能够经常到他身边来看他，我也是非常感恩的。尤其是在他最后的日子里，我感受到一种我们这些凡夫俗子所能体会到的、最纯粹的悲天悯人的情怀。如同史蒂芬·李文在他的书《谁过世了？》（Who dies?）中提议的，如果已经无法改变，那就致以关爱（send love）吧。[7] 所以在我父亲身边的时候，我是全身心地守候并致以关爱的。

我感到谦卑，因为冥冥之中我做了下面的事情：所有的阅读，所有的讨论，以及在头脑里还有和母亲一起一遍遍设想各种场景；各种实际的行动，比如找墓地、买墓穴、和殡仪馆打交道、挑选棺木等。现在我意识到了，这里面的每一件事情，都在帮助我从心里更现实地去接受父亲即将过世以及现在已经过世的事实。

父亲过世后，人们在见到我时往往脱口而出：我很遗憾（I'm so sorry）等，他们的本意是好的，我也会微笑着感谢他们。不过每次听到这句话，我都会在内心想，我没有遗憾。我没有遗憾，因为他是在家里面而不是在医院里过世；我没有遗憾，当我们需要的时候善终服务发挥了作用；我没有遗憾，他得到了足够的镇痛以及抗焦虑的治疗；没有遗憾，在他辞世的时候家人围在他身边；没有遗憾，当他的灵魂离开躯体的时候有牧师在给他祷告；没有遗憾，他的遗体能够被了解并爱他的人轻柔地对待，清洗、涂圣油、穿寿衣。有一个场景让我感到欣慰并会长久记得的是：我的弟弟皮特（Pete）在给父亲最后一次刮胡子。皮特一边很温情并熟练地给父亲刮着胡子，一边和我们讲述父亲当年教他刮胡子的经历。这是生命循环的一个别样的画面。最终，我没有遗憾，父亲给了我丰厚的礼物，他在我之前走向了生命终点并向我展示了这是可以做到的，我也不用畏惧人的必死属性这个美好的礼物。

保重，亲爱的朋友。谢谢和我交流这么久，还常常都是不那么轻松的事情。

噢，内心的平和安宁！我觉得终于可以和我的名字对上号了（译者注，艾琳的名字 Irene 是希腊神话中的和平女神）。

艾琳

"我今天要去另外一个地方，"她又带着浅浅的笑容回答我，接着她又睡了。

史蒂夫
科尼什，新罕布什尔州
2014 年 8 月 4 日

早上好，艾琳，

我们刚开始通信的时候你曾经写到，预计你父亲会是家里面三个接近生命终点的人里最早走的那一个。而事实上他是三人中最后一个离世的。这也说明不了什么，只是表明事情无法预计。

对于你父亲过世，我不会对你说我很遗憾，当然对于你现在经历着的哀伤我深感同情。在你和家人最近这几年遇到的起起落落之后，这样的结局看起来已经是很完满的了。这可以是一个很好的故事，任何人听到或者读到这个故事后，都会开始深入地思考生命（life）、死亡（death）以及生命的有限性（mortality），也译为"必死属性"译者注。

你所描述的经历，可以说是在结束当中又有了新的开始，从逝去当中又有了新的开端。如果永生确实存在的话，那对于你父亲，就是死后的永生。而对你来说，以上理论也是成立的，从你所叙述的父亲过世对你的转变来看，你现在和以前不同了，类似经历了一次小型的重生（rebirth）。我们都希望能够如此。

也许这有点勉强，不过我想用这个作引子（segue）来讲述另外一个故事。其实你知道，我不用引子也一样会讲。要讲的也是一个有关开始和结束的故事。尤其是因为这个故事和我的一个孙女有关，我就忍不住想说出来。

从佛蒙特州的塞特福特（Thetford），到新罕布什尔州的朴茨茅斯（Portsmouth），距离大概 120 英里，而在 2009 年 5 月的某一天，这两地也有着一条生命的距离（译者注，一条生命诞生，另一条生命离去）。我的第一个孙辈，一个美丽的女孩，就在这一年的 5 月 19 号出生，她的名字是莫莉·琼·伊丽莎白（Molly Jean Elizabeth）。在她出生后，我太太和我去朴茨茅斯看她还有儿子和媳妇，像其他祖父母一样，第一次见面、第一次触摸她、第一次鼻子对着鼻子看她，我们同样觉得没有什么能够更美好的了。我在那里的几个小时里面，除了有几分钟外，她大部分时间都在睡觉，眼睛闭着，呼吸很轻也很均匀，她看起来就像小天使一样。我注视着她，想象着她平滑的眼帘下面究竟发生着什么，她的将来会怎样。当然，这一切都在未知当中。

那天晚些时候，我就离开他们去工作了，我太太留在那里继续待了几天。我和家人告别后，就出发到塞特福特去探望一个"心手相连"公益项目的客户。这是一位 58 岁的接近死亡的女士，黛安娜（Diane），我为她服务多次了。她从医院回到家里之后，有几个星期我都带着按摩床来给她按摩。当时医院预计她只能再活一两个礼拜，但是她状态一直还可以。她也知道自己即将离世，基本上对此也能平和地接受，不过也没有想要尽快离世。

在开始的几个礼拜，她尚能在有人帮忙的情况下自己躺到按摩床上，而且按摩似乎也的确起到一些作用，减轻了她身体上的不适感，也能够舒缓一些她的不良情绪。到了五月的第二个星期，她就不能躺到按摩床上了，只能躺到她那个小房子里的沙发床上接受按摩。每次我去见她时，都发现她没有上次那么清醒了，她已经在离去的路上越走越远了。在这段时间里，我们对彼此都有了很多了解，她也偶尔会询问我的儿媳妇是否生了。就在莫莉出生的几天前，黛安娜从睡眠中醒过来的时候又问了一次。我和她说还没有，她有些虚弱地做了一个不耐烦的手势，带着点笑意说："那个孩子一定会生下来。"

然后莫莉就出生了。当我5月19号到达黛安娜的家门口时，她的老伴和护工在门口告诉我说她在最近24小时里大都在睡觉，没有什么动作，看起来也处在比较安适的状态。我把手轻轻地放在她的腹部，轻声打了一个招呼，"嗨，黛安娜。"

她的眼睛半睁开，看见我后笑了，把手移到我这边。我握着她的手说："猜猜谁今天抱上了刚生下来的孙女儿。"

她的眼睛忽地睁大得像茶碟一样。"真的吗？"她问。

"是真的。"我回答。

忽然她就像是失掉了气力，头也落回到枕头上，同时她还在重复着，"太好了，太好了，一个小宝贝，太好了。"半分钟内，她就又陷入了昏睡。我给她轻柔地做了按摩，这期间她就稍微动了一下下。我看着她的脸，仔细地端详，想知道这后面究竟发生着什么，下一步会怎样。

离开的时候，在门口和她老伴谈到我和黛安娜的对话。他告诉我说黛安娜一直坚信，在成长的时候，女孩子应该得到和男孩子一样的机会和可能性，因此他也理解为什么她对一个小女孩的出生有这样的关注，尤其是在她将要离去的时候。

两天后我又来看了黛安娜。这次无论是我到达还是给她按摩时，她都没有醒过来，在离开前，我俯身亲了一下她的前额，说了声，"一路平安，黛安娜。"她眼睛稍微睁开了一点，轻轻地问，"你要走了？"

"很快就走了。"我说。

"你去哪啊？"

"噢，去工作啊。不过现在我就坐在你身边。"

她微微笑了一下。

过了一会，我问："那你去哪啊？"

"我今天要去另外一个地方。"她带着浅浅的笑容回答我，接着她又睡了。

后来我知道，差不多半天后黛安娜就走了，她是第二天早上过世的。

当我跟她老伴说，我曾看着她并想知道她在想什么，以及她的下一步会怎样，他说，"我可以告诉你，黛安娜认为她是去开始了一段迷人的探险。"

就和我初生的孙女莫莉一样。

保持联系，有空来信。

史蒂夫

> 我接了一个电话，是每个成年女性既有预感但也希望永远不要接到的。

> 艾琳
> 黎巴嫩，新罕布什尔州
> 2015 年 2 月 5 日

亲爱的史蒂夫，

很早以前我跟你提过，有一本书的作者是精神科医生，和脑癌抗争的同时，他写了这个经过，然后去世了。忽然间，他最后这本书的书名让我很有感触：On peut se dire au revoir plusieurs fois（直接翻译过来就是：人可以说很多次再见）。[8] 我觉得我们在不断跟对方说再见，至少是在我们的通信当中，然后我们中的一个又会感到有些东西要写出来。我觉得，只要接到信的一方仍然愿意去读并且回复，这就没有什么关系。我们通信交流这么久，我还观察到一个现象：在我们通信交流的时候，我们俩中的一个可以发现对方是不是生病了，是严重的病，还是不太碍事的病。会是哪种呢？现在还很难预料。

昨天**我接了一个电话，是每个成年女性既有预感但也希望永远不要接到的。**"我们拿到了你的活组织检查结果，是乳腺癌，"我听见医生这么说……

艾琳

后记

从我们的交流之中得到的益处

亲爱的艾琳，

　　我回想起来，在我们过去写信以及谈话交流当中，有好几次在谈论临终以及生命有限的时候，你会说"说不定什么时候这就会发生在我们俩中的一个身上，但愿不会哦。"我还记得在你家的餐厅，坐在桌子旁边在讨论这本书某个章节的时候，你还说了同样的话。而今天早上，坐在同一张桌子旁边，听你告诉我有关你的癌症的更多情况，真的让我感到很难接受。

　　我很遗憾。其实每次当你提到那些事情可能发生在我俩中的一个身上时，我下意识地会想到那个人是我。很难会想到是你现在要面对这样的消息，以及随之而来的治疗和不确定性。我几乎可以想见你要从头开始过一遍这本书中的内容，只是这次是现实中的了。你患上癌症这是公平的吗？你愿意接受那些爱你的人来照料你吗？你会经受怎样的病痛又将如何做出治疗中的选择？你能够在每个时刻都活在当下吗？

　　至少对我而言，最后一条是最难做到的。当然，现在就说要面对什么样的挑战还为时太早。不过，你是我认识的人里面思考最深入的，所以相信你会带着清醒的头脑和开放的心态来面对。

我不想随便给你提供什么建议，但是可以告诉你我之前的观察：它不会是一个直线变化的过程，不会只是有一个起点和一个终点，然后中间一根直线。而是会有上上下下的起伏，会有时好时坏的日子。我觉得这种不确定往往是人们最难面对的。**你的信仰、你的家人，还有你的朋友，这些会是你在众多的不确定当中所能确定的。**

经常跟我说一下你的情况，如果有什么我能够帮上忙的，别客气。

史蒂夫

我告诉自己，可以大胆地说出来：我不想得癌症！但是不要沉湎于这个想法。

艾琳

黎巴嫩，新罕布什尔州

2015 年 2 月 18 日

亲爱的史蒂夫，

谢谢你过来看我还有给我写邮件。（在现在手机、短信、社交媒体大行其道的时候，我们还自然而然地给对方写邮件，是不是有些好笑。）知道我患病的消息后你马上联系我，这让我很感动。虽然我并不想聊太久，但能够看到你并听到你的声音，也让我得到了安慰。相信你应该可以理解我的心情。这不是因为我拒绝承认医生对我的诊断，而是因为这个时候我有很多困惑。我觉得自己先要将清楚一下头绪，然后再和其他人交流。你了解我和我的习惯，所以你应该不会觉得奇怪，我几乎没有告诉其他任何人我患乳腺癌这件事，包括我的家人。当然，我丈夫肯定是知道的。在和我丈夫反复讨论之外，我试图通过记录来把事情弄清楚。我开始了"癌症日记"，记录下来自己在这种状况下的感受。我知道有很多关于乳腺癌的文字，尤其是回忆录和博客类型的，不过现在我完全没有兴趣去读那些，而且也不想和他人分享我自己的想法。我知道你之前有很多客户是癌症患者，包括乳腺癌，所以也就不在这里和你重复描述太多了。

接到那个电话通知后，在我找医疗诊所咨询下一步该怎样做之前，有几天的时间像是"黑洞"一样。和我有联系的医生一下子好像都找不着了，连我的家庭医生都病休了。然而让人哭笑不得的是，相对于那段空白时间，我很快发现自己处在巨大的专门针对乳腺癌治疗的医疗技术传送带上了，这就是诺里斯·科顿癌症中心（Norris Cotton Cancer Center）：星期一是 MRI（核磁共振成像）；星期三约了外科医生见面；在周三见面之前需要看一本书和 DVD 上介绍的有关选项；一次 MRI 活体组织检查来查看其他几处有怀疑的地方；基因测试；等等相关的。嗬，刚刚和你说了我不想重复描述，现在又列出来这么多。

我想得最多的，也是想要和你分享的，就是我不想我的生活只有乳腺癌这一件事。我可以诚实地对自己说，也想让你知道，我并不害怕死亡。但我害怕将来的生活就只有医院、各种检查、各种治疗、康复等。很久以前我跟你提到过，我对"和癌症抗争"这种说法感觉不舒服；现在，除了对任何和战争有关的比喻都有泛泛的厌恶之外，我意识到这种说法是把人的存在建立在和疾病的关联之上。目前因为诊断结果还没有完全出来，所以他们还没有告诉我更多信息。不过我觉得还是会坚持这么多年来一直持有的想法：如果只需要做常规的检查或者治疗，那么我会配合着去做；但如果治疗开始完全占据了我的生活，那么我会选择终止。

我还有一个想法：当年我父亲还有婆婆身体逐渐变差的时候，让我比较困惑的一点是，感觉他们都很喜欢那种由于身体不好而得到的关注。虽然我觉得自己近来也非常关注自我（从活体组织检查的"附加观察",到等待检查的结果,到现在处在乳腺癌患者的治疗系统当中,呃,我讨厌"乳腺癌患者"这个词),但我不觉得那种别人的关注是我期待的。所以,目前我所考虑的还不是"要死"的事情,而是"我知道要死了,那我该怎么活。"其实真有一本书就叫这个名字。[1] 不过那本书本身在我看来帮助不大,就是这个名字和我现在的想法很契合。

在我的癌症日记里,还记录了另外一些内容: 不论我现在离我的生命终点是远还是近——我们已经说过好几次,综合考虑的话,不管是在孩提时代死亡,还是中年,或者是所谓的老年,所有人的生命都是短暂的——我希望能够争取做自己,做这半个世纪以来我能够思考的日子里面一直希望做的自己。然后还有记录我之前谈到的活在当下,这里就意味着不忽视我现在的恐慌时刻、绝望时刻以及拒绝接受的时刻。尽管这些时刻很短暂,但是我不会假装我没有那样的感受(这里用的否定式的句式,也包含着其他涵义)。与此同时,当我内心抗议这样一个癌症的诊断,尽管只是对自己抗议,我也会尽量在瞬间让自己意识到那完全是孩子气的。活在当下,现在意味着不再纠结于那些医院的检查会发现什么问题,或者会推荐什么样的治疗方式。同样,活在当下,也意味着享受和丈夫共进晚餐的快乐,或者是教学的快乐。这还意味着,我会对那些电话后面帮我安排各种医疗事项的人耐心一些(尤其是当我打电话预约,然后被告知别挂电话一直等着的时候),还有对那些我在各种诊疗场所遇见的人友善些。我怀疑这听起来像有点虚情假意,不过,我是真的这么考虑的,这主要还是詹托普夫妇过世的事情对我的影响: 如果这是我人世间的最后一刻(当然,这里是泛指,我还没有悲观到会认为自己马上就会死,至少不会是由于癌症而马上死亡），我想力所能及地过得开心。我希望和我打交道的人，哪怕只是交换了一下眼神，也会感受到善意，而没有愤怒、烦恼和沮丧。所以，**我告诉自己，可以大胆地说出来：我不想得癌症！但是不要沉湎于这个想法。**

我需要时时警觉，让我的行为体现出我所认可的自己。而昨天我就碰上了一个事情：在我要上课的教室，上一节的那个老师拖堂了，占用了我的时间，当他向我道歉时，我就没好气地爆发了，指责他这不是他第一次拖堂。当指责脱口而出的时候我就觉得自己做得太过分了，然后我很快意识到这种没来由的恶意其实和那位老师无关，而只和我最近的诊断还有睡眠不好有关。

再回到我们之前讨论过的另外一个话题：不，我不认为是上帝让我得癌症的。我会想到在现在的情况下，我可以去找寻美好的一面，找寻将来的人生际遇中美好的东西，而且带着这种想法，我也可以贡献一分力量来实现那些美好。

我还不能说已经做到了，但是我的目标就是尽可能带着感恩的心来度过我的余生。我写信给你说过，我有过丰富的生活，有过发自内心的喜悦，也有过失去的悲恸。这些都是美好的。因为就算是失去的悲恸，也是因为之前有过深沉的眷恋。带着感恩的心来看当下的事情：真的很幸运，可以这么快就约到MRI，这完全可以看作是运气；真的很幸运，乳腺癌外科主任几天后的一个预约取消了，我正好赶上了；真的很幸运，第二次MRI检查时没有发现其他的肿瘤；真的很幸运，我打电话时碰到的所有的人，包括最开始告诉我这个消息的医生，都非常友善，也都能胜任本职工作（那个医生甚至给我留了她的私人手机号码，告诉我如果在当天晚些时候或者后面几天想找她，随时可以联系。）而能够在这些幸运的事情发生时，感受到并对他人致以谢意，这是赐予我的多么美好的礼物啊。

我想给史蒂芬·李文的那句话"如果已经无能为力，那就送上爱吧"再加上一点。不管发生什么，不要忘记感受美好，并为此心怀谢意；同时也要表达出来，表达对接触到的、平凡的人们的谢意，当然如果你有信仰的神的话，也应表达对神的谢意。

亲爱的朋友，不管前路要面对什么，我想我都能面对。我知道我们都无法预料，但是你已经帮助我做了一个多么好的准备啊。而且别忘了这件事还挺搞笑的，我们是在完成一本讲述必死属性的书，然后我们中的一个被诊断出了癌症！以前你提到过一位客户告诉她的丈夫她会用自己的方式来面对癌症，不就是笑着面对吗？

回到和癌症抗争那个比喻，我想我有一个代替的想法：我是在训练（I'm in training），训练自己在这条没有预料到的路上每一步都尽可能的健康和积极。我不打算去和任何人或者任何事做抗争，而只想照料好自己，只想认真对待我现在以及将来所要交往的任何人。我明白，无论何时到达，我在地球上的旅程终点都是躯体的死亡。我已经做好了后事安排，并且在口头上以及书面上都和可能涉及的人做了交待。我已经准备好了，没有恐惧，有的只是无尽的感恩，以及时不时的一点焦虑。

艾琳

附录

继续思考生命有限性

——相关文献资料和启示

为了帮助读者继续他们自己关于生命有限性、人的必死属性的思考，我们提供了下列建议：在附录 A 中，我们是根据读者的不同定位来分类的。第一部分是继续了"普通的必死凡人（ordinary mortals）"这个脉络，适用的不一定要是患病的或者是在照顾病中亲人的人，而是可以像艾琳和史蒂夫那样处于本书所记录的旅程开端的人。他们会觉得要思考一下，我们的生命终将结束这样一个事实会如何改变我们现在的生活。第二部分是针对看护人（caregivers）的。第三部分是针对那些知道了自己患病并且可能会导致死亡的人，以及针对他们的亲人。附录 B 是给那些属于某个读书小组或者打算成立读书小组来思考这类主题的人。我们也列出了一些非常好的文献，可以自己阅读也可以和读书小组里的其他人一起读。

当然，很多在本书正文以及附录里提到的文献资料，可以适用于前述不同的定位。我们的读者也会注意到，本书对某些境况会讨论处理得更加透彻一些。而对那些讨论不够的方面，希望在不久之后会有人出版著作或者提供其他材料进行指引。很明显我们没法毫无遗漏地列出所有相关的资料。

最后声明一下，这里的资料清单并没有经过某个特定的死亡专家委员会的审核认可，因此不是相关问题的指定资料；事实上，这些清单只代表我们在试图领会这个生命中最大的奥秘时，曾经看到过并且觉得对我们最有帮助的部分。

附录 A

* 为普通的必死凡人推荐的文献资料和启示

Barthes, Roland. Journal de deuil. 26 octobre 1977 - 15 septembre 1979. Text established and annotated by Nathalie

Léger. Paris: Seuil/Imec, 2009.

———. Mourning Diary. Translated by and with an afterword by Richard Howard. New York: Hill and Wang, 2012. Moving reflections written on scraps of paper by the great French intellectual Roland Barthes in the wake of his mother's death.

Beauvoir, Simone de. Une Mort très douce. Paris: Gallimard, 1964.

———. A Very Easy Death. Translated by Patrick O'Brian. New York: Pantheon, 1965. Though published fifty years ago, Simone de Beauvoir's account of her mother's painful death offers much to ponder, particularly about family relations in the context of terminal illness and about the dangers lurking in "treatment."

Ben Jalloun, Tahar. Sur ma mère. (About My Mother.) Paris: Gallimard, 2008. A moving, lyrical account by a major novelist and French intellectual of his illiterate mother's life and death. Currently available only in French.

Bloom, Harold, ed. Till I End My Song: A Gathering of Last Poems. New York: Harper, 2010. This is a noteworthy collection of poems that were the last or nearly the last written by a wide range of poets, from the little-known to the famous. Plenty to think about here.

Brown, Erica. Happier Endings: A Meditation on Life and Death. New York: Simon & Schuster, 2013. In a wonderfully readable combination of scholarship and story, Brown does in her own way what we set out to do when we began to work on this book: change the experience of both life and death. She does it well. Among the many gems to be found in her book: "We have created, very possibly, the worst of all possible worlds when it comes to death and aging: we have the capacity to keep people alive longer than they can maintain a desirable quality of life." And, "The forgiveness habit is both lifelong, and has long-life dividends."

Byock, Ira. The Best Care Possible: A Physician's Quest to Transform Care through the End of Life. New York: Avery (Penguin), 2012. Byock is one of the leading figures in transforming palliative care in this country. This is one of several books he's written on the topic of caring for those at end of life, especially in institutions.

Cave, Stephen. Immortality: The Quest to Live Forever and How It Drives Civilization. New York: Crown, Random House, 2012. If you want to think about where your own feelings about life, death, and mortality fit into the big picture of human history, this book is a good place to start.

Cohen, Lewis M. No Good Deed: A Story of Medicine, Murder Accusations, and the Debate over How We Die. 2010; repr. , New York: Harper, 2011. A chilling account written by an MD of an incident in Massachusetts in which two nurses were accused of killing a patient because they had given her morphine to ease her pain at end of life. Cohen uses this specific occurrence to explore the legal and ethical dilemmas of modern medicine.

Crettaz, Bernard. vous parler de la mort. Ayer: Editions Porte-plumes, 2003. This little book offers wide-ranging thoughts on human mortality from the individual who dedicated his whole career to helping people think about death. Currently available only in French.

Dialogues des Carmélites de F. Poulenc. (Dialogues of the Carmelites of F. Poulenc.) Directed by Marthe Keller and Don Kent. Bel Air classiques, 2011. DVD. This opera revolves around individuals who are faced with violent death because of persecution of the religious by French Revolutionaries. Poulenc was a committed Roman Catholic and projects himself into these historical figures with particular compassion.

Kacandes, Irene. "1/27/01 = 9/11/01: The Changed Posttraumatic Self. " In Trauma at Home: After 9/11, edited by Judith Greenberg, pp. 168 – 83. Lincoln: University of Nebraska Press, 2003. This essay details Irene's experience of the sudden and violent deaths of her friends Susanne Zantop and Half Zantop and offers one illustration of trying to carry on after traumatic loss.

Kübler-Ross, Elisabeth. Living with Death and Dying. New York: Simon & Schuster, 1997. Born in Switzerland, psychiatrist

Kübler-Ross lived most of her adult life in the United States. Eventually authoring dozens of books, On Death and Dying (originally published in 1969) outlined her theory of the five stages of grief, which, though disputed for its rigidity, is still the basis for much thinking and advice on grieving. The book recommended here takes up grief and much more, offering narratives of families in the throes of difficult decisions about treatment and living with the consequences of those decisions.

Lynch, Thomas. Bodies in Motion and at Rest: On Metaphor and Mortality. New York: W. W. Norton, 2001. Lynch is both a poet and a funeral director. The unusual combination makes for a collection of fascinating essays about America's relationship with death and the dead.

Montross, Christine. Body of Work: Meditations on Mortality from the Human Anatomy Lab. New York: Penguin, 2007. A beautifully written hybrid text: part remembrances of her first class in medical school, part historical investigation into the history of dissection, part elegy for beloved family members. Poet/psychiatrist Montross offers readers much to think about.

Noys, Benjamin. The Culture of Death. Oxford and New York: Berg, 2005. This book is for the most theoretically and philosophically minded of our readers. It offers perspectives on postmodern society's views of death, particularly in light of the downgrading of the value of individual life set in motion by the twin catastrophes of genocide and totalitarianism of the mid-twentieth century.

Nuland, Sherwin B. How We Die, Reflections on Life's Final Chapter. New York: Vintage Books, 1993. Nuland takes his readers through the details of what happens to the body and mind as people die of illness (such as heart disease and cancer), violence, old age, dementia, and more.

Oppliger, Simone. L'Amour mortel. (Fatal Love.) Orbe: Bernard Campiche Editeur, 2010. Originally published in 1986. Photographer Simone Oppliger narrates the story of and ruminates on the violent death of her dear friend G. Beautifully written.

Currently available 4 only in French.

Roach, Mary. Stiff: The Curious Lives of Human Cadavers. New York: W. W. Norton, 2003. Roach is the author of a number of lighthearted books on topics ranging from sex to the alimentary canal. This one considers the often-bizarre relationship we have with human remains, which, after all, must say something about our relationship with death.

Schmemann, Alexander. O Death, Where Is Thy Sting? Yonkers, New York: St. Vladimir's Seminary, 2003. Another book for the more philosophically minded, as Orthodox theologian Schmemann addresses the origins of death.

＊为看护人推荐的文献资料和启示

Amour. Directed by Michael Haneke. Sony Pictures Home Entertainment, 2013. DVD. Winner of a 2012 Academy Award, Haneke's film offers a particularly poignant, because unsentimental and sustained, look at caregiving by family members.

Callanan, Maggie, and Patricia Kelley. Final Gifts. New York, Bantam Books, 1992. Written by a couple of hospice nurses, this book offers stories and insights about how to be with and listen to people who are dying. Years later, Callanan came out with a follow-up collection of stories and lessons called Final Journeys (New York: Bantam Dell, 2008).

Halifax, Joan. Being with Dying: Cultivating Compassion and Fearlessness in the Presence of Death. Boston: Shambala Publications, 2008.

————. Being with Dying. Sounds True Inc., 1997. Audiobook CD. Joan Halifax can be listened to or read with great profit by anyone, but her vocation involves reorienting, enhancing, and supporting the efforts of all kinds of caregivers to the dying. Halifax began her life as a Christian and became a Buddhist. This work is imbued with her Buddhist orientation to dying and death.

Halt auf freier Strecke. (Stopped on Track.) Directed by Andreas Dresen. Peter Rommel Productions, 2011. DVD. About a young father who receives a diagnosis of inoperable brain cancer. Director Dresen used many professional caregivers (that is, nonactors) in the movie and achieved a marvelously unsentimental examination of the trials of tending to the terminally ill.

Levine, Stephen, and Ondrea Levine. Who Dies? An Investigation of Conscious Living and Conscious Dying. New York; Toronto: Anchor Books, 1989. This book can be read with regard to almost any aspect of mortality. However, Irene and Steve have been particularly inspired by its descriptions of caregivers going about their work of accompanying the dying. Levine shares, for instance, his work with dying children. Many other caretakers' actions are included in the book. It has a strong Buddhist orientation but shows openness to spirituality of any stripe.

Macmillan Cancer Support. "In the Last Few Weeks." http: // www. macmillan. org. uk/Cancerinformation/Endoflife/Thelastfewweeks. aspx. Accessed July 22, 2015. This particular webpage from the Macmillan Cancer Support website offers a concrete description of the last few weeks of life. Macmillan Cancer Support is a registered charity in the United Kingdom, and its website offers a wealth of information in clear language.

Today's Caregiver. www. caregiver. com. Accessed July 22, 2015. Today's Caregiver is a commercial site that also sponsors a free newsletter you can have delivered to your e-mail inbox (from newsletters@caregiver. com). The topics taken up there are very specifically addressed to caregivers, and individuals can also write in with a specific concern and receive responses from other individuals who have dealt with similar problems. The site and newsletter point to many other resources, not all of equal value in our view, but many of which are sound and helpful. You can also write to the organization at a street address: Today's Caregiver, 3350 Griffin Road, Fort Lauderdale, FL 33312.

＊为被疾病改变了生活的人以及他们家人推荐的文献资料和启示

Barna, J. Mark, and Elizabeth J. Barna. A Christian Ending:

A Handbook for Burial in the Ancient Christian Tradition. Manton, CA: Divine Ascent, 2011. For years, the two laypeople who authored this book have been taking care of fellow parishioners who have died; they finally decided to share their methods with the larger public. The first part of the book outlines their own understanding of ancient Christian practices of burial, modeled on how Christ's body was treated by his disciples, and the second offers a hands-on explanation of how others could go about turning themselves into small groups ready to help prepare the deceased for burial. There is also a series of appendices with forms that can be used to express one's wishes for end of life. Strong Christian orientation.

Butler, Katy. Knocking on Heaven's Door: The Path to a Better Way of Death. New York: Scribner, 2013. Though exquisitely painful to read, Butler's wrenching account of her father's illness and death is very helpful for families trying to find their way through the medical system. With carefully researched information about healthcare and particularly about pacemakers, the book offers readers the chance to think through what they would want to do if they find themselves facing similar choices to those that Butler's family faced.

Gawande, Atul. Being Mortal: Medicine and What Matters in the End. New York: Metropolitan Books, 2014. An unflinching look at our current system for end-of-life care, with some background on how we got here and some strong advice for patients and families about maintaining personal priorities when selecting medical treatment. Currently on many bestseller lists, and rightly so, in our view.

Hennezel, Marie de. Intimate Death: How the Dying Teach Us How to Live. Translated from French by Carol Janeway. New York: Vintage, 1998. A psychologist in a French hospital, Marie de Hennezel has worked with AIDS patients for many years. Here she speaks of lessons on life she believes she has learned from all her patients. De Hennezel is a prolific author on mortality; many of her other books have also been translated into English.

Hoppe, Lynette Katherine, and Father Luke Alexander Veronis. Lynette's Hope: The Witness of Lynette Katherine Hoppe's Life and Death. Ben Lomond, CA: Conciliar Press Ministries, 2008. This book offers excerpts from the diary of a young woman missionary to Albania who learned she had advanced breast cancer, and it also offers the testimony of those who accompanied Lynette on the final legs of her earthly journey. It illustrates the strong belief of an Eastern Orthodox Christian that mortal death is not the end.

Huisman-Perrin, Emmanuelle. La Mort expliquéeà ma fille. (Death Explained to My Daughter.) Paris: Seuil, 2002. This short book models for parents how they might choose to respond to their children's questions about death. Currently available only in French.

Karnes, Barbara. The Final Act of Living: Reflections of a Longtime Hospice Nurse. Vancouver, WA: Barbara Karnes Books, 2003. Revised 2012. Writing in clear, direct language, Karnes synthesizes for readers her experience and lessons learned. In many regards, this is the gentlest and yet most helpful introduction to human mortality Irene and Steve have run across. If you are being forced to think about these issues for the first time, consider starting with Karnes.

Kessler, David. The Needs of the Dying: A Guide for Bringing Hope, Comfort and Love to Life's Final Chapter. New York: Harper, 2007. This is the tenth anniversary edition of Kessler's book (originally released in hardcover with the title The Rights of the Dying). In it, he offers lessons and stories on a range of topics that will benefit both the dying person and those caring for him or her. Kessler was a collaborator of Elisabeth Kübler-Ross.

Kübler-Ross, Elisabeth. On Children and Death: How Children and Their Parents Can and Do Cope with Death. New York: Simon & Schuster, 1997. The title may say it all. Kübler-Ross offers guidance on how to cope with this excruciatingly sad experience that was, of course, much more common in earlier periods than our own.

Lynn, Joanne, Joan K. Harrold, and Janice Lynch Schuster.

Handbook for Mortals: Guidance for People Facing Serious Illness. 2nd ed. New York; Oxford: Oxford University Press, 2011. First published in 1999 by two physicians and updated and republished with a third author in 2011, this handbook offers excellent information on subjects important to and yet often not well understood by patients (for instance, about pain medication or bodily changes as the result of illness). Irene and Steve recommend it particularly for its suggestions and checklists that patients and their families can use when speaking with physicians and other professional caregivers.

Schwalbe, Will. The End of Your Life Book Club. London: Two Roads Books, 2012. A memoir of Schwalbe's accompaniment of his active and witty mother at her end of life. The title concerns the series of books the two decided to read and then discuss during the mother's chemotherapy infusions.

Servan-Schreiber, David, with Ursula Gauthier. Not the Last Good-bye: On Life, Death, Healing, and Cancer. Translation copyright held by Susanna Lea Associates. New York: Viking Penguin, 2011. (Original: On peut se dire au revoir plusieurs fois. Paris: Éditions Robert Laffont, 2011.) A successful psychiatrist at University of Pittsburgh School of Medicine, Servan-Schreiber was diagnosed with brain cancer at age thirty and reoriented his endeavors to fighting cancer through healthy living. His books The Instinct to Heal (2004) and Anticancer (2008) became international bestsellers. In Not the Last Good-bye, a small and moving book, Servan-Schreiber describes the return of his own cancer and shares his thoughts as his faces his imminent death in his native France. He died on July 24, 2011.

附录 B

* 为读书小组推荐的文献资料和启示

前面列的清单里的书和其他资料，如果是在小组里讨论的话会有所裨益。实际上，任何书，不管是虚构的还是非虚构的，只要涉及的是生死以及携死而生的重要问题，都可以是小组讨论的很好议题。

在本书正文中好几章里提到的死亡咖啡馆，最早是由瑞士的社会学家伯纳德·克雷塔兹组织的。这些社交活动一般是在正常营业的咖啡馆或者酒吧举行，专门用于让大家讨论和生命结束相关的问题，在这种场合，通常谈论这类话题时的耻辱感和不情愿都被放下了。我们组织过好几次类似的活动，邀请朋友和同事参加，在艾琳的家里进行，边吃零食边讨论。第一次活动的参与者背景多元化，对于死亡和临终每个人都有自己的一些经历和好奇的地方。除了有一位女士患了无法治愈的结肠癌外，其余参与者的身体情况都还可以，但这位女士所表现出来的开朗以及大方的精神状态，让其他每个人对于她的加入都感觉到放松。这次活动从一个话题到另一个话题，讨论进行得很活跃。如果说这次讨论有一个主题，那就是大家回忆了他们周围的人生病和过世的例子，以及他们是否想要类似的或者不一样的经历。其实，组织一个你自己的死亡咖啡馆并没有什么窍门，就是邀请你的朋友、邻居、同事和家人，通过布置舒适的座位、良好的光线，还可以提供一些点心和饮料，尽可能地让氛围放松怡人。不管来的是谁，开始的时候至少是会带着一点好奇心来参加这样的讨论。

下面我们列出一些特别适合小组讨论的书。

Chast, Roz. Can't We Talk about Something More Pleasant? A Memoir. New York: Bloomsbury, 2014. A hilarious and painful memoir of the New Yorker cartoonist Roz Chast's attempts to care for her two aging parents when they themselves did not want to do any planning for end of life. The visual and the verbal texts interact in interesting ways that make for great discussion material. It's such a relief to be able to laugh at some of this. You're likely to flinch and cry, too.

Crettaz, Bernard. Cafés mortels: Sortir la mort du silence. (Death Cafés: Bring Death out of the Silence.) Geneva: Editions Labor et Fides, 2010. This short book offers a history of the Cafés mortels from the originator of the idea, Swiss sociologist Bernard Crettaz. He describes the settings he chose in ordinary cafés, the variety of people who have showed up to participate, and the topics that typically have come up, with his responses to them. You might bristle a bit at his own presumptions of authority on the topic, but then again, he did spend his whole adult life thinking about death.

Gutkind, Lee, ed. At the End of Life: True Stories about How We Die. 2011; repr., Pittsburgh: Creative Nonfiction Books, 2012. These short stories, essays, and accounts written by doctors, nurses, and family members do not shrink from portraying the negative side of the medicalization of death. Their genuineness and intensity are very moving and sure to help launch discussion. Many of the pieces are short and could even be read aloud during a group discussion.

Schels, Walter, and Beate Lakotta. Noch Mal Leben vor dem Tod: Wenn Menschen Sterben. (To Live Again before Dying: When People Die.) Munich: Deutsche Verlags-Anstalt, 2004. Though this book is currently available only in German, Irene suggests that its gorgeous and affecting photographs could be looked at by your group and discussed. What signs do we use to distinguish the paired photographs, that is, that in one photo the person is alive and in the other that same person dead?

Vitello, Paul. "Reviving a Ritual of Tending to the Dead," New York Times, December 12, 2010, http://www.nytimes.com/2010/12/13/nyregion/13burial.html? pagewanted=all&_r=0. For those groups that might want to take their activities beyond reading and discussion, we can recommend learning more about lay groups educating themselves on attending to the dead. This article describes Jewish laypeople choosing to learn about traditional Jewish customs for preparing the dead for burial. See also the Barna book on ancient Christian burial mentioned in appendix A.

Wallace, David Foster. This Is Water: Some Thoughts, Delivered on a Significant Occasion, about Living a Compassionate Life. New York: Little, Brown, 2009. This book could make an excellent choice for actually reading aloud with your group, laughing together, pausing over illustrative scenarios together, pondering how each member might choose to practice her or his own version of "living a compassionate life".

＊一些如何面对生命有限性的文学作品

要列出一个关于生命有限性的文学作品的小清单，尤其对于艾琳这个文学教授来说，听起来就是在做蠢事，因为死亡毋庸置疑是伟大文学作品的绝佳主题。尽管如此，本着把我们这次思考生命有限性的过程当中所想到的和读者分享的目的，我们还是给出了下面的书目，不过我们还没有傻到要给它们加上注释。这份书单中的任一本书，都可以是小组讨论时很好的话题。

Broch，Hermann. The Death of Virgil. Translated by Jean Starr Untermeyer. New York：Vintage, 1995. German original published in 1945.

Delibes，Miguel. Cinco horas con Mario.（Five Hours with Mario.）Barcelona：Ediciones Destino，1966.

Fuentes，Carlos. The Death of Artemio Cruz. Translated by Sam Hileman. New York：Farrar，Straus and Giroux，1964. Spanish original published 1962.

Gaines，Ernest J. A Lesson before Dying. New York：Vintage Paperback Editions，1994.

Hardy，Thomas. Tess of the D'Urbervilles：A Pure Woman. Harmondsworth：Penguin English Library，1978. First published in 1891.

Joyce，James. "The Dead. " In Dubliners：Text，Criticism，and Notes，edited by Robert Scholes and A. Walton Litz, pp. 175 – 226. New York：Viking，1969. First published in 1916.

Mann，Thomas. Death in Venice（A Norton Critical Edition）. Translated and edited by Clayton Koelb. New York：W. W. Norton，1994. German original published in 1912.

———. The Magic Mountain. Translated by H. T. Lowe-Porter. Important Books，2013. German original published in 1924.

Naylor，Gloria. Mama Day. 1988；repr.，New York：Vintage Books，Random House，1993.

O'Donohue, John. Anam Cara: A Book of Celtic Wisdom. New York: Harper Perennial, 1998.

———. To Bless the Space between Us. New York: Doubleday, 2008.

Rilke, Rainer Maria. The Notebooks of Malte Laurids Brigge. Translated by Michael Hulse. London and New York: Penguin, 2009. German original published in 1910.

Tolstoy, Leo. The Death of Ivan Ilyich and Confession. Translated by Peter Carson. New York and London: Liveright Publishing, a Division of W. W. Norton, 2014. Russian original of "Ivan Ilyich" published in 1886.

正文中的注释

CHAPTER 1: WHAT IS LIFE WITH DEATH? 什么是携死而生

1. Rainer Maria Rilke, The Notebooks of Malte Laurids Brigge, trans. Stephen Mitchell (New York: Random House, 1982). Originally published in 1910 as Die Aufzeichnungen des Malte Laurids Brigge.

2. Irene Kacandes, Daddy's War: Greek American Stories, A Paramemoir (2009; repr., Lincoln: University of Nebraska Press, 2012).

3. Harper Lee, To Kill a Mockingbird (Philadelphia: Lippincott, 1960). This was made into a movie (1962) and a play (1990).

4. See Kacandes, Daddy's War, pp. 6 - 7.

5. Sarah Palin, quoted in Ben Schott, "Death Panel," Schott's Vocab (New York Times blog), http: //schott. blogs. nytimes. com/2009/08/10/death-panel/ (accessed on Feb. 23, 2012).

6. Long after Irene originally wrote these words to Steve, a friend told her about and she then read with relief Knocking on Heaven's Door: The Path to a Better Way of Death by Katy Butler (New York: Scribner, 2013), in which Butler considers these same issues, also in relation to a family member's pacemaker (in Butler's case, her father's).

7. Thomas Mann's Der Zauberberg was originally published in German in 1924. It was first translated into English by H. T. Lowe-Porter (Thomas Mann, The Magic Mountain [New York: Alfred A. Knopf, 1927]). The passage mentioned by Irene occurs in chapter 6, section "Snow" (New York: Vintage Books edition, 1969), pp. 469 - 98.

8. Rilke, Malte Laurids Brigge, p. 4.

9. John O'Donohue, To Bless the Space between Us: A Book of Blessings (New York: Doubleday, 2008). See "For a Friend on the Arrival of Illness," p. 60.

10. Ibid. , pp. 61 - 62.

11. Steve's client who wrote these words sent them to him, understanding that they might be used in this book. He continued to

see her throughout her cancer journey, including only a day or so before her long battle ended with her death in 2014.

CHAPTER 2: IS DYING AN INJUSTICE? 死亡意味着不公平吗

1. While it is still unclear what role genetics play in developing multiple sclerosis, individuals with a first-degree relative are at higher risk. See "Who Gets MS? (Epidemiology)," National Multiple Sclerosis Society, http://www. nationalmssociety. org/What-is-MS/Who-Gets-MS (accessed April 24, 2015) — among other sources—for more information about the disease.

2. David Servan-Schreiber, On peut se dire au revoir plusieurs fois (Paris: Robert Laffont, 2011), p. 78. Irene Kacandes's translation.

3. Ibid. , pp. 78 - 79, Irene Kacandes's translation.

4. Martha Minow, "Surviving Victim Talk," UCLA Law Review 40 (1993): 1411 - 45.

5. Aleksandar Hemon, "The Aquarium: Personal History," New Yorker 87, no. 17 (June 13 - June 20, 2011).

6. Ibid.

7. Elisabeth Kübler-Ross, Living with Death and Dying (New York: Macmillan, 1981); and Kübler-Ross, On Children and Death (New York: Macmillan, 1983).

8. Stephen Levine and Ondrea Levine, Who Dies? An Investigation of Conscious Living and Conscious Dying (New York: Anchor Books, Doubleday, 1982).

9. Ibid. , p. 102.

10. Ibid. , p. 103.

11. Ibid.

12. Ibid.

13. "Xolani Nkosi Johnson," New York Times, December 4, 2004, A19.

14. Joan Halifax, Being with Dying (Boston: Shambhala Publications, 2008), p. 6.

CHAPTER 3: HOW DO I HANDLE PAIN AT END OF LIFE?
如何应对生命末期的痛苦

1. John O'Donohue, Anam Cara: A Book of Celtic Wisdom (New York: Harper Perennial, 1997), p. 102.

2. Ira Byock served as director of Palliative Medicine at Dartmouth-Hitchcock Medical Center in Lebanon, New Hampshire, from 2003 through July 2013. He now serves as executive director and chief medical officer for the Institute for Human Caring, of Providence Health and Services, and continues to lecture on and advocate for better palliative and end-of-life care. See, too, irabyock. org/ (accessed April 24, 2015).

3. Joanne Lynn and Joan Harrold, Handbook for Mortals: Guidance for People Facing Serious Illness (New York: Oxford University Press, 1999).

4. Halt auf freier Strecke [Stopped on Track], directed by Andreas Dresen (2011).

5. Francis Poulenc's opera, Dialogues des Carmélites, was composed in 1956 and first premiered at La Scala in 1957. Poulenc based his libretto on a play by the prolific writer Georges Bernanos that was published only after Bernanos's death in 1948. Bernanos in turn had taken the material from Gertrud von Le Fort. It's difficult to find any of these written texts except in specialized libraries, but there are quite a few recordings of the opera. Irene has seen productions at the Staatsoper in Hamburg, Germany, and the Komische Oper in Berlin, Germany.

6. Michel de Montaigne, The Essays: A Selection, trans. M. A. Screech (Harmondsworth: Penguin, 1994), p. 24.

CHAPTER 4: WHAT ABOUT CAREGIVING? 关于护理的问题

1. Ira Byock, Dying Well (New York: Riverhead, 1997). Originally published with the subtitle The Prospect for Growth at the End of Life; reissued in 1998 with the subtitle Peace and Possibilities at the End of Life.

2. "Death with dignity" legislation was signed into Vermont law as "An act relating to patient choice and control at end of life" on May 20, 2013. Similar in content to the laws previously passed in Oregon and Washington, Vermont was the first state to have such a law voted in by the legislature.

3. The German film is mentioned in the previous chapter: Halt auf freier Strecke [Stopped on Track], directed by Andreas Dresen (2011). After this exchange between Irene and Steve took place, another European movie represented the unglamorous side of caretaking, Michael Haneke's Amour (2012), which won the Academy Award for Best Foreign Language Film.

4. Irene Kacandes recounts Pierre Janet's treatment of the "hysteric" Irène in an analysis of storytelling and trauma; see Talk Fiction: Literature and the Talk Explosion (Lincoln: University of Nebraska Press, 2001), pp. 92 – 94. It was a key case study for Janet himself, and he recounted it in several of his studies, including Psychological Healing: A Historical and Clinical Study, vol. 1, trans. Eden Paul and Cedar Paul (New York: Macmillan, 1925).

5. David Foster Wallace, This Is Water: Some Thoughts, Delivered on a Significant Occasion, about Living a Compassionate Life (New York: Little Brown, 2009).

CHAPTER 5: IS SUDDEN DEATH DIFFERENT? 突然死亡又有什么不同

1. Irene Kacandes, "9/11/01 = 1/27/01: The Changed Posttraumatic Self," in Trauma at Home: After 9/11, ed. Judith Greenberg (Lincoln: University of Nebraska Press, 2003), pp. 168 – 83.

2. See, for instance, Susan Brison, Aftermath: Violence and the Remaking of a Self (Princeton: Princeton University Press, 2002), p. 40.

3. Sogyal Rinpoche, The Tibetan Book of Living and Dying (New York: HarperCollins, 1994), p. 7.

4. Ibid. , pp. 7 – 8.

5. Bernard Crettaz, vous parler de la mort (Ayer: Porte-Plumes, 2003).

6. Yvonne Preiswerk, Le Repas de la mort: Catholiques et protestants aux enterrements. Visages de la culture populaire en Anniviers et aux Ormonts (Sierre, Switzerland: Monographie, 1983).

7. For an article about the exhibition written by Elisabeth Chardon and reproduced with permission from Le Temps (October 30, 1999), see Le culture actif suisse, http: //www. culturactif. ch/livredumois/manuelvivre. htm (accessed on April 15, 2015).

8. Bernard Crettaz, Cafés mortels: Sortir la mort du silence (Geneva: Editions Labor et Fides, 2010).

9. For more details about Crettaz's processing of his wife's death, see "Quand meurt la femme du thanatologue," L'Hebdo, October 28, 1999, http: //www. hebdo. ch/quand _ meurt _ la _ femme _ du _ thanatologue _ 8109 _ . html (accessed April 15, 2015).

10. Irene was surprised and pleased to learn that longtime hospice nurse Barbara Karnes makes an excellent suggestion that addresses this situation. She tells helpers that when they remake the bed after the body of the deceased has been removed from it, they should place some personal object on the pillow or bedspread so that survivors who come into the room do not experience the event of the death quite as brutally as Irene did when she saw the empty bed Takis had lain in. See Barbara Karnes, The Final Act of Living: Reflections of a Longtime Hospice Nurse, rev. ed. (2003; repr., Vancouver, WA: Barbara Karnes Books, 2012), pp. 132 – 33. Irene had bumped into Karnes's name somewhere during this journey with Steve, but she did not manage to track down her work and read it until almost the end of preparing the manuscript for publication. In clear, direct language, Karnes does a marvelous job of laying out topics like living with a life-threatening illness, signs of dying, the grieving process, and so on, in The Final Act which covers most of these subjects, and in a series of very short booklets and even DVDs that focus on one topic. For more on Barbara

Karnes and the materials she has available, see her website, www. bkbooks. com (accessed April 15, 2015).

CHAPTER 6: WHAT COMES AFTER I DIE? 如何处理身后事

1. Thomas Lynch, Bodies in Motion and at Rest: On Metaphor and Mortality, Essays (New York: Norton, 2000).

2. Ibid. , pp. 90 – 91.

3. Alexander Schmemann, O Death, Where Is Thy Sting? trans. Alexis Vinogradov (Crestwood, NY: St. Vladimir's Seminary, 2003).

4. For more information about the exhibition, see "Noch Mal Leben," www. noch-mal-leben. de (accessed April 14, 2015). For the book, consult Beate Lakotta and Walter Schels, Noch mal leben vor dem Tod. Wenn Menschen sterben (Munich: Deutsch Verlags-Anstalt, 2004).

5. Valley News, Saturday, December 16, 2006. Also, "Body Worlds: The Original Exhibition of Real Human Bodies," www. bodyworlds. com (accessed April 24, 2015).

6. See "Rainer Maria Rilke's 'Requiem for a Friend,'" as Translated from the German by Stephen Mitchell," http: //www. paratheatrical. com/requiemtext. html (accessed February 21, 2015). The original German text can be found in a number of sources, including, Rainer Maria Rilke, "Für eine Freundin," in Werke in drei Bänden, Band 1. Gedicht-Zyklen (Munich: Insel Verlag, 1955), pp. 401 – 12.

7. Louise Erdrich, The Last Report on the Miracles at Little No Horse (New York: HarperCollins, 2001).

8. The novel did indeed appear later that year. See Louise Erdrich, The Round House (New York: Harper, 2012).

9. Jessica Mitford, The American Way of Death (New York: Simon and Schuster, 1963), and The American Way of Death Revisited (New York: Alfred A. Knopf, 1998).

10. Simone de Beauvoir, Une Mort très douce. Récit (Paris:

Gallimard, 1964). The book appeared in English as A Very Easy Death, trans. Patrick O'Brian (1965; repr. , New York: Putnam, 1966).

11. Ibid. , p. 150, in original French edition; Irene's translation.

12. Benjamin Noys, The Culture of Death (Oxford and New York: Berg, 2005).

13. "A Definition of Irreversible Coma: Report of the Ad Hoc Committee of the Harvard Medical School to Examine the Definition of Brain Death," JAMA 205 (1968): 337 – 40.

14. J. Mark Barna and Elizabeth J. Barna, A Christian Ending: A Handbook for Burial in the Ancient Christian Tradition (Manton, CA: Divine Ascent, 2011).

15. There are many sources of additional information, but one great news story you can listen to from National Public Radio is "Green Burial Movement Spreads to the Southwest," http: // www. npr. org/templates/story/story. php? storyId＝6119301 (accessed April 14, 2015). See, too, the websites of Green Burial Council and Green Burials, at greenburialcouncil. org and greenburials. org, respectively (accessed April 14, 2015).

16. Lynch, Bodies in Motion and at Rest, p. 126.

17. Mary Roach, Stiff: The Curious Lives of Human Cadavers (New York: W. W. Norton, 2003).

18. Several years after Irene and Steve had this exchange, Irene learned more about Vesalius from Body of Work: Meditations on Mortality from the Human Anatomy Lab by Christine Montross (New York: Penguin, 2007). Montross's book reproduces many of Vesalius's images. Hers is a highly original memoir that recounts the author's anatomy course during her first semester of medical school, provides information on the history of dissection—including Vesalius's role—and contemplates aging and death.

19. Emmanuelle Huisman-Perrin, La Mort expliquée à ma fille (Paris: Seuil, 2002).

20. Written by "Eugène" and illustrated by "Bertola," La Mort à vivre (Geneva: Editions La Joie de Lire, 1999).

21. Paul Vitello, "Revising a Ritual of Tending to the Dead," New York Times, December 13, 2010, A17 (New York edition), http：//www. nytimes. com/2010/12/13/nyregion/13burial. html? pagewanted＝all& _ r＝0 (accessed April 10, 2015).

22. Father Luke A. Veronis, comp. and ed. , Lynette's Hope：The Witness of Lynette Katherine Hoppe's Life and Death (Ben Lomond, CA：Conciliar Press Ministries, 2008).

23. See, for instance, Fr. Patrick Henry Reardon, "The Death of Lynette Hoppe, Missionary to Albania," http：//www. orthodoxytoday. org/articles6/ReardonHoppeAlbania. php (accessed April 10, 2015).

24. David Servan-Schreiber, On peut se dire au revoir plusieurs fois (Paris：Robert Laffont, 2011), translated as Not the Last Good-bye：On Life, Death, Healing and Cancer (New York：Viking, 2011).

25. Don Piper with Cecil Murphey, 90 Minutes in Heaven：A True Story of Death and Life (Grand Rapids, MI：Revell, 2004); for the young readers' version, see Don Piper with Cecil Murphey, 90 Minutes in Heaven：My True Story (A Special Edition for Young Readers) (Grand Rapids, MI：Revell, 2009).

26. Megory Anderson, Sacred Dying：Creating Rituals for Embracing the End of Life (2001; repr. , New York：Marlowe, 2003).

CHAPTER 7：WHAT ABOUT GRIEF? 如何缅怀逝者

1. Sogyal Rinpoche, The Tibetan Book of Living and Dying (New York：HarperCollins, 1994), p. 311.

2. Ibid. , p. 316.

3. For those unfamiliar with these terms and practices, there are many sources of information. One we find helpful is Lori Palatnik, "ABCs of Death & Mourning：Coping with the Emotional and Spiritual Issues of This Difficult Time," Aish. com, aish. com/jl/l/dam/ABCs _ of _ Death _ _ Mourning. html (accessed

April 12，2015）. See also the refer-ences in note 4.

4. There are many, many books, manuals, and websites that talk about these traditions. One fairly comprehensive book is Maurice Lamm's The Jewish Way in Death and Mourning (Middle Village, NY：Jonathan David Publishers, 2000). A clear explanation of standing up after sitting shiva can be found at Zalman Goldstein, "The Last Day of Shiva," Chabad. org, http：// www. chabad. org/library/article _ cdo/aid/371151/jewish/The-Last-Day-of-Shiva. htm (accessed March 16, 2015).

5. There are many editions of this novel that was first published in 1891. This quote is taken from Thomas Hardy, Tess of the D'Urbervilles：A Pure Woman (Harmondsworth, England：Penguin, 1978), pp. 149 – 50.

6. Ibid. , p. 150.

7. Originally drafted in 1907 but not published in Dubliners until 1916, "The Dead" can be found today in many editions and anthologies. One helpful edition is James Joyce, Dubliners：Text, Criticism, and Notes, ed. Robert Scholes and A. Walton Litz (New York：Viking, 1969), pp. 175 – 226.

8. Irving Townsend, Separate Lifetimes (Exeter, NH：J. N. Townsend Publishing, 1986), p. 172.

9. Joanne Lynn and Joan Harrold, Handbook for Mortals：Guidance for People Facing Serious Illness (New York：Oxford University Press, 1999)；see esp. pp. 71 – 84.

10. Stephen Levine and Ondrea Levine, Who Dies? An Investigation of Conscious Living and Conscious Dying (1982；repr. , New York：Anchor Books, 1989), p. 115.

11. Ira Byock, Dying Well：Peace and Possibilities at the End of Life (New York：Riverhead, 1998)；Byock, The Four Things That Matter Most：A Book about Living (New York：Free Press, 2004)；Byock, The Best Care Possible：A Physician's Quest to Transform Care through the End of Life (New York：Avery/Penguin, 2012).

CHAPTER 8: WHAT'S SO GREAT ABOUT MORTALITY ANYWAY? 人的必死属性到底有什么好呢

1. John O'Donohue, "Beannacht," Anam Cara: A Book of Celtic Wisdom (New York: Harper Perennial, 1997), unnumbered.

2. Stephen Cave, Immortality: The Quest to Live Forever and How It Drives Civilization (New York: Crown, 2012).

3. Rainer Maria Rilke, The Notebooks of Malte Laurids Brigge, trans. Stephen Mitchell (New York: Random House, 1982), p. 4. Originally published in 1910 as Die Aufzeichnungen des Malte Laurids Brigge.

4. For more on Lee Webster, New Hampshire Funeral Resources, Education, and Advocacy, and the argument for a "green" or "natural" burial, see "NH Funeral Resources, Education & Advocacy," www. nhfuneral. org (accessed April 13, 2015). In the last stages of editing this book, we learned about a new movement to compost human remains. This would be the most ecological method of all, but the authors of this book are still trying to wrap their minds around that one! See Catrin Einhorn, "Returning the Dead to Nature: Some Environmental Advocates Say Bodies Should Be Composted, Not Buried," New York Times, Sciences Times, Tuesday April 14, 2015, D1, D5.

5. Bernard Crettaz's Cafés mortels were the first type of open discussions of death Irene and Steve encountered, and that was through Crettaz himself in Switzerland. Since that time, however, the idea of talking with friends or even strangers about death has taken on many forms in many places, including in the United States, where Death Cafe (deathcafe. com) boasted about more than 2, 144 meetings (accessed July 21, 2015). The similar Death Salon (deathsalon. org) is having comparable success in setting up discussions across America, but appears to want to exercise tight control over use of that name (accessed July 21, 2015). To cite one more example, Death over Dinner (deathoverdinner. org) launched a special drive for a barrage of

meetings to be held during the first week of January 2014 (accessed July 8, 2014). We even read about a "death rehearsal" sponsored by two therapists in Oakland, California, in 2009 (Becky Palmstrom, "Rehearsing Your Own Death: Not Your Typical Night in Oakland," Oakland North, December 1, 2009 http://oaklandnorth. net/2009/12/01/rehearsing-your-own-death-not-your-typical-night-in-oakland/ [accessed July 8, 2014]).

6. O'Donohue, Anam Cara, p. 202.

7. Stephen and Ondrea Levine, Who Dies? An Investigation of Conscious Living and Conscious Dying (1982; repr., New York: Anchor Books, 1989), p. 163 et passim.

8. David Servan-Schreiber, On peut se dire au revoir plusieurs fois (Paris: Robert Laffont, 2011), translated as Not the Last Good-bye: On Life, Death, Healing and Cancer (New York: Viking, 2011).

AFTERWORD 后记

Anton Grosz, How Do I Live When I Know I'm Going to Die? Thoughts and Insights about Life's Most Challenging Passage and America's Last Taboo: Including Information on Hospice Care at End-of-Life (San Francisco: FMA Books, 2001). Irene was greatly comforted by the view of longtime hospice nurse Barbara Karnes, who believes: "There is really no such action as dying... We are either alive or dead. The space in between is called living." In The Final Act of Living: Reflections of a Longtime Hospice Nurse (2003; repr., Vancouver, WA: Barbara Karnes Books, [rev.] 2012), p. 34.